郭宇　徐幸捷　唐燕能 ＊ 主编

洵美且异

张洵澎

评传

秦来来　杜竹敏 ◎ 著

上海人民出版社

本丛书出版得到上海文艺人才基金资助

俞振飞给张洵澎的勉词 (1958年2月)

在戏校时的张洵澎

入校

香港演出

张洵澎清唱"山坡羊"

在美国的德国城

张洵澎一家在天安门（1974年）

张洵澎父母

蔡一磊肖像照

1994年专场演出《亭会》

1987年赴港演出《牡丹亭·幽会》

1962年香港演《百花赠剑》江花佑

梅兰芳亲手签名赠张洵澎剧照

张洵澎和岳美缇

和蔡正仁合演《长生殿·小宴》

1962年上海青年京昆剧团赴香港演出团体群照

和蔡正仁对戏

"昆曲澎派艺术研习中心"成立仪式

马丁·路德金奖

张洵澎和学生谷好好

在美国密歇根大学教黑人学生艾夏

张洵澎与学生赵津羽

寶鑽生輝
　昆曲表演藝
術家張洵澎
乙未暮春
霍程多畫

牡丹亭·驚夢 多多畫

牡丹亭·尋夢

多尔畫

牡丹亭·幽會　多多畫

玉簪記 · 琴挑　多多畫

玉簪記 · 秋江　多多畫

孽海記·思凡 多多畫

療妒羹·題曲 多多畫

紅梨記·亭會　多多畫

長生殿·小宴　多多畫

百花記·贈劍　多多畫

序一

丁锡满

"内行看门道，外行看热闹。"这是艺术欣赏的常态。但是对于像昆剧这样表演细腻、品位高雅的艺术，仅仅从载歌载舞的演唱中得到赏心乐事的享受，那是太浪费了，简直是长城边上的农民拿秦砖来垒墙，很可惜的。怎样让昆剧尽美尽赏，不把秦砖当墙砖，像不易被吸收的灵芝仙草那样变成容易吸收的破壁孢子粉，这就需要戏剧评论家给观众以点化，使人茅塞顿开。因此评论家是戏剧的舞台的导游。二十多年以前，我认识很多戏剧专家，像刘厚生、陈西汀、蒋星煜、何慢、钱英郁、张之江等前辈，都是行家里手，堪称戏精。现在除了偶尔见到刘老、张老的文章之外，有些老先生已经作古，有点星辰寥落、青黄不接了。好在还有一个中年戏剧家秦来来，他也是个戏精。京昆越沪淮滑稽评弹样样在行。跟他在一起吃饭，又会唱又会说，时而引得人摇头晃脑，时而逗得人捧腹大笑，真是个妙人儿。我早就想介绍他了。正好，他写了一本著名昆剧表演艺术家、戏曲艺术教育家张洵澎的评传《洵美且异：张洵澎评传》，给我书稿，要我作序。张洵澎、秦来来，都是值得大加点赞的人物，我便欣然接受。

我从戏校蒙古包看昆大班的戏至今已五十多年，认识张洵澎也有三十多年。自以为作为"昆虫"和"张粉"，对张洵澎有所了解。看了秦来来的评传，才觉得自己原来是何等浅薄。张洵澎是一座矿山，是一洞宝库，现在被秦来来开发出来，引领我们去认识，去鉴赏。看了书稿，我仿佛走进被阿里巴巴叫开的洞穴，满眼是耀人的光彩。

昆剧是百戏之祖。近六百年来流传至今，仍旧原封不动地用元明的剧本、元明的唱词和道白，明朝魏良辅创造的曲谱，还成为不少戏曲剧种的"乳娘"，自有其永不清褪的魅力。这魅力就是文学美、音乐美、舞蹈

1

美、表演美，集美之大成。中国所有剧种的文学性，都没有超过昆剧的。只有莎士比亚的剧本，才能与昆剧媲美。只有如此典雅的"本"，才能生出如此典雅的戏。昆剧的唱腔，经魏良辅吸收古老南曲中的弋阳腔、海盐腔、余姚腔的精华而创造出的水磨腔，就像水磨汤团一样，又柔又糯，细腻滑口。我常把昆剧的笛子比作勾魂的令箭，听之令人神迷。昆剧舞蹈之优雅，手眼身法步表演之细腻，也是任何剧种无法比拟的。因此，昆剧是集美之大成者也。而能将昆剧之美尽现于舞台者，张洵澎也。张洵澎有先天的优势。她出身于富裕之家，书香门第，从小受到家庭的熏陶，生活精致，有大家风范。又天生丽质，美人胚子。有生俱来，本来就是闺阁千金。加以她的老师朱传茗、姚传芗、沈传芷、言慧珠又是20世纪传承昆剧最有代表性的闺门旦大师。在这些绝世大师手把手的调教下，加上自己又善于吸收，善于创造，所以张洵澎就把昆剧之美发挥到了极致，成为美神。

张洵澎的代表作是《寻梦》《题曲》《亭会》《秋江》。她的拿手戏很多，戏路很广。她对每一出戏，每一个角色的人物，都有自己的见解，都有自己的创造。以上四出最为成功，最为突出。成功之处在于张洵澎能把死戏演活、冷戏演热。这四出戏，都是尘封已久压箱底的戏。《寻梦》已经四十年没人演过了，《题曲》是一个人自思自唱，是最冷门、最难演的戏。《秋江》也被川剧夺去风头，湮没已久。这些戏再不重拾，就要失传。

张洵澎不同于一般演员的可贵之处，是她有思想、善于思考，善于创造。她虽然有众多的名师，但她从不满足于仅仅传承名师的绝艺，她还有创造。而要创造，首先要求对所演人物的身世、环境、心理有独到的理解，然后才能根据自己的理解加进自己的东西。

为了演《寻梦》，张洵澎"三立姚门"，先后三次专程去杭州向姚传芗老师学戏。但姚老师演的是一出冷戏，以唱为主，身段不多，圆场基本没有。张洵澎觉得，杜丽娘是美的化身，外表美，心灵美，舞台上应当用各种手段，举手、投足、耍袖、舞扇，把这种美表现出来。所以她就把这出原来的唱功戏舞蹈化，一开始就在如幻如梦的纱幕后面飘然而出，一步一姿，一招一态，行云流水，旋转生风。连接起来，犹如一幅幅飞天画像，一尊尊观音彩塑。闺门旦的表演特色是含蓄的，柔似流水，缓似行云。但是《寻梦》表现的一个受封建礼教压制的少女内心是灼热的，对幸福的追求是大胆的，原来那种含蓄内敛的表演方法，不足以表现杜丽娘热情奔放的一面，于是张洵澎就在耍水袖、舞扇子时大幅度地变换地位，用强烈的戏曲舞蹈刻画杜丽娘郁结、悲愤的情绪。这样的表演，是张洵澎的创造，前人不曾有过的。

同是《牡丹亭》的《幽会》，张洵澎也有自己的想法。《幽会》中出场的，是杜丽娘的鬼魂。通常演女鬼，总是两个水袖耷拉在地，拖曳而行。但是张洵澎认为杜丽娘是美的化身，还是把她当人来演。既然是人，就要以"美"来取胜。所以她就把芭蕾舞《睡美人》的造型、《天鹅湖》的舞姿，捏到戏曲舞蹈动作中来，在唱到"粉冷香销泣绛纱"时，不是用传统的手指抹泪，而是用腕到臂的整体动作，给人以天鹅舒展颈项的姿态，这样就显得美了。她连台上的鬼也是个美鬼。

《题曲》也是一出搁置了四五十年无人问津的好戏。直到20世纪80年代初，连八十高龄的俞振飞大师也说"没有看过这出戏"，是张洵澎的老师姚传芗从清末艺人钱宝卿老先生的病榻旁抢学下来的。钱老七十五岁时病势沉重，无法传授身段动作，只凭口授传给姚传芗老师，姚老师再传给张洵澎。戏中的明代女子乔小青，身世悲凉，为人做妾，遭到正妻的嫉妒和凌辱，精神忧郁而亡。这出戏就写小青在冷雨敲窗，挑灯夜读《牡丹亭》时，因羡杜丽娘虽遭封建家庭压制，但还有一个好梦，而自己还不如杜丽娘，连个梦也没有，于是在长夜中自思自叹。张洵澎找了许多有关乔小青这个戏的资料，将乔小青和杜丽娘作了比较，觉得两人虽然都因婚姻问题郁郁而亡，但有同又有异，于是在姚传芗的支持下，大胆地根据自己对人物的理解，从表情到服装，都对《题曲》作了改编，成为一出唱做兼重的看家好戏。

创新贵在"创"出"新"意，与别人不同。要创出新意，要把这种独到的见解表现在舞台上，就要在表演上增加新的元素。因此创新离不开吸收。善于学习才善于创造。张洵澎之所以身上的东西多，表演丰富，有赖于她学习得多，吸收得多。她无所不学，无所不吸。不但借用芭蕾舞，连探戈也借用。在《秋江》中陈妙常追赶潘必正于秋风江上时，她和岳美缇在舟中的双人舞，就融进了探戈的元素。她不仅借鉴西方舞蹈，也借鉴刀美兰的民族舞蹈，借鉴新疆舞蹈，连武术、体操、打乒乓球的步子，她都借鉴，还能从程十发作画的过程中悟出舞蹈的意境。张洵澎说，她的表演风格是在广泛吸收其他各种营养元素，包括体育门类的元素后自然形成的。这要靠平时积累，做有心人，不是要用的时候才去找。

吸收姐妹艺术、吸收日常生活的各种元素，不能只是原封不动地拿来"装配"和"镶嵌"于昆剧的表演，而要融化，"化"成自己的东西。张洵澎尽管吸收了那么多昆剧以外的元素，但是我们看到的还是昆剧，不是不伦不类的东西，张洵澎用的是"无缝焊接"的工艺，这就是她的高明之处。她说，"要使新的变化看上去就是戏曲的东西，不能损害传统戏曲表演的身段"。现在在各种门类的艺术上，也有人标榜创新，但是他们没有自己的功底，不会化成自己的东西，只是生搬硬套，囫囵吞枣，甚至乱搞一气，因此不伦不类，令人讨厌。

我看昆剧看了55年。昆大班、二班、三班的演员都熟，笛师、鼓师、化妆师、服装师也熟，与张洵澎更是朋友，她的有些表演我也能看懂一点。读了秦来来《洵美且异：张洵澎评传》，才知自己还没有入门。"内行看门道，外行看热闹。"我还没有看出门道，一只脚跨进门槛里，一只脚还在门外。秦来来才是洞悉了昆剧的门道，透视了张洵澎高深的艺术境界。他说，京剧有派，昆剧无派。但是张洵澎有那么多的创造，那么多的美异，为昆剧舞台留下那么多经典性的剧目，为昆剧队伍带出那么多有出息的学生，确实是"洵美且异"，既是美神，又有个人独特的风格，可说自成一派。因此，张洵澎的表演艺术，可以称为"澎派"。我赞成来来的意见。

我不知道六百年前昆剧是怎么表演的，但是从俞振飞、言慧珠等大师的推进，从传字辈艺术家的振兴和传承，从秦来来对张洵澎艺术的评传，从蔡正仁等昆大班到现在昆六班的演出，我认为昆剧在发展，在前进，昆剧的表演越来越精致，越来越细腻，越来越丰富。现在，绘画的水平在退化，音乐的水平在退化。因为这两门艺术过度的商品化、功利化了。商品化、功利化到了疯狂的地步，艺术必定退化。昆剧没有商品化、功利化，昆剧演员甘于寂寞，不追名逐利，所以昆剧还能复兴，还在前进。蔡正仁、张洵澎他们不但有艺，还有德。秦来来的书既评析了张洵澎的艺，也彰显了张洵澎的德。

《洵美且异：张洵澎评传》是一本很有价值的书。它是戏剧演员之必读，昆剧爱好者之必读，也是一切艺术家之必读。它从头至尾贯穿着张洵澎的创新精神，只有创新才有超越。而创新不能离开本源，要在传统基础上创新。离开传统的创新，书法是画符，绘画是涂鸦。不伦不类的东西，你可以叫别的什么，另立一个门户，但不要叫昆剧，不要叫书画。张洵澎的艺术思想，对所有从事文化工作的艺术家都会有所启发。

秦来来是一个新闻工作者，因为戏看得多，艺术家接触得多，加上勤于钻研，现在已经成了戏剧家。他早就出过戏剧评论集，成了戏精了。他对戏剧的在行，使我十分佩服。新闻界需要这样跨行的专家。

戏剧界需要张洵澎，新闻界需要秦来来。

（本文作者为中共上海市委宣传部原副部长

上海文化局原代局长

《解放日报》原总编辑）

序二

刘厚生

许多年来，我曾多次呼唤"昆大班"以及昆剧各院团的精英人物写传，不仅是他们一个人的艺术成就值得写，更因为他们这一代人是整个昆剧史上继"传"字辈后，在新时代中做出更大历史贡献的一代。十多年前，我从北京去上海参加一次昆剧活动，遇见张洵澎同志，她是"昆大班"中有特殊光彩的人物之一，我立即向她建议，希望她写传。我甚至冒失地说，书名我都想到了，你们一家有昆剧明星，有体育明星，还有芭蕾新星，可以叫《三星高照》。她笑了笑，摇摇头说，不行不行。于是就没有说下去。此后多年不见，但一碰到与"昆大班"有关的事，比如蔡正仁、王芝泉等同志出了传记时，总还是想到洵澎还没有的消息。没有想到的是，一个月前，她忽来电话，说已请上海秦来来先生写了她的传记，书稿即将寄来，命我写序，我大喜过望。虽然老脑迟钝，眼花手拙，还能欣然执笔。

早在1961年上海戏曲学校"昆大班"毕业不久，得到文化部和上海市委夏衍、石西民等领导同志指示，组团去香港演出，显示新中国培养昆剧新人才的成就。我也参加了此项工作，由此认识了包括张洵澎在内的"昆大班"同学，到现在五十多年，算得上老朋友了。我看过洵澎演的几个优秀剧目，后来也知道她改行教书，很有成就。究竟接触太少，理解不深（书中所写洵澎生活历程中许多曲折，比如卖烤鸭等，我都全然不知）。

我之所以愿意写序，不计工拙，却是在理解不深的情况中竟有一个印象很深的记忆，愿意说一说。

这就是洵澎演的《牡丹亭》中杜丽娘的热情形象。从舞台到银幕，我都看过，总有三四十年了。

我现在已经是无力看戏的剧场门外客，但过去也还算得上是一个戏

1

迷,特别是一个"昆迷"。洵澎这一代乃至她前后的昆剧著名闺门旦,无人不演杜丽娘,我也几乎无人不看。都是精英名家,演杜丽娘都会用大功夫,创造出来的都是相当完整的杜丽娘形象,然而又各有不同的风采特色,很难说谁高谁低。那么为什么我对洵澎演的杜丽娘印象特深、觉得特美呢?

这里我要做些解释。所谓都塑造出相当完整的杜丽娘形象,是说这些名旦们都把杜丽娘的身份、年龄、基本性格、修养、爱好等融为一体,演了出来。观众看了都会承认她是杜丽娘而不是崔莺莺,不是陈妙常,不是祝英台。但是像杜丽娘这类的大角色,其性格爱好等都是随着剧情的曲折发展而曲折发展,是多层次多角度多变异的,体现到形象上,多呈现出各种各样的表演细节。大多演员塑造形象,由于她本人的性格爱好,以及表演方法的差异,对这些细节的处理,其分寸、力度、样式往往不一样,于是便形成不同的大演员演相同的大角色,都很成功却各有风采。正如西方人常说的,一百个演员,能演出一百个不同的哈姆雷特。而这也正是表演艺术的高度要求和魅力所在。昆剧名旦们演杜丽娘也正是如此。

还应看到,不同的观众也会对不同的杜丽娘有不同的喜好甚至偏爱。我对几位名旦演的杜丽娘确实都是赞赏的,但我最偏爱的则是洵澎塑造的杜丽娘的形象,洵澎在全面塑造杜丽娘的同时,突出显示了她的奔放的热烈情愫,那大胆的从动于心到形于外的热情。我看过的几位名旦虽然也都演出了杜丽娘的热,但在我的印象中是洵澎处理得最鲜明。

时隔多年,我现在已不可能具体描述洵澎的许多表演细节的情绪表达,我这里也不是写剧评,我只想表明,她对杜丽娘的理解、体会是很准确的。我想这可能有两个原因:一个是青年杜丽娘热情地说自己"一生儿爱好是天然",而洵澎也是一个热情的青年演员。本书中写到的她青年时的性格和某些生活片断,都是相当奔放热情的。演员和角色性格相通,自然就比较容易契合,彼此融通。

另一个原因,则是她对《牡丹亭》传奇原作有深刻理解,这要艰难得多。我曾看过有些青年演员演杜丽娘时,甚至有的改编本上,虽然注意到杜丽娘"游园"时喜悦地说,"不到园林,怎知春色如许",给她内心猛烈触动，却忽视了她回房后独白的一段，从"吾今年已二八，未逢折桂之夫"，到"昔日韩夫人得遇于郎，张生偶逢崔氏……此才子佳人，前以密约偷期，后皆得成秦晋"，再到"不得早成佳配，诚为虚度青春……"多么坦率，多么热烈，多么急切。说句怪话，连汤显祖都比不上他所创造的这个杜丽娘：他赶忙让花神上场，点明二人"后日有姻缘之分"，给了他们合法根据。但杜丽娘却完全不管这一套，就是不顾一切地追求爱情。我觉得洵澎青年初演杜丽娘时"天然"因素为多，当然一定也要下功夫。后来直到老年多次演出，始终热情蓬勃，不失神采，则更多的是她对剧作文学的透彻消化，是表演上多年修炼成精的道行，这是更宝贵的。

洵澎做演员由爱好到成熟，也可以说是由自发到自觉；而她去做教师，却是由被动到主动，也可以说是由硬转身到走上大路。

我对洵澎的教师生涯，除了常听人说她培育了多少优秀人才外几乎一无所知。感谢这部传记使我补上了这一课。书中写她转业的过程和教学方法与成果，细致而生动，虽说她演的是"昆"，教的也是"昆"，还是大同行；但"演"与"教"终是两种专业，而且越往高处走，不同的学问也越深。大演员的高成就是自己创造了多少优秀的角色，成果体现在自己身上；大教师的高成就就是教出了多少优秀的学生，成果在学生身上。其中牵涉到专业爱好、能力水平乃至社会声望种种问题。从传记中看，洵澎改行任教，既不是本人积极请缨，也不是组织硬性命令，不改不行。特别是在粉碎"四人帮"后，何去何从，她还是有主动权的。当我读到书中写她最后决定走以教学为主、偶尔也演出的路时，我也想到，让这么难得的一位大演员离开她的观众合适吗？她的决定引起我的思索，我赞同了她的决心，她是正确的。昆剧在今后的几十年中必须也可能振兴，其关键是要有足够的人才；而更关键的是要有培养人才的人才——好教师。这正是当年周玑璋老校长等抓"传"字辈的路。

我想，洵澎必定是经过认真的思考，才做出这个值得赞扬的从昆剧大局出发的光彩的决定的。我还想到，不仅洵澎，还有她的同学王芝泉、王英姿等多个同志，都走了与她相同的路，同样应该赞扬。她们都遵循了俞（振飞）老、周（玑璋）老和"传"字辈的教导，做了他们的好学生。只有好学生才能成为好老师。

（请容许我插几句不算题外的话：从"昆大班"起，历届学生中出类拔萃的尖子学生终是少数，还有许多同样学了许多年并有不同学养的学生依然在从事昆剧工作，有人一直在演配角，有人半改行做其他工作，都还是在任劳任怨、默默无闻地为昆剧事业辛苦奋斗，他们同样值得赞扬并且感谢！）

洵澎在教学工作中的具体成就也是辉煌的。本书中只写了几个最有特色的学生，不只是昆剧、越剧的学生，更有别的地方戏以至业余爱好昆剧的学生，昆剧不愧是百戏之师，她（洵澎）更无愧于所得的荣誉称号。本书写得细致动人，老师和学生都是那么精神焕发，学演戏也学做人，都显示了在戏曲不景气的环境中奋发向上、志存高远的精神，我确实为之深深感动。

我在本书中读到作者广泛引用了有关洵澎从小到大、从幼稚到成熟，几乎一生中的大量资料，评论家写的、亲属写的、师友学生写的、自己写的等等，既是原始的第一手资料，又是鲜活生动的情感交流，这可说是本书的一大特点，肯定也是下了大力才搜集得到，这在传记文学中可能也是少见的。

本书用大量篇幅写了洵澎的家世，特别是她自己的家庭，非常亲切感人，也满足了我说的"三星高照"的愿望。更写了她和同学伙伴怎样合演了多个优秀剧目，写她如何向学生传授昆艺，这些其实都可以做表演教材用，而且是高级教材。但我却难以再置一词。在这些方面，我连做她的学生也不够格。

竭诚向传主和作者祝贺，你们写出了一部精彩好书。也真心向传主和作者致歉，我交了一篇不精彩的序。

2014年11月

（本文作者为中国戏剧家协会原副主席、秘书长、书记处书记）

序三

楼 巍

　　张洵澎老师邀我为她的《洵美且异：张洵澎评传》一书作序，我顿觉诚惶诚恐，因为我对张洵澎老师的了解不多，学习得不够，尤其是对她所从事的昆曲艺术知之甚少。然而，阅读过这本书册后，结合自己与张老师接触中的点点滴滴，心中油然而生一种敬意，特此记录，以示隽永！

　　追忆往昔，对洵澎老师的认识和了解，首先得益于戏曲界前辈及舞台艺术名家名录，张老师一直是我辈所仰视的艺术家，她的才华潜孕于她的优美唱腔和表演过程中，她举手投足之间总是自然生发出一种特别的美感和惬意。后来，因我调任上海戏剧学院之故，开始与张老师有了较多的接触，也从她的学生那里了解到张老师从艺为师以来的诸多感人事迹和生动故事。今日，书册在手，更觉得洵澎老师的人生其实就是一本"教科书"。她告诉我们面对机遇如何抉择，如何接受命运的挑战，如何传承优秀的艺术；她告诉我们在艺术创作和教育的过程中，如何与时俱进和创新突破，如何施教于生，如何"循规蹈矩"和不拘一格。张老师是艺术道路上的笃行者，她给了我们许多生动而又深刻的答案。尤为值得艺术教育工作者，特别是青年艺术工作者和学生的学习。

　　洵澎老师自拜师学艺，到躬耕梨园，直到杏坛执教，其间恰逢我国在党的领导下文化事业激荡起伏、上下求索、开拓创新、不断走向成熟和繁荣之际。不久前，习近平总书记在文艺工作座谈会上对文艺"为了谁"、"怎样为"、"如何检验"等关键性问题指明了方向。洵澎老师的成名经历、从艺阅历、施教履历正恰切地贴合了她在上述问题上的"执著"。

　　一是对艺术的执著。体现在她对艺术的不懈追求，体现在她精益求精的精神，体现在她实事求是的科学态度，体现在她勇于突破自我和坚持创新的勇气。

二是对艺术教育的执著。体现在她教书育人的一丝不苟,体现在她对学生潜能挖掘的不拘一格,体现在她对教育教学的严谨和丰富细腻。

三是对服务大众、服务社会的执著。体现在她对服务人民的满腔热忱,体现在她对服务社会的奉献合作,体现在她对社会公益的热情参与。

正因为有了这样的执著,张老师自始至终态度坚定、自始至终谦虚友善、自始至终温暖热情,并从她的艺术美渗透到了人格美的境界。所以我特别愿意听张老师"唠叨"那些人、那些事。因为在她的这种"艺术范儿"的描述中,才有了美的感觉,有了美的味道,有了美的体验。因此,我想说,读她的经历也一定会有一种美感,这种美外溢于身,扬逸于形,融化于神。

本人才疏学浅,仅能粗略大意,相信读者朋友一定会有比我更深刻的体味。

是为序,并向张洵澎老师致敬!

(本文作者为上海戏剧学院党委书记)

目录

前言

2010年5月29日晚上的上海逸夫天蟾舞台，因为"洵美且异——张洵澎昆曲艺术传承专场"的登台亮相，少长咸集，群贤毕至，昆迷翘首，满场生辉。这场戏，也是上海昆剧团"老艺术家艺术传承专场"中的压台大轴。

"洵美且异"，既美好又贴切的标题。这句出自三千多年以前老祖宗的诗句（"自牧归荑，洵美且异。匪女之为美，美人之贻"见《诗经·静女》），就是说，真美啊，实在是又漂亮又奇妙，美得与众不同。

我们不得不感慨，三千多年前，我们的前辈已经懂得，美的更高境界是与众不同。

张洵澎，新中国培养出来的一位出色的昆剧表演艺术家、戏曲教育家。昆曲名家朱传茗为她精心开蒙，京剧名伶言慧珠对她倾心相授，给她打下了扎实的基础。在长期的演出、教育实践中，她又得到过梅兰芳、程砚秋大师的亲切指点；受到沈传芷、姚传芗等众多"传"字辈老师的悉心传授，积累了十分丰厚的传统戏的基本功。加上她扮相俊美，颇多言慧珠的特点，早在20世纪60年代，就被誉为"小言慧珠"。

"小言慧珠"绝非浪得虚名，而是实至名归。在继承传统的基础上，张洵

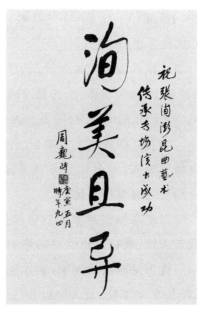

周巍峙题字

1

张洵澎为恩师言慧珠音配像

澎触类旁通，常常把其他艺术门类中可作借鉴的表现手段，融化、吸收并天衣无缝地嫁接进昆曲表演中，拓展着、丰富着昆曲的表现手段。她师法前辈，不乏创新，她塑造的每一个人物都贯注着自己的生命体验，她排演的每一出戏都洋溢着自己的独特心得。

当晚，由张洵澎亲自招生和教授的昆三班、昆四班、昆五班中的闺门旦演员齐齐亮相。其中既有活跃在当今昆剧舞台上的青年才俊张军、黎安、沈昳丽、余彬、倪泓、袁佳、张冉、邹美玲，也有尚在戏校坐科的青春学子姚徐依，更有史依弘这样跨界跟随张洵澎学戏多年的青年名家。

演出的都是张洵澎的代表作品，也是张洵澎用心向前辈传承来的优秀剧目：其中，《红梨记·亭会》是张洵澎1985年跟周传瑛、张娴老师学的；《西厢记·佳期》中的红娘，是张洵澎为了拓宽自己的戏路在1983年跟姚传芗老师学的；《牡丹亭·寻梦》则是她分别于1963、1978、1979年三赴浙江跟姚传芗老师学的，曾经留下"三立姚门学寻梦"的美谈；《百花赠剑》是1958年俞振飞、言慧珠两位老师亲授给张洵澎的。这些戏是前辈传承下来的昆剧优秀剧目，并经过了张洵澎多年打磨，再传承给新的一代。

著名京剧表演艺术家李炳淑，原中国戏曲学院院长周育德教授，以及俞振飞夫人、著名程派名家李蔷华，在演出过程中，从不同的角度为观众介绍了张洵澎其人其戏。

青年京剧艺术家史依弘和优秀昆剧演员黎安，两位海上京昆剧种的代表人物，联袂演出的戏码是《贩马记·写状》一折，赢得掌声阵阵。

优秀昆剧演员张军，再次回归，携手沈昳丽为大家展现的是《百花赠剑》的后半部分，让人叫好连连。

职业昆曲推广人、有"美丽昆虫"雅号的赵津羽，清唱《琴挑·朝元歌》；来自湖南昆剧团的张门大弟子罗艳，演唱了《出塞》选段；山西晋剧院的当家花旦苗洁，彩唱晋剧《打神告庙》，既唱且舞、满台翻飞……让人们看到了张淘澎在全国各戏曲剧种中传人的身影。

因腿伤不能到场的著名越剧青年艺术家方亚芬，特地录制了一段VCR来祝贺老师专场演出；因有演出任务不能前来参加祝贺老师专场演出的江苏省昆剧院青年昆剧艺术家孔爱萍，写来了真情流露的书信……

一个个故事，一段段曲目，浸润着张淘澎的艺术元素。

专场演出中，张淘澎亲自披挂上阵主演两出剧目。

一折为《疗妒羹·题曲》，如同《寻梦》一样，一出闺门旦的独脚戏，是1982年张淘澎向姚传芗老师学习的。由于这出戏的主题，以及人物基调的把握等原因，张淘澎一直不肯轻易拿出来演。三十余年来，她接受了不少专家乃至领导的研究成果，一直在琢磨，想把这个人物定位得更准确。今天终于借"专场"这个机会，张淘澎重新整理了这个戏，融入了她三十年的理解、体会，以70岁的高龄诠释、演绎着昆曲的菁华。

另一折《长生殿·小宴》，是五十多年前由俞振飞和言慧珠、朱传茗手把手传给张淘澎和蔡正仁的，现在张淘澎和蔡正仁又分别传授给了戏校昆五班的学生。观众们在台上看到的是姚徐依扮演的杨贵妃、卫立扮演的唐明皇，首先登场演出《小宴》的前半部分，尔后由张淘澎和她的同班同学、著名昆剧表演艺术家、有"活唐明皇"之称的蔡正仁同台压大轴。

早在1994年6月8日，《文汇报》发表了著名戏剧家陈西汀先

为学员讲演《寻梦》

3

生的文章《好一个昆曲闺门旦》，就对张洵澎的舞台艺术给予了高度的评价——

终于能够看到著名昆剧表演艺术家、戏曲教育家张洵澎的一次专场演出，看到了她的代表作《牡丹亭》《赠剑》《亭会》《偷诗》《秋江》等等。

她离开舞台，似乎相当久远了。她在戏校当老师，培育下一代，受到她教育的女孩子们是幸运的。因为这位老师，其实还处在应当献身舞台的光辉时刻。张洵澎是当年戏校的高才生，"传"字辈名教师朱传茗先生的"传人"，南昆曲闺门旦的继承者；她是一颗璀璨明珠，是南昆的瑰宝之一。可是它竟长时间地隐在闺中，不与世人相见。

看到她专场演出的两台名剧，是令人愉悦的，她依旧流光溢彩，并没有因为年过五十逊色当年。但其意义和价值，远不止两台戏的本身。因为它向人们展示了昆剧闺门旦的真正仪范。让一些对这一"旦种"没有领略过或领略不深的观众，开一次眼界，加深一次对于中国戏曲历史最久的母体剧种的高雅程度的认识。

"专场"中一出《秋江》，是传奇《玉簪记》中的一折。洵澎饰演的道姑陈妙常，一叶扁舟，追逐爱人潘必正于秋风江上。"秋江一望泪潸潸"，一曲《小桃江》，倾泻着主人公的离愁别恨。她放声歌哭于蓝天碧水之间，她是陈妙常，是闺门旦，是一幅"秋江惜别美人图"，一歌一舞，神采飞动，化入蓝天碧水，一样清澈，了无痕迹。

《牡丹亭》是昆剧的经典，《游园》《惊梦》《寻梦》诸折，又是经典中的经典。"一生爱好是天然"是主人公杜丽娘的灵魂，也是作者汤显祖的灵魂。杜丽娘为爱好天然为生，爱好天然而死。她梳妆小步，怜惜自己身上天然的美；她惜春、伤春，怜惜大地上天然的美。她怀着"花花草草由人恋，生生死死随人愿，便酸酸楚楚无人怨"的炽热的情感去追求生活中天然的美。但一个封建名门闺秀，是没有权利得到这种天然的人生享受的，她只有为此而死，死而再生，生生死死，都是受着"爱好天然"的灵魂的支配。而它，恰好被张洵澎牢牢抓住,化为对舞台上的杜丽娘的再现。她以从容娴雅,清新明丽,浑脱舒展的至美至善的舞台技艺,展现了这一闺门旦在气质、风骨、神韵以及一颦一笑,一静一动之间恰到好处的分寸感。这就是传授、颖悟、意境、功夫和魅力,而在《牡丹亭》,还有一个对于汤显祖华妙的文学气息的感受和表达。

《秋江》水清,加上杜丽娘的天然风致,便是张洵澎的闺门旦艺术。

陈西汀先生在文章一开始就用了"终于看到了",足见老先生对张洵澎舞台艺术的渴盼心情,而接下来在文章中毫不吝啬他的溢美之词,赞誉张洵澎"是一颗璀璨明珠,是南昆的瑰宝之一"。"可是它竟长时间地隐在闺中,不与世人相见。看到她专场演出的两台名剧,是令人愉悦的,她依旧流光溢彩,并没有因为年过五十逊色当年。但其意义和价值,远不止两台戏的本身。因为它向人们展示了昆剧闺门旦的真正仪范。让一些对这一'旦种'没有领略过或领略不深的观众,开一次眼界,加深一次对于中国戏曲历史最久的母体剧种的高雅程度的认识。"

京昆大师俞振飞82岁时,曾给张洵澎写了一幅字:"洵澎敏思善学,锐力创新,玉振金声,必能后来居上,为书数语,以寄厚望。"

面对昆剧人今天的坚忍不拔,欣赏着张洵澎的艺术成就,回味着张洵澎的教学成果,若俞振飞、言慧珠、朱传茗等这些当年的布道者、传承者还在世,肯定会为当年付出的辛劳感到高兴和欣慰。

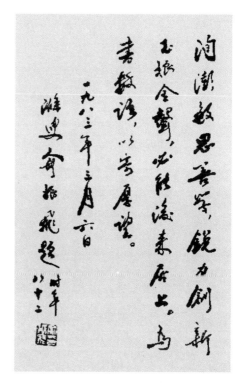

俞振飞大师题字

第一篇　宝钻生辉

——张洵澎的人生历程

第一章　西施故里的金凤凰

第一节　钟灵毓秀书香门

　　张洵澎的祖籍,是山清水秀、人杰地灵的浙江诸暨。

　　她是诸暨山水精华的后代,也是诸暨人文精英的传人。

　　诸暨,位于浙东会稽山西麓,地形以丘陵为主,素有"七山一水二分田"之称,在江南也算得上是山清水秀!浣纱溪(现名浦阳江)横穿而过,苎萝山沿江而立,山水相映,相得益彰——山不高,却俏;水不宽,却秀。

　　诸暨文化昌盛,人杰地灵。最为著名的要算历史上为"国"献身的绝代佳人西施了。"一破夫差国,千秋竟不还"——苎萝山依旧,翘首相望美人归来;浣沙溪东去,美人声吟涓涓不息……那个浣纱溪畔天真无邪得让游鱼惊其容貌之美而羞愧自沉的浣纱女,没有因为两千五百年的江南烟雨,让人淡忘;那个立志为光复故土而不惜献身的馆娃宫望乡台的吴王妃,透过吴越争霸的弥漫硝烟,依稀可见;那个让无数多情公子感慨万千的、跻身中国古代四大美人之列的西施,就是这"秀色掩今古"的诸暨传奇。

　　苎萝山,是诸暨的鼓;浣沙溪,是诸暨的筝。弹一曲高山流水,引多少名人陶醉于此。在这山水风光绮丽多姿、人文历史底蕴浑厚的古国徘徊——郦道元、白居易、陆游、杨万里、徐渭、唐寅、王冕……皆为"五泄"的知音。

　　山清水秀、人杰地灵的吴越之地,赋予了张洵澎美丽的容颜、妖娆的身姿。千百年来,发生在这片大地上的传奇故事、先民不折不挠的奋斗历程,也都在张洵澎的血液中悄悄注入了一种血性与刚强的力量。这一切,都对张洵澎的人生与艺术道路产生了不小的影响。

诸暨城虽然不大,却很繁华。城中有一家姓张的大户人家,主人名叫张池香。张家家境殷实,在城内开设很多商铺。有"荣茂盛"南货店,卖南北货的;有"老隆盛"碗店,卖瓷器的;还有卖绸缎呢绒、卖福建漆器的、卖各地茶叶的、买卖金银首饰的……其中最大的就是同泰祥钱庄,用现在的来说,就是搞金融的银行。由于家产丰裕,张家被诸暨人称为"张半城",富可敌"城"。而更难得的是,张家不仅家道殷实,且算得上"诗礼传家",家风清白、家教严谨,尤其对子女的教育十分重视。这位张池香老先生就是张洵澎的祖父。

张老先生膝下生有二子,长子张遇春,顾名思义,生于春天;次子张遇冬,不用解释,乃是冬季出生。

张家是当地大户,张老先生教子甚严,从小授读诗书礼仪。次子张遇冬,就是张洵澎的父亲。小张先生在父亲的督促下,勤读诗书。小学一毕业,就进省城杭州念初中。由于学业优秀,考到上海上高中,最后考进上海光华大学(后并入现今的华东师范大学)经济系。

张洵澎父亲

张洵澎的母亲叫钟福梅,外祖父叫钟夏生,也是诸暨人。钟老先生膝下生有一男二女,钟福梅是他的大女儿。钟老先生身上流淌着"陶朱公"后人的血液,善于经营管理。年轻的时候到上海学习,后来到北京,在银行里从事管理工作。24岁的时候,钟老先生已经当上了北京中国太平贸易公司的经理,不久后,又到中国实业银行任经理——少年得志,前途无量。20世纪20年代,时局混乱,军阀混战,不过战事对于钟夏生一家的生活并没有太大的影响。原因是当时已经跻身

张洵澎母亲

"上层社会"的钟家居住在北京的俄国租界。尽管军阀打仗，对于住在外国人租界里的民众，军队是不能进入骚扰的，华人在此可以避难。

不仅事业上意气风发，钟夏生还有一个幸福美满的家庭。在所有子女中钟老先生最疼爱的是大女儿钟福梅——也就是张淘澎的母亲。钟大小姐从小生得如花似玉，见到的人都忍不住要夸一句"真不愧是西施故乡出来的大美女"。更难得的是，钟小姐不仅人生得美，性子也好，且又聪明，是钟老先生的掌上明珠，走南闯北都带在身边。

正是因为父亲的宠爱，钟福梅打小就走过中国天南海北不少地方，这令她视野开阔，心胸也比同时代的女性来得更为宽广。钟福梅小学读书是在北京的名校——北京师范大学附小。后来因为打仗，钟老先生带着家眷又从北京南下来到杭州，在杭州中国农工银行做经理。后来又因为抗日战争爆发，日本人打到了浙江，钟老先生又携全家来到上海。

20世纪20年代，当时身在北京的钟老先生，与同为家乡人的马寅初先生成为好友，经常往来。据钟福梅说，他们在北京过春节，初一不拜年，唯独"马伯伯家是个例外"，是一定会去拜年的。马寅初先生是浙江嵊州人，钟夏生先生是浙江诸暨人，同属浙江绍兴市管辖，所以是同乡。同样客居异乡的两个老乡，当然就走得比较近了。钟、马两位虽是浙江人，却都爱看京戏、爱看梅兰芳的戏。那个时候北京没有现在这样的剧场，看戏在游艺园，就像上海大世界一样。有一次，钟老先生做东，邀请马寅初观看梅兰芳的演出，作陪的还有上海交通银行的张胜一（音）。由于相识，梅兰芳先生还在钟老先生的扇面上题了四个字："梅兰同春"。钟福梅清楚地记得，父亲当场拿了五块钱，作为润笔费谢了梅兰芳先生。后来因为打仗，老是"逃难"，这把珍贵的扇子也在几次辗转迁徙中失落了，这不能不说是一大遗憾。如果知道今后自己的女儿会从事昆曲事业，想必钟福梅一定会把这把扇子，当成自己的眼睛一样爱护有加，用心地珍藏起来的。北京生活期间，另外一件让钟福梅难以忘怀的事就是，1925年3月12日孙中山在北京去世，她跟随父亲排队去瞻仰孙中山的遗体。钟福梅清楚地记得，那个地方以前叫中央公园，孙中山去世后改叫中山公园，就是现在天安门城楼边上的中山公园。

4

　　虽然在北京的十余年，经历了军阀混战，但是因为钟老先生理财有方，也积累了相当的财富。20世纪30年代，钟老先生带着夫人和女儿钟福梅，从北京南下，来到上海开创自己的事业。和一位浙江同乡、一个温州人成为合伙人，在上海九江路开办了属于自己的"瓯海银行"。

　　除了钟福梅，钟老先生膝下还有一儿一女，都毕业于上海的复旦大学，也算得上学业有成。不过，他们两位的婚姻算不上幸福。

　　那是20世纪30年代，钟老先生已经落户上海，开办了"瓯海银行"并亲任行长。有一次，钟老先生坐船去宁波，看到一个年轻人，拿着一条席子，坐在五等舱的外面走廊上，钟老先生一看这位年轻人相貌端正、精神不错，便上前与他攀谈。交谈之时，这位青年的母亲也来了，经介绍，原来这母子俩也是有些来头，他们是老牌子"王星记"扇庄的东家，只因手头缺了点儿"头寸"，正在犯难。

　　说起"王星记"扇庄，也是大名鼎鼎。"出入君怀袖，动摇微风发"——一提到扇子，大家就会想到"王星记"。拥有一百多年历史的"王星记"，与丝绸、龙井茶齐名，并称为"杭州三绝"。

　　追溯"王星记"的品牌历史，就是一个"扇子王国"的传奇故事。杭州的扇子在宋朝时就负有盛名。清朝光绪元年，扇工王星斋在杭州开出了"王星记"扇庄。王星斋出身于制扇世家，他的祖父和父亲都是制扇工匠。王星斋自小随父学做扇子，在继承父辈手艺的同时，他苦心钻研，20多岁就已经成为当时杭州制扇业的砂磨名匠。王星斋艺成后，在杭州三圣桥"钱部记"扇子作坊做砂磨工。附近周叶闻弄有个陈益斋开设的贴花制扇作坊，专为"舒莲记"老扇庄加工制作高级泥金花扇。陈益斋一家人都是贴花能手，贴花是加工泥金扇面的一道主要工序。陈益斋知道王星斋手艺好，人能干，就招他为女婿，把自己的长女陈英许配给他。陈英在其父亲的传授下，亦做得一手好泥金扇，贴花洒金。婚后，家里就是一个小作坊，夫妻二人既有传统祖传手艺，又勤俭刻苦，选料认真，制作精细，慢慢积累了一些资本。在其岳父帮助下，王星斋又自立扇庄，精选一点货坯，夫妻二人精工细缕，制造一点成品去零星贩卖。当时能做这种高级花扇的作坊不多，而王星斋制作的扇子又特别精巧，独具风格，销售快，赚头好,因此发展很快。此时,王星斋在杭州的作坊也搬到祖庙巷,雇工人数多达五六十人。"王星记"扇庄与生产著名黑白花扇的"张子元"扇庄、"舒莲记"扇庄,并称为杭州扇业的三大名庄。所谓"精工出细货,料好夺天工"。王妻陈英铲贴的泥金"满斗"式花扇,风格独特,曾被选为"贡扇",受官绅文士喜爱,由此名声日益扩大,京津一带前来定货者络绎不绝。像北京的荣宝斋、天津的华锦成,都是王星斋多年老客户。在此情况下,1901年王星斋在北京杨梅斜街正式设立了"王星记"扇庄。

此外,1893年前后,王星斋在上海城隍庙开设了一个季节性小扇子店(后迁至南京路),作为"试水"。

后来,王星斋在北京病逝,陈英带领幼儿王子清继续经营扇庄。民国十八年(1929年),在杭州太平坊大街开设店面,名为"王星记",并以"三星"商标注册。民国二十六年,"王星记"由杭州迁来上海,推出以檀香木为原料的檀香拉花绢面女式扇,绢面上描绘西湖风景,标以"西泠""双峰""玉带"等雅名,畅销国内外。后来从香港购入檀香木,委托苏州等地工场加工监制成檀香扇运销香港,名声大噪。为适应社会名流、文人雅士和戏剧、舞蹈等的需要,又发展了名家书画扇和曲艺、舞蹈扇。"王星记"被公认为"扇子大王"。

此次船上巧遇,应该是"王星记"事业发展正需用钱之时。钟老先生眼光尖锐,凭他几十年商海沉浮的独到眼光,决定贷款给这两位素不相识的客户。母子俩接受贷款之后,果然事业大有起色。后来,这位"王星记"的女当家就把自己的长女许配给钟老先生的儿子作为报答。

然而,这桩婚姻可以讲是"剃头挑子一头热"。双方父母都认为是门当户对,男方是银行家的公子,女方是名闻海上的商家女儿。令双方父母没想到的是,钟老先生的公子已经有了心上之人,那就是自己在复旦大学的同学。不过,当时的社会,"父母之命、媒妁之言",作为小辈,如果不遵父母之命,那可是"大逆不道"。所以,虽然结婚了,钟老先生的公子(张洵澎的舅舅)一直不开心。

不仅男孩子如此,女孩子也遇到同样的问题,钟老先生的小女儿,也是由父母做主,嫁给了金融界同业者的公子。这叫"联姻",因为双方孩子的姻亲，可以为双方带来最大的利益。尽管女儿（张洵澎的姨母）不愿意，也不能改变什么。

唯一美满的婚姻，就算钟老先生的大女儿钟福梅了。钟福梅可以称得上是西施的后人，一个标准的美人。张家的二公子张遇冬先生也是一表人才，不仅相貌好，身材好，而且举止儒雅，气质极佳。先前也有好几家来给张遇冬先生说媒，都是诸暨城里有头有脸的大户人家，张家都没看上。

这时候，钟家的姑娘钟福梅出现了。她身上遗传着西施故里美人的基因，同时又因为从小跟随父亲走南闯北，见多识广，所以被张家看中，也被张遇冬先生视为知己。高中一毕业，张遇冬先生就被双方父母要求结婚了。

这次，为了儿子的婚事，张老先生亲自赶往福建，挑选商品，购置了满满一列车的瓷器，从福建满载而归。谁知道，在回归途中，遇到了侵华日军飞机的轰炸，一列车的货物全部被炸毁。这一变故，使张家上上下下都对日本鬼子恨之入骨，深仇难忘！

同样，钟夏生对于长女的嫁妆，也是精心准备——挑了又挑、选了又选——所有东西都要最好的：在钟福梅的嫁妆中，锦绣缎被描龙绣凤、光滑耀眼，就连棉胎，也是用得最高级的，是当时制造子弹所用的优质棉——钟老先生的"大手笔"由此可见一斑。

漆器是"十里红妆"中非常重要的部分，为此，钟先生特地赶往福州采购。福州脱胎漆器是具有独特民族风格和浓郁地方特色的艺术珍品，与北京的景泰蓝、江

张洵澎父母合照

西的景德镇瓷器并称为中国传统工艺的"三宝",享誉国内外。当时,木胎漆器人物有寿仙、渔翁、弥勒、观音、关公、财神、土地公等,另有烟具、茶具、餐碗、盘、碟、罐等,能观赏,又实用,销路也好。所以,一直是张池香老先生经销产品中的紧俏货。

在老家完婚以后,张遇冬先生携妻钟福梅女士又回到上海继续自己在光华大学经济系的学业;此时,钟老先生在上海的瓯海银行经营有方。张遇冬一到来,就直接进入岳父大人的瓯海银行任襄理一职,被寄予厚望,俨然是钟家事业的接班人。

第二节　庭院深深华山路

1941年,张洵澎出生在上海市中心的海格路(即今华山路)上的幸福公寓,一处闹中取静的优雅的所在。如果将上海的马路比作女子,那么华山路也许就是《牡丹亭》里那个美貌灵秀的大家闺秀——杜丽娘,虽然接近喧嚣的闹市中心,却依旧保持着那份难得的娴静优雅。

华山路是一条文化底蕴厚重的马路,从南京西路(愚园路)起到肇嘉浜路(徐家汇)的几千米中,连绵不断地排列着的百年老建筑,它们如隐士般在岁月变迁中保持着自己独有的姿态。偶尔开合的铁门,备显神秘,只留给路人匆匆一瞥。门内繁茂的绿树枝叶探出门外,攀上山墙的青藤,夕阳下鲜艳的建筑轮廓,路灯下建筑拉长的身影,总会令路人有一点心动,禁不住想窥视、想探究……

华山路的姿态,清高却并不孤傲,这还须归功于那些依然笔挺矗立在街道两边的建筑。你走近它,却难以亲近它,它始终有一种游离的气质。如果你顺着曲径通幽的小巷,深入到整齐洁净的西式弄堂内部,车水马龙的声音又瞬间被摒除在外。这种外热内敛的气息,恰是典型上海人最推崇的精神实质。

华山路303弄,离张洵澎家老房子393号不及百步之遥,这是蔡元培的故居。这幢欧式的三层花园洋房,陡斜的两坡屋顶,山墙一段露出深色的木构架,深灰色卵石墙面,加上红瓦屋顶,显得亲切而高雅。蔡元培先生自1937年寓居于此，同年11月2日，他带头与交通、同济、暨南、浙江等大学校长——黎照寰、翁之龙、何炳松、竺可桢等联名致电九国公约会议，呼吁采取有效措施，遏止日本对华之侵略，并严惩日本违反国际公法，肆意摧毁我国文教机关之暴行……

信步走来，张洵澎家老房子斜对面、位于华山路370号的是具有西班牙风情的海格大楼，这是一幢近代西班牙风格的建筑物，处处可见鲜明的欧陆古典艺术装饰手法。在绿草如茵的花园的衬托中，大楼的主体建筑美轮美奂。丽日晴天，它那白色的外墙面和典雅的建筑风格，往往令人联想起沐浴着灿烂阳光的地中海城市，令人情绪高涨。新中国成立后，这里曾经是上海市委的办公大楼，现在是接待八方来客的静安宾馆。

往西不远，华山路731号，是有着"海上名楼"之称的枕流公寓，当年是李鸿章小儿子李经迈的产业。新中国成立以后，原本居住在公寓内的外国人陆续离开，一批文艺界、商界人士渐渐成为枕流公寓的主人。公寓给人的感觉就像文艺界的高级宿舍，"金嗓子"周璇，便曾经是枕流公寓的住户，她从1932年起搬进这座大楼，一直住到1957年9月22日去世。其他如《文汇报》总编辑徐铸成、越剧名家傅全香、范瑞娟、王文娟，电影明星乔奇、孙景璐以及文艺理论家叶以群等都在此住过。

顺着枕流公寓往西，就是名闻遐迩的丁香花园，一座中西合璧的大花园。曾经有人这样喟叹，即便是到了今天，华山路的丁香花园以及许多类似别墅，依然具有金粉世家、高墙深院的神秘与美丽，当今天的人们用心灵去触摸历史的封印，华山路，便以它独特的内涵，填补着旧时的上海繁华梦。

此外，俞振飞、言慧珠夫妇居住的"华园"，白杨的故居"小白楼"，中央领导人下榻的兴国宾馆……在华山路梧桐树的掩映下，格外清新雅致。

如今，昔日的故事早已成过眼烟云，旧时贵族富豪的身影也已消逝，但我们还是能感觉出华山路的气质：一种天然的高傲和幽静，一种钟鸣鼎食的世家气度。

当历史成为传说，当传说成为回忆，走在华山路上，一股海上春梦般的浪漫气息扑面而来。作为上海老牌的贵族街区，华山路的每一幢幽深宅第,虽已物是人非,但其不菲的价值从来都毋庸置疑,每一幢老房子和新房子,都深深镌刻着老上海金粉世家的精神烙印,成为上海独特人文魅力的交集。

更为巧合的是,后来张淘澎入读的"华东戏曲研究院昆曲演员训练班",就在华山路1448号。时空交汇,仿佛冥冥中将高尚的人文气息赋予了华山路,这条充蕴着中外文化气息的大街上。

然而,年幼的张淘澎当时尚不能感受到这里浓郁的文化历史气息。从这个女孩子眼里每日见到的华山路,是高鼻子、蓝眼睛形成的文化上的疏离,是浓密的法国梧桐,是紧闭的钢窗蜡地织就的清冷。

当初,张淘澎的外公——钟夏生老先生看中的就是这里的环境。作为高级住宅区的华山路,是美、英、德侨民和华人上层人士的主要居住地,解放后被上海人称为"上只角"。

就像当年钟夏生老先生为了使家人远离战祸,到北京便把家安置在俄租界一样,来到上海以后,为了躲避日本人,他找到了华山路,一条置于法租界的外国人居住的马路。张淘澎儿时的印象就是,"这条街非常冷清,没有人走路的"。本来华山路上只能由外国人居住,因为打仗,有些外国房客纷纷离去,因此光靠外国人无法住满这儿的住房。于是,幸福公寓的房主,一位刻板而严厉的英国医生不得不做出让步,让上流社会的中国人入住。

幸福公寓,在当时被称为"公司房"。顾名思义,最初这里是专供那些在大公司供职的外国职员居住的地方。以英国人为主体的住户也带来了西方人的生活习

张淘澎(右)和姐姐

惯——有条不紊、刻板严谨，进出的人大多风度优雅、气质高贵。住户与住户之间门户紧闭，没有交往；难得见面也只是礼貌性地点头问好。这在今天习惯了公寓房生活的都市人来说，也许并不显得特别与众不同，但在20世纪三四十年代，上海的居住环境以老式里弄为主——走街串巷、吃百家饭是非常普遍的事情。相比之下，"公司房"的生活在普通上海人眼中就显得有那么一些"另类"了。这种另类，也对幼年张洵澎性格的形成有着很大影响，后面我们就会看到。

外国人盖的房子，厨房跟卫生间非常大，都是朝南的，和上海人喜欢住朝南房间不同。因为那个时候老外的房子里都有"热水汀"，一户人家有一个专门用来烧"热水汀"的炉子。因此，阳光对于张洵澎来说就显得更加珍贵了。一直到1953年，这些外国居民必须全部搬走、回国。张洵澎当时还年幼，对于时局的变化不那么敏感，只是发现公寓里的"热水汀"全被拆走了——家里的保姆告诉他，外国人都回去了，"热水汀"也被他们拆下来带回去了。

张洵澎家的左邻右舍多是外国人，在幸福公寓附近做生意的，以外国人居多，美国、德国、英国都有。至今她还清楚地记得，她家楼下是美国人开的木制玩具店，专卖一些兼有使用功能的小玩意儿，例如被做成小猪模样的插放牙签的牙签筒，虽是小玩意儿，却十分精巧，可称别有"创意"了。玩具店边上是一家地毯店，店主人叫"保尔"，是个地道的德国人，为人很和气。太太是一位漂亮的中国宁波人，张洵澎他们都叫她为"嬢嬢"（老上海话，旧上海对于有身份的女性是不可以叫"阿姨"的）。再过去是一个美国老太太开的卖牛奶和冰淇淋的店，牛奶和冰淇淋可说是当时的奢侈食品——张洵澎从小就喜欢新颖的事物。

紧靠着只有一家中国人开的店，是一家叫"源泰"的食品店，老板是一位长相偌傥、相当讲究的宁波人，在张洵澎的印象中，他总是穿着一袭质地考究的长衫，说话不紧不慢，风度很好。"源泰"也是张家经常光顾的食品店，店里的培林白脱饼干、牛奶糖和ABC水果棒糖在当时都是高档食品，也是张洵澎的最爱。除了喜欢这些点心，张洵澎也喜欢"源泰"的环境，不仅老板举止优雅，店员也个个漂亮、稳重，而且都能说一口流

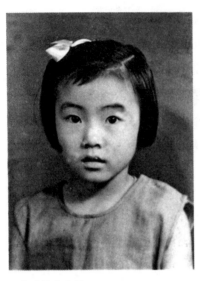

四岁时的张洵澎

利的英语。他们做生意的真诚、对人微笑时带有的那种亲切感，让张洵澎至今难以忘怀。"源泰"食品店再朝西走，就是解放后才有的华山药房，老板娘是苏州人，娇美又不失气度，说一口嗲糯的苏州话。张洵澎经常光顾这家洁净的药房，为的就是去看那位漂亮的老板娘——张洵澎从小喜欢优雅、美好的人和物。

然而，虽然是在自己的国土上，张洵澎一家，也和那些外国房客一样，必须遵循英国房东定下的规矩。张洵澎虽然有父母的宠爱，过着无忧无虑的大小姐生活，却同时因为严谨的家规和殖民文化的束缚，从小心灵受到许多制约。

9岁前的记忆是寂静的，常交叠于脑海之中的，是沉甸甸的黑漆大门、腰间别着手枪的巡捕以及时而从海格大楼的草坪上传来的日本人的操练声……阳光拒绝光顾，房间内白天如同夜晚，如同年代久远的老电影，色彩昏黄而模糊的画面，带着一种穿越时空而来的落寞气息。

童年，就在这没有玩伴的孤寂时光中静静地流去……直到张洵澎9岁那年，中国发生了翻天覆地的变化。

张洵澎的心灵世界，从此有了色彩；张洵澎的生活，从此有了精彩。

那一年，是1949年。

第三节　原来姹紫嫣红开遍

1949年5月27日，这是一个被中国历史、上海历史，永远铭记的特殊日子。

这一年的4月20日，渡江战役打响了，23日，解放军就攻占了国民党政府的所在地南京。"宜将剩勇追穷寇"，中国人民解放军第三野战军主力以摧枯拉朽之势对上海国民党军进行攻坚战役。国民党京沪杭警备总司令汤恩伯以8个军25个师20万人据守上海市区，及沿浏河、太仓、昆山、青浦、嘉善和平湖一线地区，企图凭借坚固工事，组织顽抗，掩护其战略撤退，并准备大肆破坏城市，挑起国际事端，促使帝国主义武装干涉。第三野战军司令员兼政治委员陈毅、副司令员粟裕，依据中国共产党中央革命军事委员会和中共中央淮海前线总前委指示，集中第9兵团、第10兵团共8个军攻打上海。首先从两翼迂回钳击吴淞口，断国民党军海上退路，尔后按照中共中央华东局接管上海准备工作进行情况，再向市区发起总攻。5月27日，中国人民解放军占领上海。进入远东第一大都市的解放军军容严整，入城部队严格遵守入城纪律，露宿街头，以实际行动赢得了广大群众的赞扬。

然而，这翻天覆地的变化，降临得那么突然而又平静。这一天清晨，张家的保姆如往常一样拎着菜篮子出门买菜。不一会儿，她又惊又喜地回来向张洵澎的母亲报告："善钟路（现常熟路）浪困仔交关兵，迪眼兵军装穿得蛮旧的，年纪也蛮轻的；看上去侪蛮吃力的，不过人倒蛮和气的（善钟路上席地睡了很多兵，这些当兵的穿的军装都比较陈旧，年纪也很轻；看上去有些疲惫，但人倒都蛮和善的）。"张家保姆一时好奇，对着侧身蜷缩睡着的小兵轻轻踢了一脚，没想到当兵的警醒后，立刻回过头来，见是一个普通老百姓，倒也不介意，反而咧开嘴给了她一个浅浅的微笑。从此之后，对于解放军入城，他们和许多上海人一样，减去了忧虑，平静地接受了这样一个事实——上海这个纸醉金迷的东方夜巴黎，已在一夜间变换了天地。

年幼的张洵澎对于这一切也只是懵懵懂懂。对于只有9岁的张洵澎而言，心中升起了四个字——春天来了。在张洵澎生命中的第九个春天，她终于可以

幼年时的张洵澎

畅快地打开窗户，无拘无束地拥抱阳光了。

记忆中始终紧闭的窗户打开的那一瞬间，窗外的春色令年幼的张洵澎心头为之一颤。很多年后，张洵澎在舞台上演《牡丹亭·寻梦》，唱到"最撩人春色是今年"那一句，便会不由自主地想起那个春日的清晨，一个高挑纤细的女孩，站在厚重的钢窗前。春色，就以如此出人意料的方式，震撼了一个女孩子的心灵。

许多人都痴迷于张洵澎的杜丽娘，甚至张洵澎的许多老师都惊叹，她竟然能够把《牡丹亭·游园》那一场戏唱得如此细柔精致，竟能将一个幽居深闺的少女心情刻画得如此逼真——每个眼神、每个动作、每一句千回百转的唱腔，都如细微的电流一般，击中人们的心扉，令人浑身为之震动。许多人将张洵澎的成功归功于她的刻苦、她的灵气、她的丰富的想象力，这些都不无道理。但是他们不知道最重要的是，戏里的故事曾经如此真真切切地在少年时期的张洵澎身上上演过。

春光乍泄，春风便以迅雷不及掩耳之势改变着生活的方方面面。幽静的华山路变得热闹起来了。有着百余年历史的葱翠法国梧桐树上，被安上了大喇叭，每天一早就开始播放带着陕北风情的革命歌曲，还有曲调欢快的越剧开篇。歌，张洵澎印象最深的就是郭兰英演唱的《翻身道情》："太阳一出来满山红啊，哎嗨哟，共产党救咱翻呀么翻了身……"那明亮高亢的歌声，深深印在了张洵澎幼小的记忆里；而戏，她很喜欢有"江南悲旦"之称的戚雅仙演唱的《婚姻曲》："红太阳当空照，五星旗帜迎风飘"，欢快的节奏，朗朗上口的唱词，洋溢着幸福而热烈的情绪，真正反映了当时中国人的心情，张洵澎每天都会跟着喇叭学唱。

解放后，华山路上的中国人多了起来，小孩子似乎也在一夜之间多了起来，在马路上来回奔走嬉笑的孩子，永远有着一股消耗不尽的精力，似乎要把这个国家压抑了数千年的情感一下子全部释放出来。不过，尽管整座城市都在"释放"，张家严厉的家规却依然存在，张家姐弟始终没能融入这些玩耍的同龄人之中去。然而，曾经胆怯而倍受娇宠的张洵澎，却在这个时候，将深藏在血液中、与生俱来的艺术潜力释放出来了，在家中又是唱歌、又是唱戏、又自编舞蹈，展开了属于自己的娱乐方式。

小床是她的舞台，从二楼看出去路上来来往往的行人就是她假想的观众。她时而躲在窗边唱郭兰英的歌，时而跃上小床自编台词，唱戚雅仙的戏。张洵澎的心情便如蓝天的飞鸟，无拘无束，自由翱翔。她是那么自信、那么满足——天地间的一切，仿佛都是为自己陪衬的。而她，就是这个舞台上的绝对"主角"。不知道是不是天赋，那个时候的张洵澎就无师自通地懂得了营造"明星效应"，唱歌唱戏的时候，有时她会拿一个搪瓷脸盆遮住自己的小脸蛋，在她们自家朝北的大房间的窗台边。一旦路上行人被歌声吸引，驻足观望，可惜的是，那想必十分娇美的小脸蛋却无缘一睹。那个时候的她，就已经懂得如何制造"焦点"，遮住脸，也许是为了制造神秘的效果，更引起人们注意。

有时候，"清唱"还觉得不过瘾，还要"浓墨重彩"表演起来。张洵澎从小就有规划意识，非常懂得因地制宜，就地取材。舞台——父母睡觉的大床，找两根竹竿把床上的帐子撑起来，不就是现成的大幕了吗；服装道具更是体现出了张洵澎从小对美的理解和创造，她找来母亲的镂空沙发罩披在头上，营造出一种神秘之美。珍珠项链自己动手串起来，戴在发髻上……自己梳妆打扮、自己准备道具、自己布置场景……一切自己来。张家的长辈对于生活有着精致而高雅的品位，平时，母亲对于穿着就非常讲究。张洵澎年纪虽小，耳濡目染之下，对于"美"也有着非常敏感而独到的见解，这些童年的积累，直接影响着她后来的艺术。不过此刻，虽然是临时拼凑的"装备"，张洵澎照样能够将它们搭配得颇为不俗。

有了舞台，观众也不能少。这时候，随着外国房东与外国租客的搬离，张洵澎家周围陆续住进了不少中国人。小孩子之间也偶尔可以来往，每逢张洵澎演戏的时候，她就会去请邻家的小朋友来自家观看、助兴，他们也会拍手鼓掌。张洵澎就会像戏台上的演员那样，一次、两次谢幕。在小朋友们的掌声中，张洵澎感受着最早的成功的喜悦。

外国人撤离的同时，一些高级知识分子和文艺界人士开始陆陆续续成为华山路上的主人。他们的到来令张洵澎居住的华山路少了一些刻板，然而，优雅精致的生活方式依旧可见。

比如著名的作家赵清阁女士，就住在张洵澎家的三楼。小时候的张洵澎，并不知道赵清阁的来历，只记得家里的大人关照自己，见到赵要叫"嬢嬢"。而张洵澎对于赵清阁的印象就是，"老太太好像身体很不好，尽管年纪并不大，但是上下楼总是有一个名叫吴嫂的阿姨背负着，那个吴嫂，是个相当壮实的中年妇女。"刚开始接触的时候，张洵澎觉得一脸愁容的赵清阁是个很厉害的人，对于不熟悉的人都不理不睬，后来交往稍微多了一点，张洵澎发现赵清阁的"厉害"其实在于她的思路非常敏锐——脑子煞清，这和她孱弱的身体形成了鲜明的对比。不过，因为张洵澎平时住在学校，与赵清阁的接触并不太多。

对于赵清阁，田汉先生曾经写过一首七律："从来燕赵多奇女，清阁翩翩似健男。侧帽更无脂粉气，倾杯能作甲兵谈。岂因泉水知寒暖，不待山茶辨苦甘。敢向嘉陵录画料，弹花如雨大河南。"好多认识这位女作家的人，都说她"冷"，其实并不尽然。说她有男子气概不错，但她并不是个缺乏热情的作家。没有热情的人写不出扣人心弦的作品，她只不过更愿意将热情贯注在作品里，而不是将它当作面具戴在脸上。同楼还有电影明星束夷和电影导演张捷夫妇俩。因为公司房里十分安静，所以他们夫妇俩的吵架声就显得特别清晰，往往就是四个字，"你爱我吗？"这让邻居觉得很好笑。后来他们搬往广州，到珠江电影制片厂工作了，楼里又恢复了往日的平静。

要说知识分子，解放后搬到华山路的就更多了。就说枕流公寓，除了周璇是解放前就来了，解放后像傅全香、范瑞娟、乔奇等一些文艺界的名流，都是枕流公寓的住户了。当时的华山路，就像文艺街一样的，"越剧皇后"姚水娟住在张洵澎家东北面的海格公寓。姚水娟是诸暨人，所以她管张洵澎的妈妈叫"梅姐姐"。那个时候，张洵澎的外婆经常带张洵澎的妈妈（即钟福梅）去看戏。作为一个有身份、有钱的人的家眷，对于当时唱戏的人来说，是很有吸引力的。姚水娟一直叫钟福梅为"梅姐姐"，她那时很想拜张洵澎的外婆为"过房娘"。越剧演员认"过房娘"是解放前非常流行的风俗。一方面，那些喜欢看戏、捧角的有钱太太们通过这种方式亲近演员，而演员们也希望通过这种关系，得到照顾。不过，张洵澎的外婆不喜欢这种"陋规"。就对姚水娟说："拜么就不要拜了，你需要什么，只管对我说好了。"这件事便就此作罢了。

再后来，言慧珠、俞振飞住进了华山路上1006弄11号的花园小洋房，距离张洵澎家不远。更令人惊奇的是，后来张洵澎投身的"华东戏曲研究院昆曲演员训练班"也在华山路1448号。说起这些，张洵澎开玩笑说："看来我是和昆曲有缘，今世注定要唱昆曲的。"

第四节　少年不识愁滋味

张洵澎的爸爸妈妈都是戏曲爱好者，爸爸爱看京戏，妈妈偏爱越剧。有时候，爸爸会带她去天蟾舞台、共舞台看戏。嘈杂的锣鼓声，激越的表现方式，令从小习惯了安静生活的张洵澎不喜欢。

张洵澎更喜欢跟着妈妈去金都大戏院（解放后改名瑞金剧场，现已拆）、卡尔登（解放后改名长江剧场，现已拆）看绍兴戏（越剧），徐玉兰的《信陵公子》《锦绣江山》，还有袁雪芬主演的越剧电影《相思树》《双看相》等都是张洵澎喜欢的戏。袁雪芬、徐玉兰是母女俩共同的偶像。

看戏、看电影多半在晚上，难免会影响到张洵澎第二天上学。这个时候，张洵澎便会和妈妈撒娇，即使不去上课，也没什么关系。妈妈不忍心让她不开心，偶尔少上两节课，也不至于有什么大的影响。张洵澎迷恋于舞台那个五光十色的世界，她的心，已完全被戏曲俘虏了。

1950年，新中国的第一部《婚姻法》颁布了。为了宣传、普及新的《婚姻法》，文艺工作者积极创作、演唱新节目，其中影响最广、普及力度最大的，要算著名越剧表演艺术家戚雅仙演唱的越剧《婚姻曲》："红太阳，当空照，五星旗帜迎风飘。敲锣打鼓连天响，秧歌莲湘齐欢笑……"随着电台的广播，回荡

童年时的张洵澎

在上海的大街小巷，无论是住房逼仄的老式里弄，还是气派轩昂的繁华闹市，这些唱段在街头的喇叭声中随处可闻。

因为解放了，除了戚雅仙的《婚姻曲》回荡在都市的上空，还有就是老解放区也为这座繁华不夜城带来了诞生于遥远的陕北高原的歌声。王昆的《白毛女》啊，郭兰英的《翻身道情》啊。说来也奇怪，喇叭里播放的越剧、陕北民歌，再长的唱词，张洵澎只要听上一两遍，根本不必用心记忆，就能背个滚瓜烂熟。

因为喜欢《婚姻曲》，张洵澎也就迷上了戚雅仙的戏。当时戚雅仙的合作越剧团常驻金都大戏院（后改名瑞金大戏院，现已拆），经常演出《七夫人》《白蛇传》《玉堂春》等，张洵澎就是"金都"的常客。解放以后，人民政府在华山路开通了公交汽车，当时为8路汽车（现在的48路）。同样是姐妹，她的姐姐会把妈妈给的零用钱节省下来，有时去看戏会坐公交车。可是张洵澎不，晚上看戏，照样坐她的三轮车，与姐姐"分道扬镳"。看戏回来晚了，第二天还要上学怎么办？她总是变着法子赖床不起，一会儿说肚子疼，一会儿说头晕……就是不肯去上学。妈妈也宠着，不去就不去吧！"天天难读天天读"，就这样，张洵澎挨到小学毕业。作为爸爸的张遇冬满心欢喜，希望给张洵澎找个好中学就读。说起来，张洵澎的父母都喜欢看戏，夫妻俩也很开明，并不禁止儿女们进戏院看戏。但毕竟是出身书香门第，"万般皆下品，惟有读书高"，流传了几百年的观念对于张遇冬来说，还是很坚定的，张遇冬从来没有想过要让女儿去唱戏。找一个好的学校，好好念书，毕竟还是当时绝大部分父母为儿女们设计的"前途"。离张洵澎家最近、也是上海很有名的学校是上海市第三女子中学。为了应考，张洵澎的妈妈还是做了充分的准备——考试那天，将张洵澎打扮得漂漂亮亮的，叫了一辆三轮车，去坐落在江苏路上的市三女中。一路上，张洵澎坐在车上四外打量沿途的风景，完全没有把考试这件事放在心上。等张洵澎硬着头皮，走进考场，考卷一发下来，张洵澎傻眼了，考卷上出的题目，什么都不懂！不过她的心态好，临场一点不慌乱，写不出没关系，她会"创造发明"，把一个个字写得很大。"考卷空着总归不好看吧！"小张洵澎虽然文化常识不过关，但对于"美学"却打小有自己的心得。有一道题目张洵澎至今记得很清楚："飞机是怎么上天的？"怎么上天的？张洵澎开始发挥想象力了。于是，她充满自信地回答：在飞机的屁股后面加汽油，飞机就上天了！"哈哈哈，其实我还是蛮有形象思维的。"直到今天，张洵澎说起那次考试，都会开怀大笑，不仅记忆犹新，而且还是那么天真洒脱、幽默风趣。

这样的答案，想必阅卷的老师也会忍俊不禁。不过，市三女中并没有因为张洵澎的"别出心裁"而破例录取她。张洵澎和她妈妈都觉得没什么。不过，张洵澎不急、钟福梅不急，父亲张遇冬是真的急了——虽说家道殷实，可小小年纪不读书，长大了怎么办？张遇冬拍板——再考！当时上海除了有像市三女中这样的公立学校外，还有不少私立学校，虽然学费相对贵一些，但教学质量也很不错，而且生活条件要比公立学校更好。做母亲的觉得，不能让女儿从小吃苦，私立学校条件好，反而更适合她。这次张遇冬选择的是一所收费相当昂贵的私立学校，一个学期的学费相当于一块劳力士手表的价格，类似于今天的"贵族学校"，不是普通人家所能够问津的。也正是因为这个原因，考这所学校要想被录取也不是那么容易的。

因为是夏天的时候去考，妈妈为她准备了方糕、牛奶等点心，衣服全都换成新的，脚上穿了一双以前流行的那种布鞋，让人看着不像是去考试，反倒像是去郊游的。遗憾的是，几天之后去看榜，结果是：没录取！

落榜归落榜，这并不能打击张洵澎对于戏曲的爱好。她甚至为此庆幸——不用规规矩矩地坐在课堂里听老师讲那些令人头疼的数理化，反而可以在家里随心所欲地唱戏。单纯的张洵澎简直要将这"二次落榜"看作是老天爷对自己的垂爱了。

二次落榜，父亲还是不愿就此放弃，他知道女儿心里想着的是什么，可是，"唱戏"对于这个书香之家来说，毕竟是一件太过虚无缥缈的事情，离他们的生活太远。正如坐在台下，张遇冬也会为台上的精彩表演击节叫好，但自己却是永远不可能走上台去的。所以，张遇冬一直关注着报纸上有关补习学校的信息，终于让他找到了一家开设在愚园路上的一所规模较大的补习学校。谁想那时候补习学校文化课要求也很高的。也许，命运注定要将张洵澎留给舞台，这次原本看上去十拿九稳的考试，张洵澎依旧稀里糊涂地落榜了。

三次落榜，张遇冬先生还是做了努力，让女儿去家后面一条西式弄堂的"私塾"补习。那是一位姓叶的先生开设在家里的私人教育机构，这位叶先生很有学问，不过遗憾的是，因为种种原因，这位叶先生也没有收下张洵澎这个女学生。真是天意如此，漂亮聪明的张洵澎，注定是昆曲的女儿。若干年以后，张洵澎在舞台上光彩四射的时候，叶先生一定后悔当年没有收下这位女弟子。

三次落榜，在常人眼里，张洵澎大概要算个"差等生"了。也许会有人要感慨：这么一个长得漂亮、人又机灵的女孩子，怎么考试就是不行？不过张洵澎自己明白"为什么不行"，因为她的心早就给了戏曲、给了舞台。

张洵澎想唱戏，这个愿望虽然并没有明确地当着父母的面说出来，但却牢牢地印在自己的心里。为了她的演出梦，解放初，才十来岁的张洵澎就由外公钟夏生老先生带着，专门去考过"昆仑"电影制片厂。那时"昆仑"电影制片厂对外招收学员，培养新生力量。张洵澎记得很清楚，当时就在淮海路靠近瑞金路的一幢洋楼上（后来的上海电影局机关所在）。可是工作人员并不理会这一老一少渴望的心情，公事公办地对她外公说，"这个小妹妹太小了，年龄还没有到。"外公固执地说："就让她试试吧。"工作人员仔细看了后，依旧婉拒了他们，说："小妹妹长得倒是蛮漂亮的，但实在年纪太小，我们要招的是高中生。"要知道，当时张洵澎还在念小学四年级，年龄与要求相差实在太远，即使工作人员爱才惜才，愿意开个"方便之门"，也是无能为力啊。

面对这个爱戏如痴的外孙女，钟夏生老先生没有因为"昆仑"公司的婉拒而放弃，他想，既然张洵澎喜欢唱戏，那就去陶行知艺术学校考考看，钟夏生老先生再一次陪着宝贝外孙女前去报名应考。到了那儿，第一项考试科目是弹钢琴。虽然张洵澎从来没有学过钢琴，却也难不住"天赋好、胆子大"的她。只见她有模有样地坐了上去，双手一搭——学着电影里看来的样子，居然弹得有模有样。虽然这是张洵澎第一次摸钢琴，但艺术的本质其实是相通的，平时戏唱得多了，乐感极好，虽然是兴之所至地胡按乱弹，倒也有点"腔调"——俗话说，像不像，三分样嘛。

梨园行也有一句俗话，就是上了台以后，一旦忘了台词或者唱词，千万不能慌，"宁可瞎唱，不要不唱。"可是，至今张洵澎也不能解释，为什么她那么小的时候，而且并没有人跟她讲过"宁可瞎唱，不要不唱"的诀窍，她就自然地熟练运用了。只能说，张洵澎小的时候就有这种艺术的天赋存在。

遗憾的是，这了不起的表现并没有赢得考官的青睐，他们还是说她太小，说，他们要招初中毕业生；而张洵澎那年才小学四年级。

如此算来，张洵澎就是解放初期的"范进先生"，屡试不中：先后考了六个学校，两个艺术类的，因为年纪太小而被拒；四个基础教育类的学校，实在是因为基础课不行，而一再落榜。

年幼的张洵澎没有衣食之忧，所以她对考得取考不取学校好像并不在乎；可是，身为知识分子的张遇冬先生可烦心了，女儿是不能不上学的。

不知是天意，还是机缘巧合，张遇冬偶然看到"华东戏曲研究院昆曲演员训练班"的招生信息，这时，他才开始正式考虑为女儿去报考训练班学戏的决定。张遇冬和钟福梅认为，这是人民政府办的学校，和旧社会的戏班不一样，把女儿交给国家，是最放心不过的了。再说，爸爸是周信芳的戏迷，周信芳正是华东戏曲研究院的院长；妈妈呢，恰恰是袁雪芬的拥趸，袁雪芬正是华东戏曲研究院的副院长。张遇冬知道昆曲历史悠久，文化底蕴深厚，决定为女儿报考，同时也成全了女儿爱戏的心愿。

第二章 青春飞扬的岁月

第一节 开启昆曲艺术大门

十年树木，百年树人。

昆曲的发展、传承，经过了六百年的坎坷，虽经多次摧残，几度濒临枯萎，却又再度重发枝叶，枯而不竭。昆曲如同一幕永不谢幕的长剧，一次次的场景变换，一年年的人物更迭，转眼就是六百年。兴"昆"关键是树人：要培养创作的人才、演出的人才，还要培养喜爱昆曲、懂得昆曲的观众。昆曲辉煌的历史是由一代又一代的剧作家、艺术家，特别是许多天才人物创造出来的。

六百年前，昆山人顾坚改进和完善了南曲声腔，绘就了昆曲传奇的最初一笔。四百年前，汤显祖完成不朽的传奇《牡丹亭》，昆曲由此进入鼎盛时期。三百年前，两部传奇巨作《长生殿》和《桃花扇》先后唱响大江南北，昆曲在康乾盛世奠定了无可动摇的国剧地位。两百年前，在一代代昆曲艺人的努力下，昆曲折子戏已日臻完善，为刚刚萌芽的各地方剧种提供了最宝贵的经验和借鉴，近代中国戏曲蓬勃发展的大幕就此缓缓拉开。八十多年前，40多个少年走进苏州"昆剧传习所"的大门。在昆曲最为衰微的时候，他们用尽毕生心力守护着昆曲的一脉香火。五十年前，周传瑛等"传"字辈艺人演出新编《十五贯》，造就了新中国文艺史上"一出戏救活一个剧种"的佳话。今天，古老的昆曲焕发了青春，迎接着下一个百年。

中华人民共和国建立后，古老的昆剧枯木逢春。1949年11月，"传"字辈的同仁自发集中，以"新乐府"名义在上海同孚大戏院（位于南京西路石门路，现已拆）演出一个月，引起各方面的关注。朱传茗参加1950

年第一届"全国戏曲观摩演出"并获奖,成为建国后政府嘉奖的第一位昆剧演员。人民政府及时安置"传"字辈艺人分别进入各个国家文艺单位任教。

1951年3月,毛泽东提出"百花齐放、推陈出新"方针,推动了戏曲的改革发展。上海的"传"字辈演员基本上集中到华东军政委员会文化部戏曲研究院。

人在艺在,人亡艺尽,这就是中国戏曲文化遗产的属性。新中国成立之初,昆曲的演员力量已经到了岌岌可危的地步,除了散居各地、不少已经改行的年过不惑的"传"字辈艺术家们,再无新人。出于对这一古老剧种的重视,20世纪50年代初,江浙一带已有了举措:1952年,浙江国风苏昆剧团开始培养随团子弟,就是后来的"世"字辈演员;1953年,苏州民锋苏剧团开始培养"继"字辈学员。他们仍然沿袭了传统科班的教育模式。

同样,上海在这个时候开办了"华东戏曲研究院昆曲演员训练班",这是一个由国家承担所有费用、采取崭新教学模式的训练班。"由政府为历史悠久、艺术高深却又濒临衰亡的昆剧举办正规的学校,这在中国历史上是第一次,在当时全国也是独一无二的。"(刘厚生《忆上海戏校的第一个黄金时期》)今天,功成名就的"昆大班"的艺术家们,当年就是从近千人之中脱颖而出、在"传"字辈艺术家的教授下学习昆曲的。

1951年3月成立的"华东戏曲研究院",是以华东军政委员会文化部所属华东京剧实验剧团、华东越剧实验剧团以及中国人民解放军第三野战军政治部文工三团(时称"娃娃剧团")为基础,扩充、发展而建成的。

1954年春季,"华东戏曲研究院昆曲演员训练班"在上海开办。这是由周信芳为院长、袁雪芬为副院长的"华东戏曲研究院",遵照国家文化部和华东行政文化委员会的指示而举办的。"训练班"在沪筹办,招收十至十二足岁、具有小学四年级以上文化程度的学员,开设"昆曲演员训练班",膳食、住宿、学费全由政府供给。一期招收昆曲学员60人(此后又进行过扩招),昆曲音乐学员10人(原定学制9年,实际学习7年半),为奄奄一息的昆曲艺术培养接班人。

　　1953年的冬季，"训练班"的一纸招生启事，吸引了全国各地几千个10岁左右的孩子。经初试、复试，从两千余名考生中录取60名学员(男34人，女26人)，1954年3月1日正式入学。训练班位于上海市华山路1448号，由"华东戏曲研究院"副秘书长周玑璋兼任班主任，主持训练班常务工作。

　　为了支持上海的这一具有深远意义的举措，国务院特地发文给有关省市：调集沈传芷、朱传茗、郑传鉴、华传浩等十余名传字辈老演员担任主教。1954年3月1日，"华东戏曲研究院"随大行政区的撤销而结束的同时，"昆曲演员训练班"扩大建制为"上海市戏曲学校"，属上海市文化事业管理局领导，周玑璋任副校长，该班改名为上海戏曲学校的"昆剧演员班"，按"德、智、体"全面发展的教育方针进行严格培养。

　　著名昆曲演员、曾经担任过上海戏校副校长的顾兆琳讲过这么一件事：有次他去拜访袁雪芬，"她(指袁雪芬)说了一件事情是我不知道的，原来我们昆曲大班(顾兆琳也是昆大班的学员)的招生跟袁雪芬有很大关系，这是我没有想到的。因为袁雪芬的越剧改革一直得到昆曲老师的支持，并且很早就注意到昆曲表演艺术的精湛。当时她在华东戏曲研究院的时候，她跟周信芳一个是副院长、一个是院长，一个是演越剧的，一个是唱京剧的。可为什么上海戏曲方面的招生先招昆曲学员呢？原来是袁雪芬老师提出来，她说昆曲老师东西(技艺)那么多，但是都散在全国各地，再这样下去昆曲一定会失传掉，就先把昆曲老师招弄来吧。说做就做，这个时候除了浙江国风剧团的一些老师，像周传瑛、王传淞等，其他一些老师都被请到上海来了，包括已经在做算命先生的周传沧。"由于袁雪芬对昆曲的认知，实实在在做了一件对昆曲、对戏曲事业有意义的大事。

　　"昆曲训练班"的招生，是在1953年的冬天进行的。虽然张洵澎的家在华山路的399号，报考的学校就在华山路1448号，两者相距不过两站路的距离。可是张家家风谨肃，但凡出门，必要打扮得齐齐整整。面试那天，张母为女儿烫了新潮的披肩长发，身着长可过膝的毛皮大衣，坐着三轮车盛装出门来了。

　　这一次出发去面试，似乎也可以被看作是张洵澎艺术生命的首度"亮相"。真是天意,居然如此轻松地跨进了昆曲艺术的殿堂。

来到了华山路1448号,在坐成一排的面试老师中,张洵澎对坐在第一道门的报名台的一位中年男子留下了深刻的印象。当时,张洵澎并不知道他就是掌握自己命运"生杀大权"的周玑璋——后来的上海市戏曲学校的副校长,曾经在新中国戏曲教育史上书写过浓墨重彩一笔的重要人物。当时,张洵澎只感觉这是一位很威严的老师——虽然坐在那里,言语很少,但不怒自威,轻轻一句话,便能决定眼前孩子的去留。张洵澎发现,这位老师虽然自己穿得挺朴素,但是对于面试者的着装仪容非常重视,他用一副审视的眼光上下打量着在面前的每一个孩子,对于一些穿着马虎或者破旧的,几乎看都没有看,用带着浓重山东口音的普通话轻轻吐出两个字:"不要。"

报名队伍中,排在张洵澎前面的是一个来自上海郊区的男孩子。张洵澎只记得周玑璋只是坐在位子上简单地问了男孩几句话,就微微皱起了眉头,侧身对边上另一位老师说了句"不要他"。话虽然说得很轻,却一字不落地传到了张洵澎的耳朵里。之前对自己很有点信心的张洵澎,此刻心中也不免有些打鼓,不知道自己能否入得了这位严厉老师的"法眼"。

轮到张洵澎的时候,周玑璋也只是简单地问了她几句话,周玑璋的语气很平静,不过,灵巧的张洵澎还是从周玑璋细微的脸部表情变化里捕捉到了一点信息。"我刚站到他面前的时候,他微微点了点头,还有一丝不易察觉的微笑。我想,他至少对我的形象,是满意的。"(张洵澎语)

张洵澎的揣摩没有错。当她离开报名处,准备着要离开的时候,一个下巴上长着一颗痣的男子跑来,兴奋而又神秘地对钟福梅说,"这下你好放心了,你女儿肯定录取,我看到周秘书长(当时周玑璋是华东戏曲研究院的副秘书长)把你女儿的名字在他的簿子上记下来了"。张洵澎母女也不知男子究竟是谁,便很礼貌地说了声"谢谢"就离开了考场。后来才知道,报信人名叫栾兆银。因为周玑璋在抗战时落下了脚病,行动不便,因此组织上为了他工作方便,为他配备了一辆"专车"——三轮车,以便出行,栾兆银正是周玑璋的三轮车司机。而张洵澎也是直到这个时候才知道,那个不苟言笑、严格把关的人,居然就是他们日后人见人怕的周玑璋校长。

顺利通过了面试，但要真正成为一名戏校学员，等在张洵澎面前的还有一个难关，那就是她的家庭出身——"资产阶级家庭出身"。当时是新中国刚刚建立不久，有关方面对"出身"问题还是很讲究的。不过，张洵澎和不少同学都是幸运的。后来张洵澎才知道，"传"字辈的老师很强调，演闺门旦的学生，最好要能出身条件比较"优越"的家庭，从小受到较好的家庭熏陶。

出身名门的张洵澎，从小受到过家庭良好的教养和熏陶，按老师的说法就是，"闺门旦的孩子言谈举止就应该像个大小姐"，这样才能有气质。而周玑璋校长是个明白人，他是来招昆曲演员的，不是来选拔干部的，因此他看重的是孩子的气质——符合昆曲演员的不同行当的气质。

很快，初试名单发榜了。张洵澎如愿以偿，榜上有名，接下来就是更为严格的复试了。

复试依然有周玑璋校长在场，此外还有"传"字辈的朱传茗、周传沧及辛清华老师等。复试也很简单，唱歌、唱戏，都可以。像王芝泉当时唱的就是越剧"记得草桥两结拜"——《梁山伯与祝英台》中傅全香的傅派

少年时的张洵澎

唱段。这次，张洵澎并没有唱她娴熟的越剧"红太阳，当空照，五星红旗迎风飘"这首《新婚姻曲》。而是唱了当时非常流行的陕北民歌《翻身道情》："太阳一出来满山红……"张洵澎生就一副好嗓子，喜欢唱调门高的歌曲，她的嗓子条件对于后面的"哎、嗨、哎、嗨"高音毫无悬念，唱得直入云霄，考官们又惊又喜，其中一位老师连说："好、好，很好！"

唱完了歌，一个高高个头的男老师对她说："来，你跟我做几个动作。"说罢，老师喊起了节拍"一二三四，

二二三四……",张洵澎毫无惧色,从容地像模像样地模仿着老师。只见这位老师含着笑容、满意地点着头。后来张洵澎知道,他就是朱传茗——张洵澎后来的启蒙恩师。接着,又上来一位老师,很仔细地捏了捏张洵澎穿着棉鞋的脚背。张洵澎至今也不太明白,听了歌,看了模仿,怎么还要捏脚?至于这位捏脚的老师,张洵澎后来才知道,他叫周传沧,是一位经历坎坷的著名丑角演员。

著名昆曲演员、也是张洵澎的同学岳美缇说,"阿澎(张洵澎的同学就是这么叫她的)的底子很好,条件好。不仅仅是扮相,她的手和脚都跟别人不一样,腿长脚轻,脚底的功夫很好,走出来就不一样。她的手也是细长,怎么伸展都好看,比例相当好,身体条件好。"是的,张洵澎的条件确实非常出众,要长相有长相、要个头有个头、要嗓子有嗓子、要身段有身段,她的被录取,以及日后她的"最早脱颖而出"(俞振飞语),应该是在预料之中的。

复试进行中,教室外的妈妈很有信心地等候着女儿,因为张洵澎在里面唱歌的声音,连站在外面的妈妈和许多陪考的父母们都听到了。复试结束,栾兆银师傅又特地跑来告诉她们母女说,"你可以放心了,你的女儿一定会被录取的。"

最后一关考的是文化科目。题目还比较简单,像什么"苏联的领导人是谁"等。令张洵澎头痛的是数学,不过也还算过得去,这次文化考试总算是好的。这批学生中,岳美缇的文化课成绩最好,算得上是同学中的"女才子"了。

过五关斩六将,到了正式发榜那天,妈妈特地带着张洵澎到"新中国理发店"做了头发,依然是飘逸的长波浪。因为天冷,母女俩上下穿着考究,外加皮毛大衣,坐着三轮来到学校看榜。妈妈一眼就看到了"张洵澎"的名字,高兴地说:"有了、有了!"谁知旁边一群落榜的学生突然围了上来,"资产阶级怎么也好来考的?"年幼的张洵澎哪里见过这样的阵势,吓得躲到了妈妈的身后;妈妈忙拉着张洵澎走出人群,坐上三轮车"打道回府"。一直到后来,教他们政治课的王建茹老师,看到张洵澎还经常拿此事和她打趣。

张洵澎的同学、曾经担任过戏校副校长的顾兆琳也有同感："大家说到张洵澎家里的出身，在我现在收集到的报名照里（那时正好是"文革"的时候，"打、砸、抢"，我有一次到学校教导处去看，那么多好看的照片落了一地，我就把我们昆曲班同学的报名照收集起来，现在贴在我的照相册里），最出挑的就是张洵澎了，女孩子里面，两个小辫子，人长得蛮丰满的样子。那种气质就是艺术的气质。"

第二节　浸在蜜罐里的孩子

学校，是每个孩子向往和憧憬的地方。在这里，有的孩子喜欢沉湎于数学王国，在数字的海洋中寻找快乐；有的孩子自足于文学世界，在文学的王国里找寻自己的位置……

张洵澎和她的同学也有自己的向往：她终于可以毫无顾忌地亮开自己的嗓子，唱自己喜欢唱的；可以随心所欲地舞动自己的四肢，跳自己喜欢跳的。

这些同学，不能不说，进入戏校犹如进入了童话王国，享受着自己从来没有过的惬意。他们来自不同的家庭。有一位丑角演员、也是昆大班的学员屠永亨直言不讳：

"当时我们这批昆曲大班的学生中，有好多出身贫困的家庭里。我妈是药厂工人，我爸是修车的。我有三个弟弟，我最大，我的母亲是后母，所以说我的家庭缺少亲情、温情，我从出生到进戏校没穿过毛裤。我们一起进校的小伙伴当中有些小时候很调皮的，所以一到学校，什么都是新奇的。举个例子，我们班有个同学叫杨松柏，进学校以前从来没有见过抽水马桶，他不明白马桶里的脏物怎么会被抽掉，发现水下去就觉得很新奇。有一天，大伙发现马桶被异物堵住了，再一掏，发现里面竟是一把筷子。后来经过老师调查，发现是杨松柏把筷子捅进去的。因为他一直想搞明白，抽水马桶是怎么工作的，没有工具，就偷偷地用筷子捅进去试试，一次不成，再来第二次；二次不成，再来第三次……直到把马桶堵住。"

不仅在那些出身贫寒的学员眼中，戏校的生活是他们想都想不到的

"神仙生活"。即使是出身大户人家、从小娇生惯养的张洵澎也明显地感受到，领导和老师们，对于新中国培养的第一代昆曲演员给予了多么大的希望。吃的、穿的、住的、用的，一切都是最好的，体贴到极致。

时任上海戏曲学校副校长的周玑璋，是一位早年参加地下工作的老革命，是深受戏校师生敬畏的"老校长"。周玑璋曾经追随革命部队转战南北，他的身上，带着革命军人雷厉风行的做派，又有着北方汉子特有的豪爽热情。虽然操着一口浓郁山东口音普通话的他，看上去和柔美的江南昆曲是那么格格不入，但一生艰苦朴素严于律己的他，却在新中国建立初期、物资相当匮乏的情况下，倾尽所有，为这批学戏的孩子们创造了一个近乎奢侈的环境。包括张洵澎在内的许多学生回忆起周玑璋校长时都不无感慨地说："光看周校长的外表，根本看不出他的艺术气息。然而，他却是真正懂艺术、懂得如何培养艺术人才的人。在那个年代，像他那样懂得爱惜艺术人才，尤其是懂得古老高雅的昆曲艺术需要'富养、娇养'的领导，真是少而又少；也多亏了有周玑璋校长，才有了我们这一代人。"

让我们来稍微了解一下戏校孩子当时的生活条件，你就会明白张洵澎所说的"富养、娇养"是怎么回事了。先说吃。那个时候，文化局给这些孩子的伙食费是每个月十四元多。在20世纪50年代初，光吃饭就花十四元真是很高的消费了。就说平时，开饭的时候总是八仙桌一桌一桌的，大食堂的事务长张世英是个厚道、勤奋、责任感特强的好人，一直给他们换饭菜的花样。

到了夏天，八仙桌的两边，一边是一桶绿豆粥或绿豆薄荷汤（冬天就换成赤豆粥），一边是一桶白米粥。师傅们煮好了，都早早放在那儿凉着的，怕孩子们烫着。白面馒头里面有馅的，红枣切得很细，里面一团猪油、核桃。另外，还有肉包、菜包，经常变换着。遇到外出春游什么的，师傅们早早为孩子们准备好了可口的咖喱香肠包及水果。

在华山路的时候，每逢星期六，学校会安排开联欢会，同学们又唱歌又跳舞，吃着花色齐全的酱油瓜子，奶油瓜子和各式糖果、点心，这让孩子们欢喜不已。

除了让孩子们吃好，还有穿好。学校为孩子们准备了不同季节穿的衣服，夏天有夏天的衣服，冬天有冬天的衣服。冬天寒冷，每个孩子一件棉袄，外面还有一件蓝色棉大衣，各配一条咖啡呢裤子，出去都是全套头的。到了开春，又换成列宁装，还有带腰带束腰的。夏天炎热，女生们配发的是舞裙，上面的衬衣是麻纱、印有洋泡泡花的，给女孩子平添了几分秀色。而女孩子连头上扎的蝴蝶结、脸上涂的面油也发。脚上是跑鞋，还有鞋带，所有一切都是供给制的。当时，他们一群学生外出活动，一色的衣服、裤子、跑鞋，又三人一辆三轮车，气势蛮大。

对于这一批昆班学生和教师，周玑璋校长很清楚，"传"字辈老师是"国宝"，他不允许"国宝"再失传了，幸存下来的这些老师都是好老师。而60个学生，是将来的昆曲接班人，也是"国宝"，一定要教出来、传下去。周玑璋想得很周到。学校的厨师，有无锡的，也有苏州的，口味都是苏锡帮的，完全适合"传"字辈老师们和同学们的习惯。他所讲究的这些，是要培养"昆大班"艺术上的"贵族化"。

为了便于学生们外出看戏观摩，学校还为他们准备了十三辆三轮车（那个年代还少有小汽车），三位同学一辆。1954年，"华东区戏曲会演"在上海举行，学生们经常被组织去观摩演出，十三辆三轮车组成的车队，青春、漂亮的男女学生，一抹色的服装，引来了路人的注目和称赞。大众剧场，人民大舞台，是他们的第二课堂，天天看戏，白天看，晚上看，连饭菜也送到剧场，日场结束后就在剧场里面用餐。

学校还专门安排了三个阿姨，照顾他们的生活，为这些孩子定期换洗衣服、清洁环境、陪护看病，一直到给孩子们洗衣服、洗袜子，照料得简直比自己母亲还要体贴周到。张淘澎后来回忆说：在戏校这么多年，我都没有自己洗过一双袜子。也真是这种从里到外的呵护，"宠"出了昆大班这一批昆曲"闺门旦"身上浑然天成的骄矜之气。

这个年龄段的孩子都是很阳光活泼的。学校有很大的操场，阳光特别好时，学生们都爱在大操场活动，什么"官兵捉强盗"啊，"老鹰捉小鸡"啊……那些20世纪50年代的小朋友爱玩的游戏，在这些学了昆曲的孩子们玩起来，更是别有一番天地。除了学戏唱戏外，张淘澎可是更

张洵澎与戏校老师

喜欢体育运动的，单杠、双杠，有空就玩，学校还给昆大班安排了固定的体育老师。

学校给孩子们提供了物质保障，更为他们配备了超豪华的师资力量。周玑璋校长的高瞻远瞩令人敬佩，也令今天的张洵澎和昆大班其他所有的学生们深为感激，终生难忘。

学校给他们配备的师资力量也足以令人瞩目——"传"字辈艺人。早在1955年"昆曲演员训练班"改为"上海戏曲学校"时，已经集中了最强的师资力量，沈传芷、朱传茗、张传芳、华传浩、郑传鉴、方传芸、周传沧、薛传钢、王传渠都已到校上课，不久又把远在四川的倪传钺、马传菁、邵传镛等几位都请到戏校任教，生、旦、净、末、丑各行齐全。同时又有京剧名家陈富瑞、松雪芳、李君庭、盖春来等出任昆班的花脸、武生、花旦行当的老师。直到今天，都说昆大班学员的"奶水"吃得最足，也就是说，当时根底打得最为扎实，这话一点不假。

20世纪20年代，为了使昆曲"薪火有传"，苏州和上海的有识之士私人出资开办"昆剧传习所"，培养了这一批以"传"字冠名的艺人。然而，他们却虚有"薪火相传"的名头，出科后，因为世道艰难，他们只能在昆曲难以为继的乱世中苦苦挣扎，为南方昆曲延续了近半个世纪的生命。但战乱时代，民不聊生，他们命运飘摇，昆曲又怎能幸免其四下零落的危境？

新中国成立后，"昆曲演员训练班"从各地探寻他们，并且把他们重新请出山，这些潦倒无助的"传"字辈艺人，都被学校以高薪聘用，老师们的薪金一下子提得很高，这使他们顿时摆脱了穷困，脱离了失业和病苦的威胁。有的老师还当上了政协委员，当家做主地培养昆曲自己的接班人，一种感恩共产党、感恩新社会的使命感和责任感，令这些正当壮年的"传"字辈先生生起一股无比的热情。张洵澎至今还记得，不少老师口中常常念叨，"要感谢共产党……"这些老艺人终于找到了兑现当初"薪尽火传"的苦心和托付的机遇，能够将这朵古老的戏曲奇葩传泽后世。他们充满了对新政权的感激之情，面对着新招进来的这一群粉嘟嘟的"种子"们，他们的喜悦是可想而知的，他们要为古老的昆曲培养新一代"传"字辈的心情是急迫的。

老树新花愈发显得青春明媚，生机盎然！

这些孩子们年轻的生命律动，将必然地与传统的清笛鼓板交汇，生发出一支让人动容的清歌妙曲……

1954年招收的这个昆剧班，人称"昆大班"。到了1956年，又招了越剧班，后来陆续又有了京剧班、沪剧班、淮剧班、评弹班、戏曲音乐班、舞美班等。

上海戏校已经颇具规模了。

第三节　幸遇"明"师

进戏校的第一天，是接受"熏陶"——让孩子们从感官上认识，什么是"昆剧"。

下午，所有的孩子被安排到学校的礼堂看演出，上的第一课就是看老师们演出昆剧，演出剧目是《断桥》。张洵澎他们对于昆剧虽然都很陌生，但许仙白娘子的故事多少还是知道一些的。又听老师们憋着嗓子"咿咿呀呀"地唱着念着，只觉得好玩，想笑又不敢笑。等演出结束，回到寝室，这些女孩子们潜在的表演才能一下子爆发了。有的学许仙喊着"啊呼！啊呼！娘子啊……"；有的学白娘子捂着肚子叫"噢哟、呜呀哈哈……"

张洵澎与恩师朱传茗（右）

这是她们第一次接触昆剧，也是第一次出演"昆剧"。

事后张洵澎才知道，演"白娘子"的老师叫朱传茗，演"青儿"的叫张传芳，演"许仙"的叫沈传芷。在艺术生涯迈开第一步的时候，得遇名师，不能不说是她们最大的幸运。她不仅记住了这些名字，而且成了一辈子的记忆！

根据当时的昆曲教研组老师的力量，分成了老生、小生、武生、大面（花脸）、小面（小丑）、五旦、六旦、正旦、武旦等几个小组。昆曲分行极细，这是因为"传奇"时代角色行当条例井然，昆曲在最盛时期分行、规范标志为：老生、老外、冠生、小生、大面、白面、二面、小面、老旦、正旦、作旦、刺旦、五旦、六旦等行当，还有杂扮（就是群众角色），统称为十八领网巾，各有应工戏、对子戏。

开蒙排练的第一折戏是《长生殿》中的《定情赐盒》。这是一出由生、旦为主、同时拥有较多"宫女、太监"的群戏，写唐明皇与杨贵妃第一次见面、定情的故事。据说，当年苏州"昆剧传习所"为"传"字辈开蒙的也是这出戏，可见它符合"启蒙"的要求，也是有传统的。因为学了这出戏以后，演员就可以明白怎么上场、怎么下场；学的第一句唱词是"端冕中天，

张洵澎在戏校第一次排《长生殿·定情赐盒》张洵澎（前）顾兆琳（中）刘异龙（右）

垂衣南面"，按老祖宗的方法，口授心传，戏曲的教学，硬是老师一字一腔地教，孩子们一腔一字地学。

排这出戏的时候，男的都是唐明皇、女的都是杨贵妃。排在最前面的一组是张洵澎与顾兆琳。后来与张洵澎搭档最多的蔡正仁那时候还在学老生。如今的昆剧名丑刘异龙，开蒙学的就是丑行，当时演的是高力士。

排戏的时候，"唐明皇""杨贵妃"这两个人在戏里有时应该"携手"，有时应该"并肩"，有时还要"对对眼神"……大部分孩子腼腆得怎么也做不出来，两人之间好像划了一条"三八线"，距离分得很清楚。不过，张洵澎却是个例外。她从小就比同龄的女孩子显得成熟，也大方。和她演对手戏的顾兆琳回忆说，那个时候的张洵澎身上就有一种令人心仪的艺术气质。演《长生殿》的时候，顾兆琳腼腆，张洵澎显得自然而又坦然。这种情形，不免让人联想起王实甫《西厢记》中张生眼中望去的大家闺秀崔莺莺："尽人调戏，軃着香肩，只将花笑拈。"著名文学评论家金圣叹曾经激赞这一句远甚于"临去秋波那一转",认为"尽人调戏者,天仙化人,目无下土"。而出身书香门第的张洵澎在这一刻表现出的与众不同和一派天然,大概也正是金圣叹此语的佐证吧。

在同学中,张洵澎无论是外形还是表演、演唱,无疑都是最出挑的之一。她所在的闺门旦组,老师就是《断桥》里演白娘娘的朱传茗。

朱传茗祖籍江苏太仓,出身于昆曲"堂名"世家,从小跟随他的父亲朱鸣园习艺。1921年,他带艺加入"昆剧传习所",师承许彩金、尤彩云,后又从学于施桂林、丁兰荪。工五旦,兼正旦。朱传茗的天赋极佳,加上从小熏陶,昆曲唱、念基础又好,不久就风靡艺坛,成为"传"字辈中大牌的旦角。

朱传茗扮相端庄秀丽,唱腔清丽柔润,身段优美,表情细腻,会的戏又多。以演《牡丹亭·游园、惊梦》中的杜丽娘、《长生殿·惊变、埋玉》中的杨贵妃、《紫钗记·折柳、阳关》中的霍小玉、《西楼记·楼会》中的穆素徽、《雷峰塔·断桥》中的白素贞、《玉簪记·琴挑》中的陈妙常、《南柯记·瑶台》中的金枝公主等角色著称。

张洵澎在戏校演出《牡丹亭·游园》

张洵澎在戏校演出《长生殿》饰演杨贵妃

因为朱传茗是"大牌",因此凡是底子好的学生就给朱传茗,无论你将来是唱闺门旦,还是转行唱正旦、青衣,或者是花旦、刀马旦,都要到朱老师这里来打基础。基础打好了,无论演什么都不一样。

张洵澎与王芝泉在戏校排《牡丹亭·游园》

当年分在朱传茗一组的有张洵澎、华文漪、岳美缇、蔡瑶铣、杨春霞、王君惠、王英姿、周雪雯、顾凤莉、黄美云、谭锦蓉等十多个人,数十年后的今天,这些人大多都成了著名演员,有的荣获过"梅花奖""白玉兰奖";有的享受国务院特殊津贴等等。这些人都是在朱传茗的悉心培育下成长和成材的,得益于朱老师为她们打下的扎实基础。

可见，"奶师"对初学的孩子是多么的重要。朱传茗不仅是"大牌"，更重要的是，他从新旧两个社会、昆剧所遭受的种种境遇中，有深切感受：解放了，他们再也不用飘零、再也不用受欺。政治翻身了，人格提高了，摆脱了贫穷，远离了失业。师兄弟当中，大部分当上了老师，少数人当上了各种剧团的技导，更有人当上了政协委员。他懂得好坏，知道感恩；他不是当年戏班子里的师父，而是为新中国培养自己接班人的老师，他（们）怀有一种使命感和责任感，怀有一股无比的热情，要把这群天真的孩子，培养成为承上启下的昆剧"传"人。

朱传茗不仅是一位"名师"，更是一位"明师"。朱传茗本人"身高马大"，担任"昆大班"老师的时候，他已经四十多岁，一个富有招牌性的"高鼻子"，一双深陷在眼眶中的大眼睛；早已没有了当年杨贵妃的妩媚，早就失去了豆蔻杜丽娘的丰采。然而，他坚实脆亮的笛声，声声呼唤着现实生活中这些少女的心。

朱老师明智得很，一直说，"我是男旦，你们学闺门旦的，要看那些太太、小姐她们走路、端坐乃至她们待人接物、一笑一颦的气质"。因为在旧社会，他们经常会到一些大户人家"唱堂会"，甚至还要给一些大户人家拍曲讲戏，接触的这些票友，都是家中有钱的太太、小姐。耳濡目染，这些有钱人家的女性是如何站立、如何走步、如何轻声轻气说话的神态……都记忆在他们的脑子里，使他们塑造舞台形象时有了生活依据。而作为一个上了年纪的男人，显然在这方面是有不足的。闺门旦要展现这些富贵人家的女性，身段上如何用腰，前腰后腰，左右旁腰，如果错了的话就误导了，做出来的腔调就不对了。朱传茗强调闺门旦的女性特性，从腰到背都要"立"起来，哪怕坐在那里腰也要"立"起来，有时要用左旁腰，有时要用右旁腰，这就是在台上的"女人相"。切忌用后腰挺胸起来，整个身子显僵。不要说丹田气上不来，身形也不美。虽然他是男旦，但却教女学生要避免"男相"。

解放以后，当时对资产阶级的改造还没有进行；同时，还有一些外国人没有离开上海，所以，朱传茗就要这些女孩子到霞飞路（现淮海路）去看看，"这些小姐、太太穿着高跟皮鞋、穿着旗袍是怎么走路的"。朱传茗

张洵澎在戏校演《吕布与貂蝉》

要求孩子们感受富家小姐的感觉。他引导得是对的。因为昆曲闺门旦塑造的都是富二代妙龄少女，是要去看看、感受的。后来言慧珠老师来到戏校担任副校长。朱传茗又说，"好哉，好哉！小姐、太太全在言校长身上，你们只要看言校长就好了。"

朱传茗老师的"明智"还在于，他从来不掩饰自己的不足的。同时，他会指引你去找相关的老师弥补不足。就说"圆场"吧，朱老师对张洵澎说，你跟沈枫老师去学圆场。因为朱传茗老师人长得高，他走台步需要大，可以沉下来些。而"圆场"的要求是要膝盖沉下来的，步子很小的。只有很好的"圆场"才能在舞台上表现出人物的各种身姿和步态。戏曲界有"先看一步走，再看一张口"的艺诀。因为演员在舞台上的一切动作，都要靠着步法的优劣，对于唱、念、做、表，都有影响。尤其昆剧艺术是又唱又舞的载歌载舞形式，演员在台上根据行当、人物的不同，有各种各样的步法，如雀步、垫步、蹉步、云步、快步、慢步、醉步、病步等等，这些姿势各异的步法，在使用上却有其不同的规格、要领。

说到沈枫老师，也是戏校的男武旦教师，当年在戏校，讲起沈枫没有人不说灵的。他身上的动作、脚底下的步，真是漂亮得不得了。那个时候朱老师真的看好张洵澎，不仅给她"吃小灶"，还希望她在"文戏武唱"上也有开拓。所以朱老师叫张洵澎跟沈枫老师去学圆场步。张洵澎在沈枫老师的调教下，经过努力，后来"跑圆场"时可以扎上大靠，靠旗只飘不动。于今75岁高龄的她，仍被称作"水上漂"。

"那慢台步我是吸收言校长的'梅派'走法，就是戏里面的步法，因为言老师身上、脚上有梅派的做派，膝盖微沉，步子轻盈，端庄又巧丽，很漂亮。"张洵澎说。

朱老师有丰富的教学经验，他的学生遍及许多剧种。当年在教昆大班的同时，就常有一些名演员来向他学戏，如：红线女、言慧珠、李玉茹、胡艺、陈正薇、李淑君、王丹凤等名人。他通过一出戏的反复示范，对他们无数次的训练，使学员们对于旦角的兰花指、兰花手、兰花拳的用法、翘指、亮腕、提胯、拎神以及腰左右前后成轴心的扭动等手段的要领都能基本掌握。他上课时，经常能听到他敞开嗓子在叫"拎腰！""眼神！""提气！"。记得小时候的梁谷音还没有掌握如何运用眼神的方法，眼皮常常往下搭，尤其一折《刺梁》，是表现一个怀有杀父之仇的刚烈女子，不仅是怒火满腔，更要从怒目圆睁的眼神中闪出杀气腾腾的样子。一天朱老师急得用火柴梗一折两，撑起她的眼皮，嘴里还叫着"眼神亮出来！"从此后，大家都记住了，只要看见朱传茗的脸，立即会下意识地"提气""拎腰""眼神亮出来"，这是条件反射，也是他的独家教学方法。朱传茗常对学生说，眼神还是要靠练出来的。

女孩子们都喜欢跟着朱传茗学戏，除了朱老师真的有本事之外，还有一个重要的原因，那就是朱老师善待学生，称得上是百依百顺。然而，小孩子总归还是孩子气，又遇上了这样好脾气的老师，难免会有些"恃宠而骄"。平时上拍曲课，容易打瞌睡，为了让她们能够坚持学习，老师就把她们当成自己的孩子一样，天热了给她们买冰汽水，天冷时给她们买沙琪玛、太妃糖吃。当时的"益民"太妃糖是最贵、最好吃的，孩子们也会敲朱老师竹杠。朱传茗也会顺着孩子的心思，但要"先唱好曲子"，才答应她们的要求。有时候冒雨和"笛王"许伯遒老师一起买来，还怕给旁人看见会责怪他的那群宝贝学生，于是把糖放在雨帽里，再用雨衣盖着，淋着雨进学校分发给自己的每一位学生。朱老师只是在一旁看着说笑的女学生，发自内心地感到欢喜。不想，朱老师给学生买太妃糖的事情传得别组都知道了，花旦组的同学也闹着要张传芳老师买糖，张传芳被同学缠得也去买了两斤糖来才算了事。

即使是下了课，孩子们也喜欢和朱老师在一起，因为那时朱师母因病去世了，儿子又远在天津工作，朱老师几乎每晚下了课以后，都一个人留在办公室里喝酒。同学们总会在晚饭后，陪在朱老师身边，看他吃着一只小虾米或者一颗五香豆，伴着小杯黄酒。朱老师给她们讲艺术、谈轶事，这时候的朱老师和她们，与其说是师生，更像是其乐融融的父女。

第四节　周玑璋的口头禅

昆大班，作为新中国自己培养的第一代昆曲人才，关注他们的人很多，对他们寄予厚望的更不少。而张洵澎他们这一辈学生能有今天的成就，除了传字辈老师们倾其所有的艺术传授外，有一个人不得不提，那就是时任上海戏曲学校副校长、党的十一届三中全会后任校长的周玑璋。

周玑璋是山东人，典型的北方汉子。他出生于一个普通的农民家庭，年轻时曾经在自己村里当过一段时间的小学教员，后来又当过校长。参加革命后，先是担任过好几份革命报纸的编辑工作，后来又深入沦陷区从事地下工作。1942年，他辗转来到解放区，担任冀鲁边区行政委员会秘书。此后的工作，就一直在和戏曲打交道。

说起周玑璋校长，同学们最深的印象就是——严厉、不苟言笑。当时戏曲学校有两位老校长，一位是昆曲泰斗俞振飞俞校长，还有一位就是周玑璋。俞校长温文儒雅，不仅台上是温润如玉的谦谦君子，生活中也是和气可亲，一口软糯的苏州话，看到学生总是笑嘻嘻的，有时候学生们犯了小错误，他也总是一笑了之，不会深究。十六七岁的男孩女孩，正是青春懵懂的时刻，台上演的又总是些卿卿我我的爱情故事，同学之间，有时也难免会有那么一丝似是而非的好感。俞校长对此总是特别能够谅解，可周玑璋校长就不一样了。如果说俞振飞的包容像水，那么周玑璋的刚毅就像是万仞高山。上海戏曲学校的学生都记得周校长有两句口头禅，一句是："搞不好昆曲，我死不瞑目。"另一句是："谁谈恋爱，让他养猪去。"2012年，在纪念周玑璋诞辰110周年的纪念会上，张洵澎、蔡正仁、岳美缇等许多人聚在一起，大家依旧对于这两句带着浓重山东口音、掷地有声的话语记忆犹新。谈起老校长，众人无不心怀敬意。

说上海戏曲学校最早是周玑璋一手筹建起来的，这句话也不为过。学校创办之初，正是新中国成立不久，百废待兴的时刻。周玑璋有个雄心，要在上海戏校集中最强的师资力量。为此，他通过各种关系，寻找因为社会动荡而流落民间的京昆艺人，将他们请来学校任教。中国戏曲史上赫赫有名的"传"字辈艺人如沈传芷、朱传茗、张传芳、薛传钢、王传蕖、周传沧、刘传蘅等等，很多当时已经离开了昆曲舞台，也被周玑璋的诚意感动，再次出山，培养戏曲接班人。其余如白鸿林、陈秀华、产保福、杨畹农、魏莲芳、陈富瑞、李盛泉、李盛佐、李君庭、阎世喜、马宝刚、杨小佩、松雪芳、黄玉麟（绿牡丹）等也被先后请到戏校任教。当时的上海戏曲学校真可谓名师云集了。然而，这远远未能满足周玑璋对人才的渴求。经他各方奔波，不久又把上海滩上的名技导郑传鉴，也请到了戏校。随之，华传浩、盖春来、言少朋、张少楼等名角又被请来，成为戏校教员。他又把远在其他省市的"传"字辈艺人倪传钺、马传菁、邵传镛等请到了上海戏校。不仅如此，周玑璋对于戏曲人才的培养还有一套自己的理念和做法，他延请名师的范围不仅包括专业戏曲演员，也同时将眼光投到了业余队伍。这可能也和中国传统戏曲的演剧观剧方式有关。昆曲在其发展中后期，文人化倾向十分明显，除了专业演员外，一些文化人士也精通于编剧、度曲，其水准并不亚于专业人才。正是明白了这一点，周玑璋从银行挖来了编剧陆兼之，也就是后来昆剧《琼花》等剧的主要作者。

　　周玑璋是从解放区来的革命干部，但他却很明白戏曲人才的培养和培养革命军人不同，尤其是昆曲苗子的选拔，有它的特殊性。这特殊性是什么？说得简单一点——家庭教养。在昆大班的录取学生中有这样一个有趣的现象。那就是大约有三分之二的学员，来自"两类剥削阶级"家庭。这在今天看来也许算不上什么大事。但在"唯出身论"的当时，敢将这样一群资产阶级、地主阶级家的公子小姐招收进国家办的学校，并且为他们提供最优越的学习、生活条件，是需要很大魄力、同时也是冒着极大风险的。作为主考官，同时也是戏校最高领导之一的周玑璋，应当很明白自己拍板定下的这份名单是犯忌讳的。但周玑璋依然坚持了，这份坚持，因为他心怀坦荡毫无私心，同时也是建立在对于人才培养的充分认识之上的。

　　招生时，他考虑的不是学生的家庭出身，甚至在某些时候，他还有意地对于那些家境较为富裕，从小娇养、富养的孩子们更加关注。与此同时，周玑璋最看中的是考生们所具备的天赋条件、艺术适应力和智力情况。经过初试、复试，严格地考核考生的五官长相，身材比例；让学生跟钢琴的演奏歌唱，测试其耳音、嗓音；跟"传"字辈老师做简单的身段，测试其模仿力；在几秒钟内看十来种用品，然后复述，测试其观察力与记忆力；表演小品，测试其想象力与表现力。最后是考文化知识。

周玑璋本人不是戏曲演员，在上海工作了大半辈子，他始终不曾改变自己浓浓的乡音。然而，谁都不能否认，昆大班、新中国的昆曲事业中，凝聚着周玑璋的汗水与心血。

戏校的生活是富足的、欢乐的。但同时，在周校长准军事化的管理下，戏校的生活又是规矩严谨的。在开学的第一天，周校长就给了学生们一个"下马威"，给学生立规矩，他给学生们的第一份"见面礼"便是不客气地说："不能没有礼貌！无论在哪里见到我，都不能不叫。以后，不管看见我还是别的老师，必须鞠躬行礼，叫'校长好''老师好'，甚至为学生服务的人员，也要叫'老伯伯''阿姨'，这是我们学校的校规！"孩子们吓得几乎出身冷汗。从此，不论看到他还是别的老师，老远就喊起一声清脆的童音"老师好！"并一躬到底（直到今天，昆二班、京二班的学员都是古稀之年的老人了，见到了昆大班的，还是真诚地称呼他们为"大姐姐、大哥哥"）。他还规定，学生们除了集体观摩、洗澡之外，一律不许私自外出校门一步。即使是看病、理发都必须获得班主任或政治辅导员准假后方可外出。每星期六下午开始放假，周日晚上七点前必须返校报到。放寒暑假，则规定每周都要返校一次，汇报和检查在家练功情况，以防"退功"。

如此严格的管理模式，让学生们对周玑璋心生畏惧。抗战时期，周玑璋在从事地下工作时曾不幸被日寇逮捕，遭到严刑拷打。后来虽

张洵澎与顾兆琳在戏校演出《牡丹亭·惊梦》

然幸运地逃脱,但一条腿却留下了残疾,行动不便。因此,解放后,组织上为照顾他的生活,特地为周玑璋配备了一辆三轮车。在戏校,只要是周校长的三轮车所到之处,前一刻还在嬉戏玩耍的学生,能在最快的时间里逃得无影无踪。

不过,周玑璋对学生是真的好;这种好,不仅仅是出于为人师者对学生的教导责任,更有一种饱经风霜的老者对于下一代发自内心的呵护。在历尽艰难困苦的周玑璋心里,可能恨不得把所有最好的,都给这些如花朵般娇艳、旭日般璀璨的孩子们。也正是因为如此,在周玑璋的心目中,戏校的孩子们是如此纯洁,他必须防范他们遭到一丁点儿可能的污染、威胁。这种感情,就像是一个对子女倾注了毕生心血的父母,从这个角度来看,周玑璋当时一些令人无法完全赞同的做法,就很容易理解了。比如说——禁止学生谈恋爱。

在周校长眼里,早恋是最最要不得的事情。昆大班成立后不久,他说:"学校的教材本身就涉及才子佳人、公子小姐——这是戏!让学生把在课堂上学到的戏用到生活里去,那还得了!此风不能有,不然戏校不就成了培养恋爱的学校了吗?"今天,张洵澎回忆起当年的情形,还很怀念地说:"其实,周校长是一个很和善的老人,对我们是掏心掏肺的好。"

青年时代张洵澎

第五节 言慧珠与"言慧女"

1957年秋日的一天，一位身材高挑、衣着时髦的人出现在上海戏校的舞台上。她闪亮而带着些高贵的眼神，震慑了戏校学生们的心灵。她，就是中国近代京昆舞台上鼎鼎有名的言慧珠。此次，她是以上海戏校副校长的身份来与学生见面的。"言慧珠"这三个字，在很长一段时间里，对于戏剧从业者和爱好者而言，就是一段传奇，就是美的象征。而此刻，在孩子们的心中，言校长的突然到来，宛若天仙降临，令他们的呼吸都变得急促起来。半个多世纪之后，当年的戏校学生岳美缇、蔡正仁等回忆起当时的情况，依然能够清楚地复述言慧珠从上到下的穿着打扮。张洵澎当时也在迎接新校长的队伍中，但生性大大咧咧的她似乎不像同伴们那样观察仔细。留在她印象中的，就是一个字——"美"，不同寻常、难以描述的美，至于那天言慧珠穿了什么，张洵澎说，哪里还来得及注意，光顾着看她的脸了。

和温文儒雅的俞振飞校长不同，言副校长艳丽高傲，学生们也确实有些怕她，其实不仅仅是学生，包括戏校的老师和工作人员，真正与她亲近的人也不多。但有意思的是，这位孤傲的冷美人，却特别喜欢张洵澎。这种好感，首先可能是来自相貌上的相似。言慧珠是蒙古族人，身材极好，浓眉大眼，美得张扬，又带着那么一点点异域风情。而张洵澎也是细高个儿，一张脸有那么一点儿洋气，再加上眉眼间的傲气，颇似言慧珠，这也难怪言副校长见到她时会产生好感了。

但最重要的也许还是两人的性格和出身背景。很多不喜欢言慧珠的人觉得她以自我为中心，讲究多，不随和，也不懂得体谅人，更遑论关心人了。不过张洵澎不这么觉得，在她眼中，出身名门的言慧珠身上的确有不少"大小姐脾气"，不过这种脾气更多源自自尊与自爱，不可妥协。而这一性格，在很大程度上也导致了言慧珠最后的悲剧。张洵澎也是世家出身，自幼家教严谨，对于言慧珠，她理解，并且同情，甚至在她的骨子里，也有着和言慧珠一样的固执倔强，也难怪这两人会惺惺相惜了。

还有就大概要归功于张洵澎的聪慧了。言慧珠自己是个极其聪明的人，尤其在舞台上，玲珑生风，满台生辉。自然，聪明人也喜欢聪明的人。言慧珠来到戏校不久，就开始让张洵澎跟在戏里：言慧珠演全本《牡丹亭》，张洵澎就是春香；言慧珠演《百花赠剑》，张洵澎就演百花公主身边的江花佑；另外像《长生殿》的"迎像哭像"、《太白醉写》里的杨贵妃，虽然都是配角，却令张洵澎进步神速。可见张洵澎是个可造之材，言慧珠也格外着意加以指点，渐

张洵澎与言慧珠演《百花赠剑》

渐地把自己的戏一出出传授给张洵澎：《牡丹亭》里的杜丽娘、《百花赠剑》里的百花公主、《墙头马上》的李倩君，还有《贩马记》里的李桂枝、《长生殿》里的杨贵妃等，都是言慧珠手把手传授的。

言慧珠在戏校，除了排戏教戏之外，同时也向"传"字辈艺人问艺。她经常将朱传茗请到"华园"家中为自己授课，往往这个时候，朱老师就会带着张洵澎一同去。言慧珠对朱传茗相当尊重，每次授课后，都准备丰盛的菜肴招待朱传茗老师，当然也就少不了张洵澎的。张洵澎记得有一次，言慧珠准备了极好的大闸蟹款待朱老师，张洵澎却因为拘谨，都不敢怎么吃。

张洵澎和言慧珠的另一个相似之处在于，两人对于时尚都非常敏锐。在那个年代，言慧珠的新潮、开放被很多人视为异类。张洵澎虽然表现得没有言慧珠那么夸张，但在同学中，她的打扮无疑是最有个性的，再加上好身材，颇有些鹤立鸡群的架势，所以，两人在这方面总是表现出非常的默契。1961年8月，从戏校毕业不久的张洵澎，跟随俞振飞、言慧珠带队的上海青年京昆剧团赴香港演出，历时一个多月，受到港九市民的热烈欢

迎。香港《大公报》等报纸成篇累牍地报道演出团的情况，并对张洵澎主演的《牡丹亭·游园惊梦》大加赞赏。一时间"小言慧珠""言慧女"的名声在香江传开了。

说起在香港的演出，还闹了一个趣事。有次演《贩马记》，言慧珠主演李桂枝，张洵澎陪演丫鬟。开场后，在锣鼓点子中，张洵澎扮演的丫鬟手拿红纱灯出场上台，香港观众不知道，以为上场的就是言慧珠，一阵掌声，来了个满堂彩。这下坏了，言慧珠无法上场了，她的"门帘彩"被冲掉了。于是她不出场，就在台边上等着。幸亏鼓师很机灵，重新再起锣鼓点子，言慧珠扮演的李桂枝款款出场，热情的香港观众，又一次响起了热烈的掌声。

这次事件，更加强了大家说张洵澎像言慧珠的印象。

当演出团赴港演出先期到达广州休整的时候，言慧珠悄悄地对张洵澎说："阿澎，现在香港都流行短旗袍了，明天把你的那件拿来，我带你一起去改了。"第二天，张洵澎带着自己的那件苹果绿颜色、黑丝绒镶边的

张洵澎与恩师言慧珠合影

旗袍,而言慧珠则带了一大包各色旗袍,由一位叫汪伯伯的行政人员带路,兴冲冲坐着三轮车去了广州的一家制衣铺。几天后到了香港,张洵澎发现言慧珠说得一点没错,大街上已经很少看到她们那种长及脚踝的旗袍样式了。后来,青年京昆剧团合影留念,一大群人中,只有言慧珠、张洵澎两人的旗袍是短的,分外醒目。

别人都说张洵澎像言慧珠,张洵澎也的确时时处处注意模仿言慧珠在排练和演出时的唱念韵味、身段动作的节奏,甚至连抿嘴、皱鼻时的风情、神态都学得惟妙惟肖。香港归来,"言慧女"的雅号也传开了。对此,言慧珠本人不仅认可、也是很高兴的。1963年的一天,她和俞振飞带着张洵澎去一位医生朋友家做客,用餐时,言慧珠搭着张洵澎的肩膀,很认真地说:"我准备和阿澎一起拍一部电影,就叫《母女俩》,我们演一对母女,我演旧社会过来的母亲,阿澎演新社会成长的女儿,一定会打响的。"言慧珠说得非常得意而爽朗,同时高兴地大笑了起来。

虽然言慧珠的愿望最后没有实现,但她对张洵澎的疼爱却可见一斑。

第三章　阳光下也有阴霾

第一节　与江青"萍水相逢"

　　1960年5月的一个好天气，正在练戏的张洵澎忽然被人事科的老师叫到办公室。老师对她说，有一位"女同志"要见她，给她拍照，让她准备一下，多带几件衣服去文化俱乐部（今茂名路上的花园饭店）。老师特别关照——衣服要带几件鲜艳的，然后又十分严肃地补充，她一个人去，要注意保密，这件事不可以告诉任何人，包括她的父母。刚满20岁的张洵澎被老师一番云遮雾绕的话弄得有些懵懂。对于老师的命令，张洵澎意识到这是任务，而且老师关照，衣服不够，可以向同学借。为此，张洵澎向刘健同学借了一件白色绸衫，又问华文漪借了一件红底白花的东方呢长袖衬衫，再加上自己的三四件衣服，拎了个包，便独自一人从当时戏校所在的文化广场步行到了文化俱乐部，去见那位神秘的"女同志"。到了文化俱乐部门口，见门房里站着一位干部打扮的人，张洵澎便走上前去自我介绍，"我是上海戏校昆曲班的张洵澎……"话刚说完，那人就说，"同学，你跟我来"。说着，便把张洵澎带到了俱乐部内；这时又来了一位女接待员，把张洵澎送到了一间不大的房间，大约20平方米，布置得很整洁。她让张洵澎先在沙发上坐下，并关照她，待会儿有一位"女客人"要见她，和她说话的声音要很轻，因为她身体不好。这位女接待员说完后，转身带上门就出去了。又过了一会儿，张洵澎只听房门"吱呀"一声，进来了两位女服务员，一左一右搀扶着进来一个人——此时她才知道，这位神秘的"女客人"竟然是——江青。张洵澎后来回忆说，江青当时是由两位女服务员扶着进来的——俨然如《长生殿·小宴》里贵妃娘娘由宫女扶着出场的架势。

　　张洵澎见了江青，也只是有些惊讶，并不怎么紧张，很礼貌地从沙发上站了起来，却不知道怎么称呼。江青在她左面的沙发坐下后，示意张洵澎也坐，等服务员退出房间，屋子里只剩下两个人的时候，江青开口问张洵澎："你是哪里人？"张洵澎老老实实地回答："出生在上海，祖籍是浙江诸暨。"江青慢悠悠地说："哦，那是西施的家乡，难怪是个大美人。"接着又说："我已经看过你们学校送来的你的照片，很好，我今天要给你拍照。"

　　说话间，春日里升着太阳的天空，淅淅沥沥地下起了小雨，典型的江南的黄梅天。江青略带遗憾地说："哎呀，真不巧，天公不作美。我本想在室外阳光下用伊斯曼胶卷给你拍的，这样……我们只能在室内拍了。"于是，便带着张洵澎去了一间特大的房间，是一个布置好的摄影间，同时那里已经有一位专业摄影师——徐大刚先生准备就绪等候着了。江青让张洵澎拿出自己带来的衣服，看了看，选了一件白色绸衬衣，又吩咐服务员把她自己的白乔其纱巾拿来，让张洵澎坐在沙发靠手上，她自己站着，并亲自给张洵澎化妆。她一边给张洵澎画眼圈、眉毛，一边告诉张洵澎："我三十多年没有化妆了，手也生疏了……"张洵澎坐在沙发扶手上，江青一边化妆一边抖着手，额头还不断有汗冒出来。张洵澎心里也有点紧张，却一动也不敢动。妆化好了，江青自己似乎觉得挺满意，便吩咐摄影师开拍。虽说江青自己表示化妆生疏了，但是，她化的妆，终究还是30年代的影了和味道。

　　这一拍，就拍了整整一个上午，究竟拍了多少张，张洵澎也不清楚。只记得后来江青还拿出了几件事先准备好的衣服，其中有一件黑色大方低领连衣裙，在当时绝对算得上时尚的了；后来又换上一套网球运

张洵澎明星照片

动员的衣裤,戴顶太阳帽、拿着网球拍照的。不过,大部分的照片后来都没有给张洵澎。张洵澎仅仅从学校人事科老师那里拿到一张最中规中矩的半身照。就这一张照片,领导还再三关照,要保密!为此,张洵澎一直保密到现在。

不过,自从这次"照相"之后。张洵澎便彻底失去了周末。星期天同学们都放假回家了。张洵澎却必须在学校待命——随时准备着江青要看她的戏。张洵澎和蔡正仁先后在锦江小礼堂为江青演过《游园》《踏伞》。演完了,江青还会邀请张洵澎参加舞会。给张洵澎印象最深的,还是舞会上的点心——在那个物资匮乏的年代,琳琅满目的点心,对于张洵澎的诱惑远比跳舞来得吸引人。虽然拘谨着不敢吃,但却给她留下了深刻的印象。有时候,一曲舞罢,江青也会让人把张洵澎叫过去聊几句,比如说《踏伞》中的情绪,当时兵荒马乱亲人失散后,幸遇秀才搭救,感激的笑容不宜过头,要带些苦涩;又比如对他们贴片子、包头提出意见,要改良,等等。两人的对话从来都是无头无尾,而张洵澎的回答也无非是"好的""知道了",从不加称谓。后来张洵澎回忆起这段故事,不禁失笑:"说真的,你让我称呼她,我还真不知道该怎么称呼呢!还好她没有计较我这个乖学生。"

后来,江青离开上海,张洵澎也就再也没有见过江青。张洵澎至今回忆起来,依然觉得不解:我从来没有和她有过任何接触,也不知道她是怎么知道我的。

第二节　猝不及防的飞来横祸

"祸兮福所倚,福兮祸所伏。"这句话用在1960年初的张洵澎身上,也许是再合适不过了。今天回想起来,张洵澎淡然一笑,说:"也许是因为那个时候的我实在太风光了,老天爷故意要让我经受一些挫折吧。"然而,事情发生时,却不像今天回忆起来那么轻松。

1960年,俨然已是头牌闺门旦的张洵澎在台上演了太多悲欢离合的故事。然而,春风得意的她却不曾料到,天妒英才的故事,并不是文人凭

空捏造的;她更不曾料到
的是,有一天,她也会成
为故事中的主角。

张淘澎与岳美缇合演《玩会跳船》

突如其来的打击降
临之初,张淘澎对于命运
即将露出的狰狞面孔还
毫无察觉。那个时候,戏
校昆大班所有的闺门旦
戏——《牡丹亭》《拜月
记》《连环计》以及许多
折子戏,都是由她主演。

在她那一辈同学里,除了张淘澎,人们很少能听到别的名字。超负荷的演
出任务令张淘澎的扁桃腺不堪负担,发展到后来,经常发炎,还伴有高烧。
为了根本解决这个问题,朱传茗老师拿出30元钱给张淘澎,让蔡瑶铣陪
她去广慈医院(今瑞金医院)开掉它。四十年前,虽然医疗技术远不如今
天发达,但开扁桃腺也是毫无风险的小手术。

1960年,全国上下正处于"放卫星"的狂热之中。不仅农业、工业生
产要放卫星,医疗、科技也要"放卫星",做试验。所不同的是,工农业的
试验对象是没有生命的钢铁或是种子,而在医学界,那就是活生生的人。
一个荒谬的时代,将一切理所当然的事情都变得荒谬不堪。

当时的广慈医院,有经验的老医生都已经不在"第一线"了。接待张
淘澎的是一个年轻的医生,草草一检查,医生轻描淡写地对她说:"准备一
下,明天手术。"

张淘澎听了很高兴,心想做完手术,马上又可以上台了。第二天来到
手术室,眼前的情景着实把张淘澎吓了一跳,空荡荡的手术室里只有一把
椅子,医生面无表情地让张淘澎坐上椅子,二话不说便把张淘澎的双手绑
在了椅子的扶手上,然后往她手上扎针。张淘澎后来才知道,医生给她实
施的是"针刺麻醉"。于是,在没有任何药物、针刺麻醉也并没有达到预
期效果的情况下,医生便开始动手术。只见一把明晃晃的手术钳伸进嘴

里，这么狠命一拉，生生把半边扁桃腺拽了下来，一阵天旋地转的疼痛，几乎让张洵澎当场失去知觉，这时，这位医生才给她打了一针麻药。

离开手术室到了病房，医生却要求尚在疼痛中的张洵澎马上岔开嗓子唱六小段戏——不知道这是不是又是一项新实验。医生的话不能不听，医生给她的任务是唱六段，唱什么都没关系。就这样，张洵澎从昆曲开始，一直唱到越剧。难以忍受的疼痛，使得张洵澎一边唱一边流眼泪。然而，坚定的意志毕竟不能战胜一切，科学是来不得半点胡闹的，"唱六段"的任务还没有完成，伤口绷裂了。伴随着模糊不清的演唱，血块一大块一大块从张洵澎的喉咙里喷出来，止都止不出。这下，医生们终于慌了，他们急急把张洵澎送到急诊室。谁料"屋漏偏逢连夜雨"，张洵澎再次"中头彩"，遇到的是一位印度尼西亚来学习的华侨医生，血，止住了，可是把原来的创口收紧了，又送回了病房。

在病房待了五天后，张洵澎出院了。这个时候，学校的老师们也正等着张洵澎"伤愈归来"，因为学校已经准备好了《阳告》的剧本，就等着她回来排练新戏。

然而，一切都还没有结束。张洵澎永远不能忘记那天上午，张洵澎在学校四楼的排练室，原本驾轻就熟的音高和"王魁"这声念白，却怎么都不上去。一遍、两遍、三遍，嗓子出不了声。那一刻的张洵澎，仿佛独自一人陷在汪洋大海中，那样的无助、那样的绝望。张洵澎明白，她的嗓子因为扁桃腺手术的失败，开坏了。对于她来说，最最可怕的事情真的在她身上发生了。

带着老师的叹息，《阳告》换了人。然而，这样一个难得的闺门旦，这样一副好嗓子，就真的这样结束了自己的艺术生命吗？不但张洵澎自己不肯认命，几乎所有的老师也不甘心。不久后，一直对张洵澎格外关心的言慧珠为她介绍了一位华东医院的五官科专家——孙主任。一个周末，言慧珠把张洵澎叫到自己在"华园"的家中。风度翩翩的孙医生一番检查之后告诉张洵澎，你的嗓子是开坏了，只有重新手术，才有可能帮你恢复。毕竟是手术，又有了前车的颠覆，言慧珠也不好替张洵澎拿主意，只能让她回家和父母商量。因为有了前番的可怕经历，张洵澎对于开刀已经是视若"井绳",闻之色变。张洵澎再也不敢做第二次手术了。

嗓子虽然坏了,但张洵澎依然还在舞台上演出。那几年的岁月,是张洵澎人生中遭遇的第一次低谷。信心,是一个看不见摸不着的东西,但确确实实会对人产生很大的影响。那个被开坏的扁桃腺,成了张洵澎心头挥之不去的阴影。每次站到台上,还没开口,便觉得喉咙不对劲。就这样,越担心、越唱不好,越唱不好、越担心。

陷入困境的张洵澎,曾经萌生退意;可是倔强的张洵澎最终没有向命运屈服,"我可以扬长避短,我不能离开艺术,我必须加强唱念功夫,我不是还有表演和身段的基础吗?"

第三节　差点成为电影明星

1961年8月,张洵澎正式从戏校毕业。因为始终困扰着自己的嗓子问题,她曾经很冷静地考虑过改行。然而,对于这一方舞台,张洵澎难以割舍。毕竟,在她年少不解事的年纪,就那样深深地爱上了昆曲。毕竟,十数年的戏校生活,留下了她的汗水、泪水,也给过她荣耀和欢乐。出身西施故里的张洵澎身上自有一种吴越先祖的血性与决绝。对于无可挽回的现实,她是真的做得到壮士断腕的。要知道,那一年的张洵澎方过20岁,正是一生中最灿烂的年华。从小父母的宠爱、师长的青睐,也逐渐培养了张洵澎的自强。她相信上帝在这里关上了一扇窗,一定会在别处为自己打开一扇门。

首先向她敞开大门的是电影界。今天的张洵澎虽已年过七旬,依然风姿绰约,雍容中带着高贵,令人情不自禁地产生亲近感。回溯到半个多世

张洵澎照片

纪前,那个时候的她更是一个足以让任何人过目不忘的大美人。这样一个既有扎实的表演功底,又相貌出众的女孩子,要吸引导演的注意,并不需要她自己花什么功夫。

首先找到她的是电影《桃花扇》。

《桃花扇》是清代作家孔尚任创作的传奇作品,借金陵歌妓李香君和侯朝宗的离合之情,写南明王朝的兴亡之感。男女主人公不仅在才华上、容貌上互相倾慕,还在政治态度上互相影响,其思想性显然是以前的儿女风情戏所少有的。尤其是结尾不落窠臼,不以传统的大团圆作结局,使得作品意境更为深远,独树一帜。

电影《桃花扇》是孙敬、梅阡根据欧阳予倩先生的剧本《桃花扇》改编、拍摄的;而欧阳予倩则是以孔尚任的传奇剧本《桃花扇》为蓝本,先是改编成京剧《桃花扇》,借古喻今,流露了强烈的民族意识和爱国主义思想。1947年,欧阳予倩又将京剧《桃花扇》改编成话剧,突出了正义与邪恶、爱国主义与卖国主义的斗争,塑造了一位富有反抗性格,具有坚贞爱国情操的风尘女子李香君的形象。

再说孙敬与梅阡着手改编剧本之际,就决定了影片拍摄要用昆曲的曲调配乐。这不仅因为《桃花扇》原本就是以昆曲为载体问世的,实际也是着眼于独具特色、别树一帜,因为昆腔中有很多优美动听的曲调,在电影配乐中还很少见。而清新绵邈、婉转悠扬的宫调用于片中音乐唱腔,十分契合"兴亡"铺叙与"离合"抒情交织的古雅悲壮风格,对主题表达、人物刻画、情绪渲染起到了推动作用。

后来大家在银幕上看到的是,著名电影演员王丹凤在影片中扮演的秦淮名妓李香君,那天姿国色令许多人至今难忘。然而很少有人知道,最初导演孙敬看中的却是张洵澎。这其中很可能有一部分原因是因为由昆曲演员来担任女主角,无论从表演风格还是气质上说,都是再合适不过的了。哪怕是角色的走步、甩袖、举扇、理鬓乃至唱曲,由具有昆曲功底的演员来演,自然是最理想不过的。

然而,当西安电影制片厂的相关人员到戏校商借张洵澎的时候,周玑璋校长一句话,就没有任何商量余地地把来人顶了回去。他说:"我们的孩子到电影厂是要学坏的。"说起来，周校长完全是出于一片爱护之心。张洵澎他们这一批孩子，是他一个个亲自挑进来的，在戏校这些年，他竭尽所能，为孩子们安排最好的老师、给他们创造最好的生活。他看着他们一点点从少不更事的孩子逐渐成长，在舞台上渐渐成熟，花费的心血不比任何一个为人父母者少。如今，雏鹰的羽翼渐渐丰满了，他们要毕业了，要去社会上闯荡了。然而在周玑璋的眼里，他们总还是孩子，他总是控制不住地为他们操心这个、担心那个地舍不得。正是因为这种"过度保护"，张洵澎失去了一次亮相大银幕的机会。不过联想到"文革"期间，王丹凤因为拍摄《桃花扇》而遭受的种种不公，张洵澎或许还应该感谢周校长当年颇为"霸道"的决定。

1964年，长春电影制片厂的《画中人》找女主角，导演王滨最初也属意张洵澎。说起这位王滨导演，和戏曲界也有很深的渊源。他曾经担任过鲁迅艺术学院实验剧团副团长等职。1944年参与编导大型歌剧《白毛女》，解放战争时期任山东军区文化委员会委员、东北电影制片厂导演。1949年执导新中国第一部故事片《桥》，后来又参与了编导影片《白毛女》。

不过，这件事后来也不了了之了，当时还是学生的张洵澎依然难以知道其中的始末根由。只知道似乎依旧与周玑璋的"不放心"有关，毫无商量余地地回绝了导演。不过在那个年代，青年演员要做的就是"服从"。张洵澎对此倒也没太大失望，她虽然难以理解周校长的决定，但相信这样的做法，一定是为了自己好。那个年代的孩子，都很单纯，"明星梦"不能说一定没有，但却没有什么出名赚钱的奢望。

岳美缇的讲法也许不无道理："阿澎从小是我们同学中最突出、最优秀的。她个人很有性格，她不会做自我检讨，比较傲，在老师眼里看起来就是锋芒毕露的。这也是她唱戏的风格。她跟言慧珠性格很像，自信自尊又有傲气，很多拍电影啊，还有后来很多机会都被老师拦掉了。很多事情说不清楚，太优秀，性格很鲜明，当时的教育方法不允许你，而且你又没有毕业，就要听学校里的，我们校长非常好，他就是家长制。"

张洵澎心中的那么一丁点儿失落很快就过去了，她依旧安安分分演着自己的戏，珍惜每一次上台的机会，演好每一个老师交到她手中的角色。然而，似乎那段时间，电影艺术格外垂青张淘澎，源源不断的机会涌到张淘澎面前，似乎，她只要一伸手，抓住其中任何一次，今天我们也许就该用电影表演艺术家张淘澎来称呼她了。就在《画中人》成为"画饼"之后不久，张淘澎又一次遭遇"星探"，而这次的经历相较于前两次，就颇有些戏剧性了。

1964年夏天，张淘澎随青年京昆剧团赴广州演出现代戏《琼花》。演出期间，咽炎发作，张淘澎在一位广东阿姨的陪同下去看中医。孰料看完病出来，张淘澎就感觉身后有人"跟踪"。身处异乡的张淘澎惊恐不已，拖着阿姨一路奔回下榻的旅馆。惊魂未定的张淘澎让阿姨去看看"那人还在吗"，阿姨走出旅馆，果然看见"跟踪者"站在旅馆门口。阿姨壮着胆子上前责问："你是谁？为什么要跟踪我们？""跟踪者"是一位50岁上下的男子，高瘦身材，看上去十分儒雅。见阿姨责问也并不惊慌，彬彬有礼地问道："请问刚才进去的那位是唱昆曲的张淘澎小姐吗？""是又怎么样？"阿姨没好气地回答。也许是证实了自己没有跟错人，来者的脸上露出了笑容，自我介绍道："我是珠江电影制片厂的导演，姓陈。不知能

张淘澎近照

否和她谈谈，我们想邀请她拍电影。"阿姨进来向张淘澎"汇报"了情况。没想到，张淘澎连来人的面都不肯见，就回绝了。而回绝的主要原因就是因为当时的张淘澎组织观念太强。发生这样的事情，她首先想到的是：万一被领导知道，以为我不安心工作怎么办？而另一个原因是因为对从未离开过父母的张淘澎来说，珠江实在是一个太遥远的地方。偶尔和同事们来演出一次还没有关系，真要让自己在这里落户，或远离家乡和亲人，那真是她想都不

敢想的事情。

虽然几次和电影圈擦肩而过，但导演们的赏识还是让张洵澎颇为心动，从一方面来说，他们也让张洵澎意识到，自己的确有当一名电影演员的潜质。与其这样带着巨大的心理负担在台上演唱，不如索性另起炉灶，在一个全新的领域干出一番事业。

此后不久，张洵澎正式向青年京昆剧团领导提出：她想离开青年京昆剧团，调到电影厂去工作。

当时的张洵澎嗓子已经时好时坏了三四年，不仅自己愁，关心她的老师和同事也都为她未来的发展犯愁。而张洵澎的表演又是大家一致公认的，调到电影圈应该算是最好的选择。何况当时的昆剧团和电影厂同属文艺单位，内部调动手续并不繁琐，只要昆剧团肯放人、电影厂愿意接受就可以。

第四章　执子之手　与子偕老

在舞台上，张洵澎是光彩夺目、嫣然百媚的闺门旦；在讲坛上，张洵澎是一个受人尊敬、成就斐然的教育家。无论台上还是台下，张洵澎对于不同的身份，总是那么游刃有余。然而，她却觉得，自己最成功的角色，既非演员，也非老师，而是一个妻子和母亲。熟悉张洵澎的人都会羡慕地说："阿澎是真正做过女人的。"而这一切，首先要归功于她的家庭，她的丈夫——蔡国强。

第一节　平淡的开始

1965年，张洵澎参加"社会主义四清运动"下乡了，她们所在的青年京昆剧团去了川沙，按照上级的安排，张洵澎和一位拉京胡的男同事被分配在北蔡乡。

张洵澎与蔡国强在华山路住宅阳台

记得到生产队的那天，当时已经是傍晚，他们来到了原本准备安顿的那家主人家门前，看见门口很多人，唧唧喳喳在议论。原来住在这个屋子的一个孤老刚刚去世。这样一来，张洵澎的住处就临时进行了更换。新的房东是两个一起住的姐妹，姐姐的丈夫在"抗美援朝"

时牺牲了，带了一个儿子，家里很干净。张洵澎跟那位妹妹相处得很好，在这里住了有半年之久。

那一年，张洵澎已经25岁了，家人们开始为她的终身大事操心。"四清"期间，张洵澎她们一个月可以回家一趟。也有人给张洵澎介绍对象，她家以前有个汽车夫（司机）叫宝林，给她介绍了一个电话工程师，家境很好，对方人也很有教养。男方说了，因为他们家只有一个儿子，如果张洵澎跟他好的话，他们家会把一栋房子给予张洵澎，地点就在兰心大戏院对面新式里弄里。可是，张洵澎并没有为此所动，她是重人不重财的。

张洵澎与蔡国强的初遇并没有旁人想象得那么浪漫，两人是通过"媒人"介绍相识的，而这个介绍人，就是张洵澎的姨母、蔡国强的中学老师——当时在复旦中学当政治老师的钟福玲——曾经先后两届的上海市"三八红旗手"。

当家人们开始为张洵澎的终身大事操心时，姨母想起了她教过的一个学生——蔡国强。蔡国强中学毕业后成了一名篮球运动员，是当时上海篮球队的绝对主力，名气很响，走在马路上，常常会有"球迷"疯狂地大喊他的名字，哪怕隔着一条马路。

张洵澎的爸爸妈妈对运动员很喜欢。张遇冬先生年轻时也爱好打篮球和乒乓，而钟福梅女士则热爱田径运动。当时的蔡国强工资低了点，只有44元。张洵澎开明的父母说，工资低不要紧，关键是人好。

他们两个一个是戏曲明星，一个是体坛明星，但是两人的交往还是遵循了那个年代最常见的方式——看照片。不过这照片倒是看得有些"与众不同"。成婚后，蔡国强告诉张洵澎，当初姨母钟福玲给他看的照片，是张洵澎仅四个月大的一张着色小照，蔡国强有些不知所措地说，"这么小啊？"姨母幽默地说，"现在大了！哈哈……"

张洵澎回忆说："当时的上海滩，几乎没有不知道蔡国强的，我也听到过他的大名。虽然爸爸妈妈都喜欢体育运动，但我自己从来不看篮球，不知道他是什么样子的。"

记忆中，两人第一次见面是在小姨母的家里。那天的蔡国强穿了一件白色圆领运动衫、网球短裤，骑着一辆自行车来的。站在眼前的这位健

蔡国强与教练

恋爱中的张洵澎

康、阳光的男子,一米八八的个头,张洵澎"第一眼就喜欢上了"。相亲那天,张洵澎刚随剧团下乡"搞四清"回来休假。但要说缘分就是这样让人难以捉摸,蔡国强对于张洵澎也是一见钟情,第一眼就认定她是自己生命中的另一半了。当时姨母问蔡国强:"你觉得怎么样?"蔡国强想都没想,就说了两个字:"满意。"

他们的约会,和当时的年轻人看电影、逛马路不一样,张洵澎和蔡国强两人约会的场所基本上都是蔡国强鏖战的球场上。张洵澎喜欢坐

蔡国强扣篮

在观众席上看蔡国强矫健的身姿,而场上的蔡国强永远是看台上球迷们议论的焦点。张洵澎静静地坐在他们中间,听他们传播着有关蔡国强的种种"八卦"。

有一次,一个球迷自以为是地说,"蔡国强是'吊眼皮'"。坐在一旁的张洵澎差一点儿就笑出声来,也不去揭穿他们。但是,每当有着"神投手"称号的蔡国强准备投篮的时候,观众席上的球迷们会踏着地板,发出一阵阵整齐的声音,异口同声地喊"蔡、蔡、蔡!"张洵澎虽然没有作声,心里却是

又兴奋又紧张："这个时候，我知道，就是他了！"

　　一年半以后，两人有了幸福的小家庭；又过了一年多，他们漂亮的儿子蔡一磊诞生了。张洵澎感受到了蔡国强不仅非常豪爽、慷慨，好交朋友，在生活中，更是个对妻子体贴得无微不至的好丈夫。在妻子、儿子的记忆中，蔡国强的身上永远只有两元钱。当时，在上海队服役的蔡国强一个月的

宝宝蔡一磊

工资是44元（后来涨到45元），虽然那时候的运动员工资都不高，但当时运动员的伙食都是运动队统一解决，不用花自己的钱，所以这笔工资贴补家用应该还算得上可以。但蔡国强好客，朋友多，对于朋友一向是有求必应，有时候在路上碰到朋友，也会不由分说地请人家下馆子。至于上门做客之人，那更是不用说了，当然要倾其所有地招待。因此，常常是发了工资没多久，蔡国强的口袋里就只剩下两块钱了。对于这样一个丈夫，有些妻子也许会抱怨，会想办法控制丈夫的经济。但张洵澎却不如此，她不仅不限制丈夫交友，反而为蔡国强的"仗义疏财"感到骄傲，鼓励蔡国强帮人，欢迎他的朋友到家里来做客。因此，张洵澎的家中，经常是高朋满座。

　　蔡国强人长得十分帅气，而且又性格豪爽、人品高尚、事业有成，有人把他称为篮球界的"神投手"和"拼命三郎"，自然也是许多女孩子心目中的白马王子。不过张洵澎对于蔡国强倒是一百二十个放心，甚至对于那些突然落到丈夫头上的"桃花运"也觉得非常有趣。最让张洵澎觉得有意思的是和蔡国强有关的一次"异国情缘"。

　　1973年，蔡国强作为上海队的绝对主力球员，经常随队出访世界各国打比赛。这也是我国"大球外交"的一部分。即使在国外，蔡国强也是媒体竞相报道的焦点，在那些报道中，张洵澎作为妻子也经常会出现在报纸上，不过，好多国家的报纸都说张洵澎是一位中国芭蕾舞的"白毛女"。因为当时已是"文革"期间，昆曲不让演了，外国人也不知道《牡丹亭》

蔡国强国外篮球比赛在中国大使馆门口合影（右二）

《西厢记》，而芭蕾舞《白毛女》倒是名声在外，都知道。有一次，蔡国强随队出访菲律宾，没料到当地一个大庄园主家的小姐对蔡国强一见钟情，通过本国的侨领找到代表团的领导，表达了要与蔡国强"喜结良缘"的愿望。在得知蔡国强已有了妻室之后，奔放热烈的菲律宾姑娘表示自己并不介意，"愿意做蔡的二房，和中国太太一同生活"。这下可把向来正派的蔡国强吓坏了，连连推脱。在球队领导的干预下，蔡国强打完球，一刻不停"逃"回了国内。回来后，他向张洵澎一五一十"交代"了在印尼的奇遇，加上又有球迷的传说，这件事倒被张洵澎当作笑话说了。

帅气体贴的丈夫、聪明漂亮的孩子，生活中的一切都让张洵澎感到无比幸福。那几年里，因为扁桃体手术的后遗症，嗓子的问题一直困扰着张洵澎。而这时，家庭生活却是如此美满，张洵澎便萌生了告别舞台的想法。

殊不知，还来不及等她做出决定，一场轰轰烈烈的"文化大革命"，将几乎所有舞台的大幕拉上了。

第二节　乱世里的世外桃源

"文革"开始不久，"革命"的枪口便瞄准了具有六百年悠久历史的传统昆曲。那柔美华丽的辞藻、一咏三叹的唱腔、爱恨缠绵的故事，在"革命者"的眼里,无一不散发出腐朽没落的封建阶级的气息,是毒害革命群众的大毒草。如果说,慷慨激昂的京剧经过"改造",还可以演一些反映革命题材的现代戏;女子越剧虽然靠边站了,反映现实生活的男女合演还在一定范围内被允许上台。那么对于只会"才子佳人、卿卿我我"的昆剧团而言,等待她们的只有四个字:"关门打烊。"

1971年,上海青年京昆剧团正式解散,除了极少数的"老弱病残留守人士"在上海越剧院的院落里另辟了一间小办公室"办公"之外,新中国精心培养的第一批昆曲接班人,纷纷卸下珠翠、褪下华服、脱下高靴,洒泪告别了舞台,所有人都被对口分配到化工局下属工厂。

"我离开青年京昆剧团的时候也有过不舍,不过比起绝大部分同事来说,我的不舍并不显得那么强烈。可能是因为当时已经有了一个温馨的小家庭,而我这个人常常是将家庭放在事业之前的。所以当时的我就想,不唱就不唱了吧,在家好好照顾丈夫,因为那时蔡国强篮球事业正处于高峰期,我必须带好儿子,让他没有后顾之忧。"张洵澎说。

不过话虽如此,从小娇生惯养,即使进了戏校也没有受过半点苦的张洵澎对于"新生活"还是有些不知所措了。其实在剧团正式解散之前,张洵澎也有过短暂的一个月下工厂"战高温"的经历。

工作地点在今天胶州路上的冶金局下属工厂,工作岗位是在食堂里收饭票卖盒饭。蒸笼里高温蒸出来的铝合金饭盒,张洵澎不戴手套,就这么赤着手两盒一拿递给工人。由于动作快,人们都喜欢排在她的窗口前。"那个唱戏的卖饭速度最快。"工人之间纷纷传说,张洵澎很快就又出了名,老师傅们对她也很好,经常带给她冰的橘子水喝,解暑降温。小小的成就感,让张洵澎这一个月的"战高温"生活过得蛮愉快。

然而,让一个从小浸润在昆曲世界里的女演员突然转换身份,去化工厂当工人,这样的决定在今天看来实在是有些"乱点鸳鸯谱"。但"文革"就是这样一个不讲道理的时代。小学里,张洵澎的数理化成绩从来就是刚及格的,进了戏校,更是与化学、物理隔绝了。可是这个时候"说你行你就行,不行也行",张洵澎就这么稀里糊涂地成了一名化工厂女工。所幸的是,这个时候蔡国强的名气和夫妻俩平时的好人缘发挥了作用。工宣队的一个小领导是蔡国强的球迷，也是张洵澎的朋友，他悄悄对蔡国强说，只要是在化工局的范围内，工厂、岗位随阿澎挑。最后，张洵澎选择了浦东南码头边上的一家化工溶剂厂，工作很简单——看仪器。张洵澎看中这个岗位的原因，一是工作轻松，仪器不进不出，没有什么责任；另外一个重要的方面是因为工作环境相对封闭，一间宽敞的仓库，连张洵澎在内一共只有两个工人，关起门来不就是一个独立的小天地么？那个时候，浦东白莲泾周边都是农地，公共交通很不方便，加上为了照顾儿子，张洵澎甚至几个月才到厂里报到一次。和她搭伴的老师傅知道她的情况，就一直帮她顶着，这让张洵澎至今还是非常感激，难忘这师徒之情。

就是这个轻松的工作，从1971年进厂，到1973年离开工厂转到越剧院当老师的两年多时间里，张洵澎的上班时间加起来也不超过一个星期。原因是，在张洵澎报到之前，仓库早有一个负责人，这位名叫毛培文的老师傅是一位五十多岁、儒雅厚道的知识分子，负责仓库的日常工作绰绰有余，张洵澎的到来完全属于"蛇足"。毛师傅对于张洵澎非常体谅和同情，张洵澎不去上班，偶尔遇到工宣队查岗，他还会帮着遮掩。"文革"期间，社会秩序一片混乱，工厂里都忙着"革命"，没有人生产工作了，仓库里少了一个两个人，也不会有人在意——何况，根本也没有张洵澎插得上手的活儿。尽管如此，对于毛师傅，张洵澎还是非常感激的。说起来，毛培文的境遇也颇为悲惨，他有一个女儿，到东北插队务农，因为受到惊吓而精神失常，一家人生活非常拮据。知恩图报的张洵澎每次去单位，都会记得给毛师傅捎上点东西，有时候是蔡国强从外地打球回来带的土产品，有时候是姐姐姐夫从外地寄回来给儿子蔡一磊补身体的红枣等营养品，以表对毛师傅的感恩。

没有演出了，上班也是"两天打鱼三天晒网"，张洵澎索性收拾收拾，带着年幼的蔡一磊，随丈夫一同住进了江湾体育学院的体工大队。当时，体工大队可以说是一个独立的小天地，也是一个物资丰裕、没有纷争的"桃花源"。在这里，生活安定，物资充裕。每天蔡国强早训练以后，就带着蔡一磊晒太阳、游泳。以前住在家中的时候，蔡一磊的体质较弱，三天两头跑医院。自从住进了体工大队以后，活动场地开阔了，活动的内容丰富了，去体操队伸展身体、去武术队舒展拳脚、去篮球队玩球扔球……蔡一磊的身体奇迹般地健壮起来，性格也开朗了。原来，在教育儿子的问题上，张泊澎严格继承了外婆和母亲的思路，规矩多、要求严，弄得儿子的性格也十分内向、胆小。但到了体工大队以后，接触的人多了，这种情况竟有了好转。

幼儿蔡一磊

　　体工大队汇集了许多上海当时的运动队，男篮无疑是这些运动队中的"骄子"。当时篮球、排球、足球"三大球"是重点发展的运动，而三大球中，男篮又是最受欢迎的。据蔡一磊回忆，夏天，体工大队的食堂里都会分发水果。每个运动队的水果都堆成一堆，在外面画上一个圈，写上运动队队名。而无论是什么水果，篮球队的那个圈里，肯定是最大最好的。沾了父亲的光，正在长身体的蔡一磊营养充足，这也为他后来学芭蕾打下了很好的身体底子。

母子情

张泊澎母子合影

幸福一家人

当时他们把家就安在体工大队里面，领导也专门给了他们一个房间，蔡国强对张洵澎自然是很照顾的。

有心的人，在艺术上有追求的人，到处都能找到老师。在那样的年月，张洵澎希望忘却昆曲，可是体工大队里的各种项目，竟然对张洵澎产生了她自己都没法料到的影响。

张洵澎来到了体工大队，生活在运动员中间，天天面对的就是体操、武术、篮球、乒乓……当时有个全国剑术亚军叫吴伟健，一对双剑，享誉全国；张洵澎就跟他学舞剑。而且她跟着武术队里学习，比如匕首，也跟着武术队员一起学过、一起打过的。还有就是体操，运动员四肢打得开，特别舒展。后来她又看芭蕾，听人家介绍，这个动作表示什么，那个舞姿需要掌握什么，张洵澎又从芭蕾里面学到了很多可以借鉴的元素。

在体工大队的两年多日子里，张洵澎觉得自己真的已经完全忘记了昆曲了。体工大队和化工厂也有文艺小分队，平时会表演一些《红灯记》之类的现代京剧。照例说，专业演员出身的张洵澎应该是演员的最佳人选，但张洵澎从不参加此类活动。"我甚至连听都不想听，那段时间里，对现代京剧有着一种不近情理的排斥，我甚至希望自己的生活中再不要接触任何和戏曲有关的东西。"不唱戏、不看戏，张洵澎开始关注体育，看得最多的就是蔡国强的篮球赛。丈夫在赛场上的飒爽英姿令她着迷，尤其是他对于节奏的精准的掌握，令她赞叹。"我当时就觉得，体育运动自有它一种节奏之美，这种美和台上杜丽娘的既有不同，但却又是相通的。"几年后，张洵澎回到舞台、走上讲坛。当她把从篮球中感受到的"韵律之美"运用到舞台上时，她才恍然之间明白——自己的心，其实从来没有真正离开过昆曲。

张洵澎至今深有感触地说:"人们都说昆曲载歌载舞,是'百戏之祖',很多剧种向昆剧学习;袁雪芬老师甚至把昆剧奉为越剧的'奶妈'。但是我总觉得,昆曲里的舞是不够的,要是这些'奶'被别的剧种都吃了去了,'奶妈'就不能不吸收新的营养来充实自己。所以我觉得要吸收别人没有的东西,来丰富我们的昆曲。今天我们看芭蕾,觉得很好,我也从芭蕾里吸收了很多养料。好的艺术、好的演员,都是广泛学习他人菁华的结果。这种吸收也不是硬的吸收,我会在无形中融进自己的表演中。这主要取决于你的传统的基础要好,才能运用"。

第三节　张洵澎千里救夫

昆曲舞台上有过不少女子千里寻夫、千里救夫的故事,熟稔这些故事的张洵澎大概从来不曾想到,有朝一日,戏文里的故事会发生在自己的生活中,而这一切发生得又是那么突然。

1977年,河北某地的一支驻守部队招收运动员,声名在外的蔡国强是作为部队第一邀请人受邀前去打比赛。这似乎只是一次寻常的离别,和之前很多次一样,不用多久,收获着掌声和荣誉的蔡国强就会回到家中,生活一如往昔地进行下去。正因为毫不特殊,当时刚离开工厂踏上越剧院学馆教师岗位不久、工作忙碌的张洵澎甚至没顾上多嘱咐几句,或者,送上丈夫一程。因为,谁都没有想到,这次看似平淡的离别,差点演变成生离死别,给这个原本幸福的三口之家带来无妄之灾。

在那个不可理喻的年代,一切不可想象的事情都有可能发生。张洵澎以为她逃过了,因

青春张洵澎

为有丈夫宽厚的肩膀为她遮风挡雨,却没有想到,有时候,暴风雨之猛烈,即使如蔡国强,也无法抵御。而在这个时候,恰恰是张洵澎,一个自以为难当大任的弱女子,被逼着激发出难以想象的力量。

事情的原委说来有些荒诞。蔡国强到了当地不到半个月,关系却还没有正式转到部队上。蔡国强自己并不着急,能成为军人固然是他的梦想,打道回府,和妻子儿子在一起,他也很满足。可"匹夫无罪,怀璧其罪"。蔡国强的名气实在太响了,他可以对于名利无所谓,但别人却容不得他不在乎。就在这个时候,当地的两支队伍为了争夺蔡国强发生了冲突。在一次比赛中,一方发动突然袭击,突然之间拉掉了体育馆的电源,一群持枪的军人冲进场馆,一场混战之后,把蔡国强和其余几名上海来的球员控制了。就这样,蔡国强他们莫名其妙地被"看管"了起来,几天后又被转到离开此地不远的部队农场"看管"。"看管"他们的战士还扬言要把他们统统送上军事法庭。这似乎只有在电影里才看得到的桥段,真实地发生在他们的生活中。蔡国强傻眼了,他在篮球场上无坚不摧,可这次的突变,实在太出乎他们的意料了。

几天后,消息传到上海,蔡国强的亲人遭受如此惊吓,一时显得有些手足无措。那个年代,和军人沾边的事情,都不是小事。人们感慨这样的事情怎么就让蔡国强这样的好人遇到了?他们抱怨老天不公,却又不知如何是好。

但是,又一件让人们出乎意料的事情发生了。乍闻惊变的张洵澎竟然没有哭泣,甚至没有人们想象得那么恐慌。她在第一时间做出了决定——立刻准备动身"北上救夫"。临行前,她甚至还没有忘记先去当时的工作单位——越剧院请假。对于张洵澎的决定,当时已经出来工作的袁雪芬很支持,她拉着张洵澎的手,嘱咐她路上千万小心,到了那里不要心急,越剧院的工作不用担心,事情办好了再回来。

张洵澎为了营救蔡国强,辗转北京、河北某地,先后三月有余,而越剧院在此期间非但没有扣过她钱一分工资,很多同事还一直给予她精神上的安慰、鼓励,物质上的帮助。临走前,傅全香硬是塞给张洵澎600元人民币,这在当时绝不是一笔小数目。这些,都让张洵澎感激不已。

要救人，张洵澎首先想到了对自己有知遇之恩的叶剑英元帅，张洵澎和叶帅的亲属比较熟悉，觉得应该通过他把蔡国强的情况传达给叶帅。离开上海前，张洵澎先去好友、钢琴家刘诗昆的父母家中，往北京打了个电话，得知叶帅的亲属当时正在北京。张洵澎在电话里对他说："你千万在北京等我，我马上就来。"从得知丈夫遭遇飞来横祸，张洵澎第一次在电话里声音颤抖。

当夜，张洵澎匆匆来到上海北站，买票连夜坐火车赶往北京。到了北京，张洵澎急忙赶到北京的堂哥家中，将蔡国强遭遇的情况写成书面文字，托叶帅的亲属转交叶帅。

接下来就是等待，苦苦地等待，也许说是煎熬更为贴切。

大概过了有一个多月的时间，1977年7月1日，张洵澎清楚地记得这一天。那天傍晚，叶帅的亲属找到了她的堂哥家中，让张洵澎跟着他去西山帅府面见叶帅。恰遇叶剑英和一些人正在公干，心急如焚的张洵澎也只得等待。很有意思，叶剑英也没有问张洵澎任何话，只是将她送出门，告别时叶帅拍了拍张洵澎的肩膀，轻轻说了句："洵澎，你的事情我都知道了！"就是这句话，让张洵澎悬在喉咙口一个多月的心，放下了不少。

但是，对蔡国强现状的焦虑，依然煎熬着她。过不多久，张洵澎终于探听到了蔡国强在部队农场被"看管"的地方。于是，一个更为大胆的举动，又让人们见识了张洵澎的与众不同。

既然知道了蔡国强的下落，那无论如何也要见上一面，要知道事情的前因后果。可是，当时蔡国强并不是正式"收监"，所以贸然赶去，搞不好对蔡国强反而不利。为了出其不意，张洵澎只能突然袭击。

为了不引人注意，张洵澎乔装改扮，在头上包了一块白色的毛巾，手臂上挽了一个小包袱，把自己打扮成一个北方农村妇女的形象——都是从电影里看来的。堂哥帮她买了票，坐着绿皮车，来到了某县。

那段经历，张洵澎毕生难忘。某县车站是个很破旧的地方，火车离站台有很大一段水平落差。火车渐渐停稳的时候，张洵澎一咬牙，把手中的包袱先行扔下，然后毫不犹豫地纵身跳下。此时，她心里想到的是电影

《铁道游击队》中的英雄举止。"我怕什么？我练过功，跳下去！"

张洵澎知道，过去，都是蔡国强为自己、为整个家遮风挡雨。可今天，他有难，我不出手谁出手？如果今天我一泄气，这个家，也许就散了。

没有眼泪、没有叹息，张洵澎深深吸了一口气，坚定地朝着目的地走去。

在"保护"蔡国强的部队农场，张洵澎上演了一场类似阿庆嫂智斗刁德一的戏码。很多年后，张洵澎觉得很难相信，当年的自己竟然会如此坚强勇敢。多年良好的家教，对自己的严格要求，平日里的张洵澎是和人说话都不会大声的人。可是在这里，为了和丈夫见上一面，她和管理人员据理力争，甚至不惜以绝食相威胁，终于见到了自己日思夜想的丈夫。

在张洵澎离开上海的这三个月里，蔡国强在河北的遭遇，已经成了上海滩上不小的新闻，很多人关心着蔡国强的命运，很多人关注着张洵澎营救行动的成败，袁雪芬、傅全香等前辈更期待张洵澎带来好的消息。当然，也有一些人等着看张洵澎的笑话。"人，不能低下高贵的头"，虽然这是先烈的壮语，可张洵澎以此激励着自己。虽然忧心如焚，虽然蔡国强的命运难测，张洵澎却不肯让任何人看到自己的失败。

在当时的中国，民航飞机对于绝大多数国人来说还是一个只听说过、没看见过的新鲜事物，北京到上海的飞机票是60块钱一张，抵得上一个普通工人两个月的工资，而且还不是你想买就可以买的，要托关系。然而张洵澎回上海，却是坐着飞机回来的；不仅坐飞机，张洵澎还大包小包地买了许多当地的特产回来。在昂首挺胸的张洵澎面前，所有的流言蜚语不攻而破。然而，光彩照人的外表下，只有张洵澎自己知道心头的惶恐和苦涩——虽然得到了叶帅的接见，虽然自己也看到了蔡国强一切安好，然而相隔天涯，回到上海以后，有关蔡国强的所有消息又如同断了线的风筝。

接下来又是难熬的三个月。怀揣着渺茫的希望，张洵澎依旧上班、生活，照顾儿子，在所有人面前保持着优雅的态度和温和的笑容。

俗话说，光阴似水，1977年的7月到10月，对于大部分人来说平淡无奇。而这三个月的每一天、每一小时、每一分钟，对于张洵澎而言，都是那么的缓慢而痛楚。终于等到了国庆节，叶剑英元帅来上海参加国庆庆典活动，巧的是，张洵澎参加了内部昆曲演出，担任的角色是《太白醉写》中的杨贵妃。演出结束谢完幕，叶帅接见所有参加演出的演员，一一握手；当见到张洵澎时，叶帅关切地问："爱人回来了吗？"张洵澎有些焦虑地回答说，"还没有回来"。叶帅温和地说："不要急，快了！"

果然，就在两天之后，张洵澎家的门被推开了。望着眼前风尘仆仆的人，张洵澎惊呆了——蔡国强回来了，没有任何预兆地回来了！久别的夫妻相拥在一起，什么前因后果都无暇去追究，只反复叨念着一句话——侬回来啦？人回来了，就好了！

经过此番"飞来横祸"，蔡国强萌生了退役的念头。不久，在好友的帮助下，他去了海军东海舰队工作。改革开放后，头脑灵活的蔡国强又成了第一批下海的"弄潮儿"，篮球场上的神投手从事酒店管理，依然干得风生水起。

如今，蔡国强虽已去世多年，但张洵澎只要提起丈夫，依然充满了感情，在她看来，自己这辈子最幸运的一件事，就是遇到了蔡国强，并且和他携手走过了那么多风风雨雨的历程。"在任何时候，他总是冲在前面，为妻儿、为亲人，什么苦都可以吃，而且——吃了苦一个字都不会提。"张洵澎回忆起蔡国强下海后赚到第一桶金回家的情景。"那时候刚流行考克箱（密码箱），他出差回来的时候提着一个崭新的考克箱，回到家就把箱子往桌上一放，'喀喀喀'转了几个数字的密码，箱子盖'嗑'地一声开了，满满一箱的钞票。然而，让张洵澎惊讶的不是这一箱钱，而是接下来蔡国强的一句话——他对张洵澎说：'这些钱你尽管用，你用完了，我再去赚。'"

张洵澎说，有那么一段时间，蔡国强买了一辆摩托车，经常带着张洵澎出门办事或兜风。有时候骑在半路上突然下雨了，蔡国强就会一边单手把着龙头，一边脱下自己的外套甩给坐在一旁的张洵澎，用命令的口气说道："穿上，当心着凉。"

因为有了这个一身担当的好男儿为张洵澎遮挡人生道路上的风风雨雨，才成就了张洵澎甜蜜安稳的"小女人"的人生。

第四节 "烤鸭西施"与牡丹亭"老板娘"

台上演的是最精致的昆曲,台下的张洵澎,对于生活中的每一个细节都追求极致。台上的美女多半是不食人间烟火的,台下的张洵澎却对"美食"情有独钟。从小出身名门,衣食无忧,美女喜欢"吃"、吃得挑剔大概是意料之中的事情。但是,张洵澎对于美食的热爱,并不仅限于一饱口福,她更热衷的是创造美食的过程。无论是张洵澎的朋友还是学生,对于张洵澎家自制的玲珑(迷你)粽和八宝饭都记忆犹新。

玲珑粽的诞生是因为张洵澎偶尔一次吃到绿波廊的迷你粽,被它小巧的外形和美妙的滋味所吸引。当天回到家,张洵澎立马买来了粽叶、糯米、鲜肉开工了。她包出来的粽子,每只只有两根手指粗细,用精肉、五花肉切成肉条和精米包成,吃在嘴里,每一口都有米有肉,米香肉鲜,很是受用。浸米的酱油也有讲究,是之前浸过肉、吸收了肉香的酱油。张洵澎一口气能做一百来个,分送亲友。同样有名的还有"张氏"出品的八宝饭,张洵澎自家做的八宝饭首先是用料讲究——糖用的是冰糖,绝不使用红绿丝;豆沙也是自己亲手炒出来的。蒸出来的八宝饭晶莹剔透,玉色的糯米内是若隐若现的红色豆沙,表面覆盖红枣、核桃、桂圆肉,宛如羊脂白玉一般——这样的美食,不要说尝,看上一眼,就足够让人心旷神怡了。虽然每年春节张洵澎总要腾出手来做些八宝饭,但师长、亲朋一圈送下来,有时候自己竟然一个都吃不到。但即使自己不吃,张洵澎还是开心的。在她眼里,制作美食的道理和创造角色其实是一样的,关键就是一个字——悟。在制作过程中把自己悟出的想象放进去,享受创造的快乐,而最终大家的认可,就是最好的汇报。"听到别人说我的东西好吃,就和看见大家喜欢我的角色,那种快乐是一样的。"张洵澎这样比较着。

如果仅仅是在家中一展厨艺,那也仅算是一种个人爱好吧。但是张洵澎的出人意料之处在于,这位舞台上的大家闺秀,竟然还是一位生活中的"阿庆嫂":开过烤鸭店,当过饭店老板娘。

烤鸭店的往事,张洵澎总是特别津津乐道。似乎这段和艺术离得太

张洵澎与蔡国强

远的生活经历，是生命中一段夹杂着甜酸苦辣的世俗记录。最初想要开烤鸭店，是出于张洵澎和丈夫蔡国强的一副爱儿心肠。

　　时间退回到1990年，当时蔡一磊已经在英国皇家芭蕾舞蹈界有了稳定的发展，张洵澎夫妻俩便动了去英国和儿子一同生活的念头。但是两个要强的人想法一致：如果去英国，就要能在那里自立生活，不能给儿子添麻烦。于是，两人合计着要找一项能在大洋彼岸自力更生的手艺。最终选择了开烤鸭店，原因之一是想象着到时候在那里可以开这样一个有中国特色的餐馆；原因之二则是希望通过在上海卖一段时间烤鸭，实践一下，攒点钱。

　　蔡国强和张洵澎都是实干家，既然目标已定，说干就干。当时正值盛夏，张洵澎骑着自行车，在摄氏三十六七度的高温下，穿越上海的大街小巷，寻觅合适的店址，最后选中了江苏路忆定村的一间铺面。

　　蔡国强，篮球明星；张洵澎，昆曲名伶。在各自的领域里，都是数一数二的佼佼者，但要开烤鸭店，两人还需要从头学起。遇到的困难常常是一般人根本想不到的。干饮食行业要穿白大褂，但蔡国强的身材，哪里去买合适他穿的尺寸？就为了一件衣服几经周转，最后通过亲戚淘来了一件"二手货"，虽然是特大号，穿在蔡国强的身上还是吊在腰间。烤鸭店开张第一天，蔡国强穿着不太合身的白大褂，推着一车烤鸭在家的弄堂里经过。看着晨曦中丈夫挺拔的身影，张洵澎敏感的艺术家神经在那一刻突然被触发了。她想起了很多年前，蔡国强随着国家队在北京，她带着儿子蔡一磊同去探亲，他们在天安门广场观看升旗仪式的那一刻。想到这里，张洵澎的心头闪过一瞬的犹豫，想着夫妻二人也都算是名人，如今却要改换门庭，做起小生意？但这样的疑问一闪而过，对于张洵澎来说，作为一个母亲，为了和儿子团聚，为了帮助儿子，一切，都是值得的。烤鸭店有一个专门用来装各种票据、营业记录的小盒子，为了坚定自己的信念，张洵澎在盒子上用伤膏药贴了一张标签，上面写着："一切为了磊儿奋斗"。

打篮球、唱昆曲，两人都是要求自己做到最好。开烤鸭店也不例外。今天的张洵澎回忆起当年的经营，似乎觉得一切很自然，但听者却往往要惊叹他们怎么可以把烤鸭也卖得那么"艺术"。

最初盘下的那家店，烤鸭的炉子是含铅的。张洵澎觉得不满意，和丈夫两人把炉子给拆了，用砖块一块块重砌。每天的鸭子是蔡国强亲自去选来的，烤鸭的原料则是张洵澎亲自调配的"秘方"，含有陈皮、枸杞等许多味药材。烤鸭的过程很辛苦，但每天清晨，等待着一炉烤鸭出炉的时候，夫妻两人总会守在一起，仿佛是等待着奇迹的出现。面对出炉的每一只烤鸭，两人总会像鉴赏艺术品一样一一点评，最终评出一个"花魁"来。

这样用心烤制的鸭子，销量自然不会差，上海文化界的名人，如刘文国、沙叶新等都是烤鸭店的老主顾。尤其到了春节，烤鸭店门口都要排起长龙。那几天里，蔡国强守在后厨汗流浃背地烤，张洵澎则站在前台马不停蹄地切，滚烫的烤鸭把一双手烫得通红，心底却是快乐的。有时候，人实在太多，便难免会出现插队的现象，这时候的张洵澎，似乎完全忘记了自己明星的身份，会冲着队伍大声斥责："插队的、不守秩序的不卖。"站在烤鸭店的橱窗前，她进入的是另一种角色。

就这样，烤鸭店开了两年有余，也颇攒下了一点钱，张洵澎便和丈夫踏上了英国的土地。可是，让踌躇满志、准备在英国继续"烤鸭西施"生涯的张洵澎始料未及的是——伦敦注重环境保护，所有的烤鸭都是由一家大公司统一调配的，民间根本没有烤鸭店。烤鸭卖不成了，但那段"烤鸭西施"的经历，却成为生命中一抹耀眼的色彩。

张洵澎一直知道，丈夫蔡国强非常喜欢做生意，而她也认为，蔡国强确实有着这方面的天才。于是，在英国度过了半年"伴读生涯"再次回到上海后，当闲不住的蔡国强又提议开一家饭店时，张洵澎二话没说就同意了，并积极配合。

新店叫做"牡丹亭酒家"，也是做丈夫的体贴爱妻的一份心意。新饭店选址在娄山关路上的一家原合作食堂。张洵澎第一天去看的时候，真正地吓了一跳——这哪叫什么饭店？简直就是个草棚子，要水没水，要电没电……

一切都靠蔡国强从头开始，没水，跑自来水公司；没电，跑供电局；没执照，工商局；为了满足妻子的"情结"，显示"牡丹亭"的风格，他还别出心裁地把饭店的门户装修成一个仿古的亭子，这才算"名副其实"。

虽然身份变了，当起了老板、老板娘，但蔡国强和张洵澎这两人的脾气却一点没变，"好客、讲义气"。张洵澎现在回忆起来那段经历，记得最多的就是请朋友吃饭。几乎所有的朋友，都经不住两人的盛情邀请前来做过客。不仅如此，饭店还会根据朋友们不同的口味定做菜肴。在这方面张洵澎是个细心人，好友的口味都记在心里，于是，饭店的菜谱就成了虚设，变成了根据对象口味创制新菜。

开饭店的时候，戏校"昆三班"的学员已经五年级了，张洵澎重又登上讲台，传艺育人，继续着昆曲事业的传承。于是，"牡丹亭酒家"时而成了张军、邱晓洁这群学生校外的课堂，那是张洵澎带着一群学生在上课；时而又见一帮体育界的名流在此把盏言欢，那是蔡国强的朋友在此聚会——整个饭店看上去倒更像是一家文体俱乐部。

这样开饭店不亏本的，大概到

张洵澎为学生做示范表演

目前为止还找不出几个人来。在张洵澎和蔡国强心中，"有朋自远方来"，那是真的"不亦乐乎"。眼看着"牡丹亭酒家"成为一群志同道合者欢聚的"世外桃源"，张洵澎倒也觉得不负初衷。

但是，饭店面临的一层危险，却让张洵澎不能淡然处之了。曾有人开玩笑说，开饭店就是开了个"烦店"，此话不假。地面上的三教九流都要打交道，但张洵澎在舞台上演惯了各种性格的大小姐，蔡国强是运动健将出身，二人对社会上的歪风邪气不理、不屈，处事正直，宁折不弯。这样的人，可以在专业上取得常人难以企及的高度，但在现实生活中，特别是作为开"烦店"的东家来说，难免就会疲于招架，直至筋疲力尽。张洵澎开始打起了退堂鼓，再加上"昆三班"等一批学生渐渐成长起来，张洵澎的教学任务更加重了，心系两头力不从心。蔡国强向来是以张洵澎的想法为行动方向的，既然饭店开得大家都觉得累，"速战速决马上关店"是他们两人的共识。

于是，"牡丹亭"的老板娘终于又一次褪下了世俗的身份，成为舞台上的杜丽娘，把全部心思投入到了培养昆曲人才上。

张洵澎教昆三班

第五章 《牡丹亭》上三生路

"原来姹紫嫣红开遍，似这般都付于断井颓垣。"六百年的昆曲之梦，在《牡丹亭》的一段"皂罗袍"中被演绎得如此梦幻唯美、淋漓尽致。从某种意义上来说，《牡丹亭》是昆曲之美的集大成者，而《牡丹亭》中的杜丽娘，则是昆曲闺门旦之美的巅峰。《牡丹亭》的"游园"是每位闺门旦必学的剧目，但就是这出最基础的戏，往往也最能体现出一位演员的功力高下，风格特点。

"风华清澈秋江水，爱好天然杜丽娘"，文化部前常务副部长高占祥曾经这样评价张洵澎在《玉簪记》和《牡丹亭》中的出色表演。对于张洵澎而言，《牡丹亭》是最早令她成名的戏、是她投入心血最多的一出戏，同时，也是为她带来最多掌声和荣誉的一出戏。为了演好杜丽娘，她曾经转益多师，也曾经"三立姚门"。张洵澎的艺术人生，可以说是伴随着戏里的杜丽娘，一同成长起来的。

第一节 没乱里春情难遣

说到张洵澎的开蒙戏，和所有的学员一样，是排群戏《长生殿·定情赐盒》，男的跑龙套，女的跑宫女。不过细心的人会发现，张洵澎更多的是学演杨贵妃的角色。可见，她是"最早脱颖而出"（俞振飞语）的一个。

但要说到真正意义上的"开蒙"，也就是她后来的成名之作，则是在1956年"上海市南北昆曲会演"上和顾兆琳合作演出的《牡丹亭·游园惊梦》。

有意思的是，当年曾经和张洵澎合作的小生是顾兆琳，蔡正仁还在

77

"老生组"里学艺。后来,他们两人的行当发生了180度的对换,蔡正仁成为响当当的小生演员,顾兆琳则改行老生。

张洵澎初次接触这个故事,正是在她16岁的花季,和戏里杜丽娘一样的年纪。不过,那个年纪的张洵澎却似乎并没有杜丽娘来得那么"灵透"。尤其让她不能理解的是,杜丽娘为什么看到春色反而会伤心,她边学边带着好奇心,去问教授该戏中柳梦梅角色的沈传芷老师什么叫"怀春"。沈传芷告诉她,怀春就是想念春天。她又要打破砂锅问到底:"好端端地为什么要想念春天啊?"面对单纯得如一汪清水的张洵澎,倒让沈传芷不知道该怎么向她解释这"怀春"之意了。只好操着一口苏州话道:"好哉好哉,女小囡勿要问哉,唔笃就照我教格直介做(好了好了,小姑娘不要问了,你就照我教的这样做)。"虽然带着一丝疑惑,杜丽娘的有些心情,张洵澎却是感同身受。比如说杜丽娘的那一句"好天气也",总是会让张洵澎不由自主地想到三年前,1953年的那个春末夏初,她推开家中紧闭的窗户,湿润的春意扑面而来时的那种激动。"我的童年和杜丽娘有很多相像之处,优越的家境、严厉的家训,娇生惯养却又寂寞压抑。"张洵澎后来回忆说,自己之所以对杜丽娘这个角色情有独钟,也许和自己童年时代的生活不无关系。

众所周知,昆曲的各个行当中,对于闺门旦的要求可以说是最高的。甜润的嗓音、娇丽的扮相、柔美的身段,这些都是可以听到、看到的部分。但对于闺门旦来说,仅仅拥有这些是远远不够的,对于一个优秀的闺门旦而言,最重要的是那种"气质",而这偏偏是一种说不清摸不透的东西,是光靠课堂培养无法获得的。这也就是为什么当年朱传茗要求学生们多去南京路、淮海路观察太太小姐言行的原因。不过恰恰是这个对于闺门旦而言通常最难跨越的一步,对于张洵澎来说,自幼的生活环境,她不需要太多刻意的模仿,已经具备了那种浑然天成的大家风范。这,也是少年张洵澎成功的最大秘密。

凭着才气和灵气,以及生活经验的熏陶,张洵澎把一个怀春少女杜丽娘演得惟妙惟肖,形神毕现。有人称她"不动则已,动则便是杜丽娘"。

1958年冬天,俞振飞、言慧珠两位校长为访问欧洲演出作了两个月的准备之后,带着昆大班八位女同学赴北京演出。在怀仁堂,张洵澎演出了自己的《游园惊梦》,岳美缇演柳梦梅,王芝泉演春香,梅兰芳先生也来观看了演出。演出结束后,梅兰芳特地来到后台,从他的喜悦的神色中,可以看到他为昆曲有了接班人而高兴。他马上肯定了张洵澎的表演,说:"小朋友演得很好,但是你唱到'雨丝风片'的时候,眼睛不要太活;那是春香的眼神。"

张洵澎在戏校演《牡丹亭·游园》(右,饰春香)

梅兰芳先生还当即示范了杜丽娘的眼神,这深深印刻在了张洵澎的脑子里,直到今天,张洵澎在舞台上展示的、她教给学生的,都是梅派的眼神。而梅兰芳大师对昆曲新人的关爱、对昆曲"薪火相传"的殷殷期许,也让张洵澎至今不忘。

随着演出的增多,张洵澎扮演的杜丽娘声名在外。俞振飞就曾经赞许她"是昆剧最早脱颖而出的闺门旦"。

1959年12月6日,《新民晚报》登载了马蓝撰写的文章,对刚刚出道的张洵澎的表演,给予了很高的评价和期望——

> 梦回莺转
> 乱煞年光遍,
> 人立小庭深院。……

舞台上,昆曲"杜丽娘"的"游园、惊梦"上场了。杜丽娘和春香唱着悠扬娴静的"绕地游",走近了梳妆台。

台上是一个明媚的春天,台下却正当盛夏。——今天这个戏,是上海市戏曲学校预备在建国十周年时作为献礼演出的节目之一。

我并不懂戏，但喜欢昆曲，戏曲学校这班小演员每星期三、六两天有两场实习公演，这时，我多半在场。看戏的次数多了之后，就渐渐认识了昆曲班的几位教师和同学。这个学校的校长是著名昆曲表演艺术家俞振飞，昆曲教师就是当年南方昆曲"仙霓社"的一班老艺人。名师出高徒，这几年，这些青年昆曲演员成长得很快，可看的戏也越来越多。有几折戏是人们百看不厌的，尽管，我们也看过梅兰芳的"游园、惊梦"，言慧珠的"游园、惊梦"，朱传茗、张传芳的"游园、惊梦"，但这班小演员的"游园、惊梦"，我还是看了两三遍。

演杜丽娘的，这天是昆曲班的学生张洵澎，演春香的是金采琴，两个小姑娘，都不过十七八岁年纪。她们是经过大匠雕琢的玉石，在初露头角的时候，就发出了炫目的光华。

张洵澎的杜丽娘是演得相当细腻动人的。她在舞台上创造了一个古代封建社会的聪明而又大胆的女性典型。戏里这个还是不通世故的少女，因为春天匆匆的天气，又挑起了她游春的兴趣。"云鬟罢梳还对镜，罗衣欲换更添香"，梳洗停当，她禁不住对着窗口赞叹了一声："好天气也！"她的心已经飞到花园里了。

接下去是一段"步步娇"：

"没揣的菱花，偷人半面"，演员表达了一个少女所有的、怕被自己的艳丽所惊动、不敢临镜窥影的微妙心情。

主婢两人一先一后进了花园。

这个美丽的花园是通过她们的对话、歌唱和舞蹈呈现在观众面前的——金粉零星的画廊，苍苔清冷的池馆；她们还看见了"遍青山啼红了杜鹃"和"荼蘼外烟丝醉软"的暮春景色，听见了"生生燕语，呖呖莺声"。

面对着园林胜景，杜丽娘想起了深闺寂寞，韶光虚度，年华如水，于是她以非常激动的心情，唱出了那一段脍炙人口的"皂罗袍"：

"原来姹紫嫣红开遍，

似这般都付与断井颓垣！

良辰美景奈何天，

便赏心乐事谁家院?

朝飞暮卷,云霞翠轩,

雨丝风片,烟波画船。

锦屏人忒看得这韶光贱!"

——这是《牡丹亭》这出戏中最优美的一段描写。观众们看到这里,仿佛都成了醉软的柳丝,摇漾的春絮,随着莺声燕语似的歌声,进入了风光旖旎的园林。

1961年,毕业前夕。张洵澎他们到无锡,为叶剑英元帅演出,根据学校的安排,张洵澎演的是《百花赠剑》。没想到演出前那天下午,张洵澎突然接到老师的通知:晚上的《百花赠剑》不演了,改《牡丹亭·游园惊梦》。事后,张洵澎才从陪同叶剑英前来看戏的陈丕显同志那里获悉,张洵澎的这出《游园惊梦》是叶帅钦点的。这还没算完,一折《游园惊梦》演完,没等演员卸妆,陈丕显跑上台来说,叶帅非常高兴,希望张洵澎能继续演下去,于是张洵澎又接着演了《寻梦》。没想到叶帅的兴致越来越高,久久没有离座,又让陈丕显上台传话,要求张洵澎"再演下去"。结果,原本只是打算演一出折子戏的张洵澎,在叶剑英元帅的一再要求下,演完了整本《牡丹亭》。

也就是这次临时调换戏码的演出,让叶剑英对张洵澎留下了深刻的印象。不久后,叶帅来到上海,还特地宴请了张洵澎,席间挥毫为张洵澎的杜丽娘题词曰:"缓歌缦舞是昆曲,几亿工农看不足。"后来,在张洵澎最困难的岁月里,也是叶帅对她鼎力相助。

当然,这事前话已表。

第二节　三立姚门为《寻梦》

姚传芗,苏州吴县人,昆曲"传"字辈艺人。1921年9月在双塔小学读二年级时,他与同班同学周根荣(后改名周传瑛)一同进入"昆剧传习所"学戏,师承许彩金、尤彩云,后又从学于钱宝卿、丁兰荪,工五旦、六旦。20世纪20年代中叶，"传习所"演出初期，姚传芗大多饰演配角。评论家黄南丁慧眼独具，赞扬他的表演"淡雅宜人，秾纤合度"，是"可造就的人才"。后来，姚传芗得到热爱昆剧的学者张宗祥（冷僧）的资助，先后向原全福班名旦钱宝卿、丁兰荪学戏，技艺渐趋成熟，主戏逐渐增多。

1931年，姚传芗作为发起人之一，组建"仙霓社"，此后随班流转于沪、苏及杭、嘉、湖一带演出。"淞沪战争"爆发后，戏班迫于时局只得解散，姚传芗只身颠沛流离于重庆、成都等地，当了一名办事员。闲暇之余，他依旧难以割舍对昆曲的感情，先后在交通部俱乐部、重庆曲社、成都曲社为曲友"拍曲"授艺。解放后，姚传芗返回上海，在民营春光越剧团担任技术指导，后又应浙江多个越剧团邀请，先后担任技导、导演工作，参与排演《庵堂认母》《盘夫索夫》《西厢记》《孔雀东南飞》等越剧剧目，成绩斐然。1958年起，他先后出任浙江省戏曲学校业务班主任、艺术顾问等职，在培养昆剧、越剧人才方面贡献颇大。

张洵澎演《牡丹亭·寻梦》

时人评价姚传芗的表演：口齿清晰，唱腔柔和圆润，身段舞姿优美，善于运用眼神和面部表情表达人物复杂微妙的心理活动。他会的戏多、精，可以称得上是一本活字典，尤其是他的杜丽娘，堪称一绝。今天昆剧舞台上的大家、名家都曾经得到过姚传芗的细心指点。而张洵澎"三立姚门"，讨教《牡丹亭》中杜丽娘的表演，更是在昆剧舞台上传为佳话。

张洵澎第一次得见姚传芗是在1963年春。当时的张洵澎已经在言慧珠、朱传茗老师的亲自传承和指点下学会了全本《牡丹亭》。但朱传茗老师认为,《寻梦》一出演得最好的是久违舞台的姚传芗,因此建议张洵澎再去向姚老师"取经"。为此,张洵澎特地赶到杭州姚传芗家拜访。那一年,姚传芗亦不过四十刚出头,放在今天,正是演员在舞台上最成熟辉煌的时期。然而第一眼见到姚传芗老师,年轻的张洵澎很难将眼前这个面色青白、身形萧瑟的"老者",与那个美丽妖娆的女子联系在一起。不过,印象中的姚传芗老师十分和善有修养,显得内向又见儒雅,待他给张洵澎说起戏来,尤其一双大眼睛,收放自如。张洵澎觉得,美哉!他,就是杜丽娘。

多年的战乱,令姚传芗不复当日风华,也令一出《寻梦》几成绝响。这一年,距离姚传芗在舞台上最后一次"寻梦",已经过去了几十年,恍如隔世。那如梦如幻的故事,亦如历史的尘烟一般飘逝,而在姚老心中,《牡丹亭》、杜丽娘也几乎成了一个永远无法在现实中重温的"梦"。因此,面对从上海赶来的昆曲青年演员、又是第一个登门求教《寻梦》的张洵澎,姚传芗内心的激动并不比登门的学生来得少。他从"文本"说起,到每一个动作、每一个眼神、每一句唱词……将几十年的心得体会,毫无保留地传授给张洵澎。而张洵澎这一次"问道",感受最深刻的还是所有"传"字辈老师们的昆曲如此规矩。朱传茗、姚传芗他们都一样,那一招一式,眼神收放、唱念干净,真是出自一个师祖之门。

1963年的这一次学戏,张洵澎从姚传芗那里传承最多的是"昆曲的规矩",以及姚传芗老师表演上的特色——静。姚老师强调闺门旦的青春年龄和姿态,他口中不断强调"小女孩"的模样,和朱传茗老师一再要求的"大小姐"神态,真是异曲同工,闺门旦讲究的是——孩子气、女人味。

这种昆曲的规矩、闺门旦的特色,对张洵澎之后的表演和教学都产生了非常深刻的影响。"昆曲的一招一式都是经过几百年无数艺术家一点一滴地琢磨出来的,兰花指该怎么翘,闺门旦的眼神该怎么运用,都是有据可循的。"

张洵澎的表演常被一些人视作"创新派",但又能让人感受到,张洵澎的骨子里又是昆曲的传统和规矩的守护者。"我在教学生的时候是要求很高的,尤其对于低年级的学生,我不赞成有些老师说的,学生要有自己的想法，要自己创造。他们连昆曲的门还没有入，你让他们想什么？找什么？不然，要你们老师干吗？戏曲就是要口授心传、手把手传授的。"张洵澎说得很直率，一如她毫不掩饰的率真性格。

第一次"问道"就带回来全折完整的《寻梦》，张洵澎受益匪浅。然而，她在舞台上还没有来得及多演几次《牡丹亭》，随之而来的"文化大革命"就让她失去了在舞台实践的美梦。

1978年，经历了"文革"之后，传统戏曲又迎来了一个春天。告别舞台多年的张洵澎，也回到了自己内心深处始终放不下的舞台。这一年，张洵澎已经38岁了，她不再是二十多年前、扑闪着大眼睛问老师"杜丽娘为什么要想念春天"这样天真问题的懵懂少女了。生活的磨砺让她变得成熟，爱情、家庭的滋润，又让她浑身上下充满了迷人的"女人味"。然而，对春天的憧憬，却始终不曾离开过张洵澎。如果说，二十多年前，她眼中望出去的春天是自然界的桃红柳绿，那么此时，她心中所感受到的春天，更带了一份形而上的哲思。怀着这份憧憬，这一年，回到母校担任教师的她，得到了恩师姚传芗曾经因患胃癌而手术的消息，她马上又一次赶到了杭州姚传芗老师的家中，看望姚老师。师生见面，十分愉快。言谈中，姚老师讲起"《寻梦》可以复习复习"。当时的张洵澎，正想着是否可以让杜丽娘"舞"起来，于是就把这一想法告诉了姚老师，以求得老师的认可。让张洵澎意外的是，姚老师竟然爽快地说："好，改！"

第二年，1979年，张洵澎第三次来到杭州姚传芗老师家中，这次，她是带着自己已经丰富过的《寻梦》来让姚老师打分的。原来，姚传芗传授的《寻梦》，是最传统的表演方式，中规中矩，台上的杜丽娘以唱为主，舞蹈的成分比较少。而张洵澎觉得"载歌载舞"是昆曲最主要的特点之一，故事里的杜丽娘，虽然为封建礼教所禁锢，性格中有压抑的一面，但毕竟是一个只有十六岁的贵族小姐，正处于青春、健美、朝气的状态，何况她之所以花园"寻梦"，就是因为她对于那个与柳生相会的"梦"是留恋的，回忆起来时充满了甜蜜和幸福的。因此张洵澎向姚传芗建议，能否给杜丽娘多增加一些舞蹈的元素，而不是一味地表现她稳重、含而不露，能给予杜丽娘激情、热情、奔放的另一面，这样既可以使舞台上的表演更有张力和可看性,也和后面的《离魂》形成更大的反差,"梦"的破裂会更有冲击力。张洵澎将自己对于《牡丹亭》、对于杜丽娘的理解一一告诉了姚传芗老师,姚传芗老师也非常赞同张洵澎修改的思路,并帮助张洵澎一起分析人物,提供修改的思路。

张洵澎在传统昆曲的技艺上,有着过硬的基本功;同时她博采众长,为了丰富表现手段,她更会横向借鉴。之前在体工大队看自己的爱人、篮球健将蔡国强训练或比赛时的体会、看到的运动员在场上的节奏变化、轻重缓急也被她援引到了杜丽娘的表演中。更早一些,还在学生时代,张洵澎曾经现场观赏过傣族舞蹈家刀美兰的《孔雀舞》,当时只是对其心折不已。在修改、排演《牡丹亭·寻梦》时,她将刀美兰的提腕手姿、提胯腰肢以及武术的力度和劲头和篮球的急停步伐融合了进去。最令人叫绝的是,外国动画片也成了张洵澎灵感的源泉。她在一篇发表于《艺术世界》的题为《昆剧、恩师、杜丽娘和我》中这样回忆道:"丽娘特别美,即使是她死后去见柳梦梅的《幽会》那场戏,她的出场也要特别、与众不同,如果还是照传统的演法,两手僵直,神情抑郁的鬼形,这是玷污了她。那美国动画片唐老鸭吸引了我,我很喜欢看动画片,因真人做不到的动态,卡通可以尽情地表现,不是吗?唐老鸭的长长翅膀,从肩关节到肘关节再到腕关节,节节骨骨都运动得那么飘逸、轻松,好舒服。好吧!就让唐老鸭的翅膀飞到丽娘的水袖上,配上倒雀步和云步。让她飘逸起来,舞起来,以表示丽娘从很远的地方似乎听到情人呼唤她的声音,为了爱情,急切地要飞一般地来到情人身旁。"古典美女杜丽娘的身上竟然带着大洋彼岸唐老鸭的影子,这是需要一定功力的,也是谁也想不到的吧?但张洵澎真的做到了,而且将这两者嫁接得天衣无缝——美得不僵、美得惊艳。

"美",是张洵澎塑造杜丽娘这个人物时最重要的标准。然而,对于《寻梦》大胆的创意,并不是一开始就为一些人所接受的。"舞起来的杜丽娘"初登舞台的时候,保守的人对此有所非议,认为像"张氏丽娘"这样"满台飞"的表演是否太过"火爆"?是否少了昆曲的含蓄和中正之美?他们认为昆曲就是应该慢唱慢动的。

张洵澎清唱《牡丹亭·寻梦》

张洵澎则坚持"文戏武唱"的理念,坚持文戏演员不但要有扎实的文戏基础,也要学一些武戏的功力,才能让文戏有力度,才能吸引新一代看昆曲的观众坐得住。

1982年,苏州举办上海、江苏、浙江"两省一市昆曲汇演",著名戏曲理论家张庚观看了张洵澎的《寻梦》。第二天,张庚托人带信给张洵澎,请她下午三点到自己下榻的宾馆东乡饭店"聊聊"。这下,参加演出的人一下子议论开了,大家纷纷揣测,是不是张庚老对张洵澎杜丽娘的新意有看法了? 不少人都替张洵澎捏了一把汗。张洵澎倒是很镇静:"我对于自己的艺术一直很自信,虽然之前有些保守的人对于《寻梦》有过质疑,但是我坚信自己努力的方向是正确的。"这天下午,张洵澎如约来到了张庚的房间,张庚并没有对她的《寻梦》作评价,反而和蔼地问张洵澎:"你怎么理解杜丽娘这个人物?"张洵澎也很机灵,她没有正面回答张庚的问题,而是拿自己扮演的另外一个人物——《题曲》中的乔小青与杜丽娘作比较,分析了同是闺门旦的两个不同人物的区别。听着张洵澎的侃侃而谈,张庚频频笑着点头。当天晚餐时,张庚特地把张洵澎请到自己的小包厢,还专门叫了几个苏州特色的菜,记得有"红烧肚档"等,并郑重地对张洵澎塑造的杜丽娘这个人物表示肯定。这下,让张洵澎、和那些关心张洵澎的人就更有信心了。

岳美缇也是毫不吝啬她对张洵澎的赞美——

阿澎在艺术上的感悟能力非常强。她的想象能力很强,随便什么都可以想象出非常美的东西。"文革"结束后,她就去戏校里教学,少有机会上舞台了。可是那次演《寻梦》，我们都去看了，一看我们都傻了，那么久不唱戏了，还是那么好。她对舞台上的表演，对人物的基调刻画都不一样，都有自己的想法。杜丽娘的内心是非常热情的，心里有一把火。这个时候大家都非常惊讶，非常钦佩她，这种动力也感染了很多演员。

同学屠永亨（优秀丑角演员）讲道——

我认为张洵澎在《寻梦》中进行了很多艺术上的创造，她用了很多雕塑，用静止的东西来表现《寻梦》的意境。因为《寻梦》这出戏的确很有味道，她在动与静的分寸上掌握得非常好，动为了静，静为了动。这个戏当年我们是带到日本去的，她首先是有这个魄力的，大家看了以后，一致认为，对这个戏，张洵澎有很大的提升。因为我们昆曲很多都是载歌载舞的，在表演上就是舞蹈的连续性。类似像仕女图的那种雕塑，我们传统是有的，但是没有像《寻梦》中表现得那么好。因为梦境的确是静止的，可她偏偏是"寻"梦，如果掌握不好又会有断断续续。可是张洵澎的节奏把握得非常好，"寻"的当中有间断，"梦"的当中有间断，她把"断"与"续"毫无痕迹地连贯起来，一气呵成。

同学顾兆琳（上海戏校副校长、著名昆剧演员）——

《寻梦》给张洵澎带来的艺术上的质的飞跃，体现在一个前面说的雕塑感，实际上演戏呢，有"三分脚步，六分劲头"之说。"六分劲头"对文戏演员说是很不容易的，特别是闺门旦。演戏一定有那个"点（劲头）"，她的演戏就是这个"点"特别好，这个"点"又是朱传茗老师从小教的，在她身上又体现得特别好。提气、拎腰、眼神、动作这些"点"，朱老师教得很好，她又发挥得很好。她又汲取了别的艺术上的长处，为己所有。因为这个"点"的东西，原来昆曲上是不够的,需要借助其他方面艺术化进来,使其更加生动。张佩俐导演在张洵澎的四集昆剧电视剧《牡丹亭·游园惊梦》里面把张洵澎的动作,化成很美的慢镜头,由此可以看到她身上的那种,腰里的、眼神里的,那些东西很美。

印象最深的可能应该算是吴崇机了,他是戏校的音乐教师,又是著名的笛师,在张洵澎创作、排练《寻梦》时,他参与了音乐创作和排练的全过程——

从1981年到1983年,两年中我跟张洵澎老师合作了《寻梦》《佳期》两出戏。跟张洵澎老师合作吹笛子,既是一种荣幸又学习到了很多。我觉得张洵澎老师对艺术真的是严谨得很,她的《寻梦》真正称得上是"十年磨一剑"的一绝。

排练期间,她对我的要求是,拍曲不准我看简谱。她说简谱是外行人看的,她专门找来一本"工尺谱",是根据她的要求编写的,所以我也有本"工尺谱"专门记她的要求。排戏时,她非常遵守传统的规矩,一步步来,先拍曲。那两年中她主要做《寻梦》,原汁原味地把姚传芗的原本继承下来,对乐队的要求实在高,反复地排练。我们乐队"工尺谱"也看,到演出的时候我把它翻成简谱,在简谱上按张老师的要求记录下来。张老师对每件乐器都有明确的要求。她需要这里面有个配器,根据《寻梦》的灵魂把它"抽"出来。她对排练的要求也非常高,每件乐器要有每件乐器的效果。拍曲的时候,要帮她把唱腔旋律抽出来"拍";合练的过程当中,手势都有讲究的,手、眼、神、腰都要在音乐的节奏上。所以,《寻梦》基本上是做到天衣无缝的。我感觉她在演出方面的激情非常高,《寻梦》中,她演杜丽娘的激情,跟《游园惊梦》完全不一样。

后来要排《佳期》了,要求又不一样了,闺门旦跨到花旦了,我想不出来的,她会用旋律启发我。有时候我骑自行车骑到一半会想到这些情节。很朴素的旋律,其实都是她的创作她的灵感,在《佳期》

里她也有突破的,但是她唱的曲子跟原版一样,不同的在是"尺寸"上不一样。

对此,顾兆琳也是深有同感——

张洵澎的《寻梦》,是到现在为止,我听过的昆曲乐队上最最精准的一出戏。这出戏磨了很久,我很惊讶她唱得那么好,乐队、尺寸的处理都那么好,有她自己的东西,跟她舞蹈身段的配合十分精准。昆曲有三美,"表演精准舞蹈美,剧目浩瀚文字美,曲收南北音乐美",阿澎就把"表演精准舞蹈美"做得很好。这是她下的功夫所致,也是"私房乐队"才能做成这个样子的。

陈为瑀(陈西汀的公子、戏校教师)——

我父亲(著名剧作家陈西汀——笔者注)也是对张洵澎老师很偏爱的,所以我对《寻梦》的印象比较深。80年代初,她去浙江恢复《寻梦》,来回好多次,中间她和我父亲是一直有联系的。从文学上来说,她不算是平时很钻研的,但是她很有天赋,一旦演出需要,她就会去琢磨剧本,尤其是对人物的理解。我父亲对京昆剧本,尤其是昆曲剧本的研究,也是比较强的,所以他们两人一直有交流。从张老师一开始学《寻梦》,直到学成,他们一直在互相探讨交流,包括人物性格上她的一些想法,包括在姚传芗的基础上她的很多创新,所以她在舞台上能给人一种全新的感觉不是偶然的,是有很多必然因素的。

我父亲为什么对她偏爱呢?首先,她在传统上的继承是很深厚的,但是她又很不满足停留于传统,她时刻想将新的东西注入进去,一直在创新,这也是一般的昆曲演员做不到的,所以我父亲就非常喜欢她。我父亲是个很传统的人,他之后写的那些剧本全是按照格律创作的,里面的曲牌都是严格按照规范来的,他之所以喜欢张老师,就是因为她是一直有创新、有突破的这种演员,很多演员也只能是继承而已，一出新就走歪掉了，但张老师不是。所以我父亲喜欢张洵澎也是人尽皆知，岳美缇老师一直说：陈老师最喜欢张洵澎了。

通过不断的舞台演出，观众对于《寻梦》的欢迎，也证明了张洵澎继承姚传芗而作的"改革"，不但受专家肯定，更是受市场欢迎，是"与时俱进"的。这出《寻梦》也成为最能代表张洵澎艺术特色和追求的经典之一，伴随着她日后的艺术人生，并通过她的传授，在学生那里发扬光大。

第三节　梦里梦外皆有情

春色满园的牡丹亭，是明代贵族少女杜丽娘梦开始的地方，也是她生生死死、死死生生不断追寻着甜蜜梦境的地方。

管弦悠扬的《牡丹亭》，是张洵澎"梦"开始的地方，也是她一辈子魂牵梦萦的地方。

1987年12月，由全国政协主办、北方昆曲院协办的张洵澎个人专场在北京人民剧场举办。这也是全国政协第一次为新中国培养的昆曲人才举办的第一个专场。在这次专场演出中，张洵澎一口气演出了《寻梦》《佳期》《小宴》和《百花赠剑》等她的代表作。其中《寻梦》是《牡丹亭》中最经典的片段。

1994年6月，"张洵澎舞台艺术40周年纪念演出暨艺术研讨会"，在张洵澎的家乡上海举行。

这次活动，秦来来作为主要的策划者（并担任这次活动的组委会的秘书长），和张洵澎、蔡国强夫妇精心筹划，以广播、电视为主，竭力邀请了上海三大主力报纸：《解放日报》《文汇报》《新民晚报》共同举办。专场演出共两场，其中有一场就是《牡丹亭》，另一场为折子戏专场，造成了少有的浩大声势，取得了很大的成功。虽然这一年张洵澎已经54岁了，但在台上演出《游园惊梦》《寻梦》《幽会·团圆》时依旧是那样清纯可人。

1994年，张洵澎凭借《牡丹亭》中杜丽娘的出色表演，一举登上第六届"上海白玉兰戏剧表演奖主角奖"榜首。在名利方面向来不争、也显得

张洵澎电视剧《牡丹亭·寻梦》

有些"迟钝"的张洵澎，根本不知道可以参评"白玉兰"的奖项。先后两天在剧场演出时她也没有按照"白玉兰奖"的评奖规则邀请评委到现场观看。演出结束后。当时的"白玉兰奖"评委会主席（已故艺术大师）袁雪芬看了张洵澎演出后，连连抱怨"你怎么不参评啊"！在袁老师的"监督"下，张洵澎将她的演出复制在录像带上，并由剧协的工作人员，一家家送到评委家中。结果，张洵澎很幸运，成了"白玉兰奖"评奖史上通过看录像而获得主角奖桂冠的艺术家。

　　1997年，张洵澎又在电视荧屏上留下了杜丽娘的倩影。在方家骥根据苏雪安1957年舞台演出改编、上海电视台著名导演张佩俐执导的四集昆曲电视剧《牡丹亭》中，年近60岁的张洵澎再一次与老搭档蔡正仁合作，出演16岁的杜丽娘。对于这次的电视拍摄，张洵澎一开始并非没有顾虑。首先是年龄方面的差距，虽然生活中张洵澎比较注意保养，尽管年近花甲，生活中遇到她的人都会折服于她的风度气质。舞台演出时，扮演二八少女也毫无压力。但电视拍摄和剧场演出不同，会有许多特写镜头，张佩俐导演也怕镜头会拍出演员的实际年龄来。但是，经过张洵澎不止一次的琢磨、化妆、试镜，最终让自己和导演满意了。

除了导演和合作的演员之外，最关键的还是丈夫蔡国强贴心的支持："在过去的几十年间，我曾经想过放弃自己的事业，一心一意照顾丈夫、孩子和家庭。但这时候，反而是老蔡放弃了自己的事业，无怨无悔地为我的昆曲前后奔波。"张洵澎说，她和蔡国强似乎是老天注定该在一起的。"老蔡对我的'恩'，已经是无法用语言去表述的。"拍摄电视剧《牡丹亭》，还牵涉到资金问题，这对于张洵澎来说，又是一重顾虑。她这个人，平时又不肯求人，即使是在最困难的时候，都不曾低头求过人的。这个时候，蔡国强二话没说，把这一切都包了下来。他故作轻松地对张洵澎说："钱的事情由我来解决，你不用管，放心拍戏。"就这样，同样已经不年轻的蔡国强冒着严寒酷暑，骑着他的三轮摩托车，四处找关系、拉赞助。这正是张洵澎身在"爱"与"恩"中的幸福。

拍摄当然很辛苦，张洵澎则是所有人中最辛苦的一个。因为要赶拍摄时间，每天的日程都被安排得满满的。而张洵澎的杜丽娘妆面又是最复杂的，每包一次头都要好几个小时的时间。她每天天蒙蒙亮便起床化妆，顶着沉重繁复的头饰一直要到深夜。中午休息的时间，大部分演员都会把妆卸了，轻松一下，可张洵澎怕卸妆上妆耽误下午的拍摄，坚持吃饭时都包着头。对戏曲知识稍有了解的朋友都知道，"包头"对于演员来说不啻是一种酷刑，几乎所有第一次包头的演员都会眩晕呕吐。张洵澎虽然是有经验的老演员了，但每天长时间的包头，对于脑部的血液循环也是有很大危害的。导演张佩俐看着都觉得不忍心了，劝说张洵澎拆了包头，但张洵澎依然"我行我素"，笑着总结说："我一直觉得自己是一个不肯吃苦的人，到了戏校学习，我始终也不属于刻苦用功的那一类。我之所以在同学中比较出挑，多半靠的是天赋，也正是因为这个原因，对于'吃得苦中苦，方为人上人'这句话，我内心一直是不以为然的。但是这次拍摄中，合作者都说我：'张老师，没想到你这么能吃苦啊！'我自己回来琢磨琢磨，还真是这样，看来我真不是吃不起苦，只不过比较懂得如何取巧罢了。对于我真正热爱的东西，比如《牡丹亭》，比如我的家庭、我的学生，吃再大的苦我都甘之如饴。"不过，这一次为期22天的拍摄，尤其是《寻梦》的拍摄，一直持续拍到当天凌晨4点才OK，这也给张洵澎留下了一些遗憾。直到今天，张洵澎的颈椎一直不好，也是当时超负荷拍摄留下的后遗症。

如今，张洵澎的主要精力都放在了教授学生身上。而《牡丹亭》也在她的学生那里得到了很好的传承，在由"昆曲王子"张军演绎的实景版《牡丹亭》中，张洵澎一手培养的昆曲新秀张冉担起了杜丽娘这个角色，虽然表演还显稚嫩，却一招一式中规中矩，且带着年轻人独有的青春气息。而不久前，张洵澎的另一位得意门生、著名京剧演员史依弘演出了她的昆曲全本《牡丹亭》，从剧本的修改确定到唱段的修改，再到史依弘在台上的表演，张洵澎可谓费尽心思。

作家萧丁形容张洵澎扮演的杜丽娘在台上，一步一姿，一招一态，连接起来，犹如千百幅飞天画像，千百尊彩塑观音。他还说，《牡丹亭》的《寻梦》，一上场，就像一阵春风吹拂柳枝，飘然而过。

戏曲史家郭汉城在观看了张洵澎《牡丹亭》中的精彩表演后，也热烈称赞她的表演"热情奔放、动人心魄、婆娑婉转、意切情真、不落窠臼、别具一格，有发人之所未有者。"

这是多么高的评价啊！这样的评价，张洵澎当之无愧。

第六章 好一个昆曲闺门旦

第一节 "好一个昆曲闺门旦"

1994年6月,由上海人民广播电台、东方电视台发起,与《解放日报》《文汇报》《新民晚报》联合主办的"著名昆剧表演艺术家、戏曲教育家张洵澎舞台艺术40周年专场演出暨研讨会"在上海举行。

6月3日晚上演出的是俞振飞、言慧珠的1958年传统经典版本的《牡丹亭》,这是张洵澎、蔡正仁从小向两位大师传承的成名作。6月4日晚上演出折子戏专场,有《百花赠剑》《亭会》《偷诗》《秋江》等剧目,这些都是张洵澎的代表剧目,倾注了张洵澎几十年的学习、磨砺,反复打造而成。

两天的演出在上海引起不小的轰动,剧场的门口高挂着"满座"的红灯,这是当时昆剧演出很难想象的;演出当时,剧场门口甚至出现了"等退票"和"黄牛"(票贩子)炒票的现象,要求得一张好座位的票,一睹张洵澎的风采。

中国文联主席周巍峙专门题词:

张洵澎与周巍峙

祝贺昆剧表演艺术家、戏曲教育家张洵澎女士演出专场成功

戏曲花圃育才高手
昆剧艺坛表演名家

周巍峙 甲戌初夏

文化部艺术研究院副院长兼戏曲研究所所长、戏曲评论家郭汉城也专门为张洵澎专场演出题词：

蕙质兰心
张洵澎专场演出志念
郭汉成题贺

著名画家程十发大师，为张洵澎题写了"宝钻生辉"四个大字，以作为对张洵澎艺术的赞誉和祝贺。

程十发为张洵澎专场题字"宝钻生辉"

著名评论家、诗人萧丁先生为此撰文，对张洵澎的表演艺术竭尽赞美之词：

　　张洵澎聪明好学，天生蕙质，富有独创精神，形成夸张而浓缩的独特风格。

　　张洵澎的戏，最突出的是她的"表演之绝、唱念之糯、身段之美"。昆剧的旦戏，完全舞蹈花了。或旋转生风，或行云流水，本来就够美了，而张洵澎在台上，则一步一姿，一招一态，连接起来，犹如千百幅飞天画像，千百尊彩塑观音。传统观音大士有很多法相，我看张洵澎演戏，犹如观音大士飘然下凡，不断显现她的妙相。《牡丹亭·寻梦》，一上场，就像一阵春风吹拂柳枝，飘然而过。《红梨记·亭会》，那倩女半遮羞脸，又禁不住从扇缝中偷觑，年少的神情，都被张洵澎演得活灵活现，活泼诙谐。戏演到这地步，不也进入了化境、高境！

著名戏曲评论家蒋星煜先生，也是热情撰文，给予张洵澎极高的褒奖和鼓励，蒋星煜先生以一贯的幽默开始了他的文章：

95

张洵澎举行代表作的展演，并且将有关艺术创作和生活情趣的摄影汇集出版，我想表示一下祝贺之意。送一束鲜花到她手中吗？那是女孩子的事情。送一个精美的花篮放到舞台上吗？那是总经理的事情。对我都不太合适。

俗话说得好："秀才人情纸半张。"我是个耍笔杆的，既没有女孩子的迷人魅力，也不像总经理财大气粗，还是回到老本行，写篇文章。

最使我欣慰的是张洵澎的昆剧表演艺术家的身份从未动摇过。她固然一直在边教边演中力求使昆剧表演适度地反映时代精神，一直在探索借鉴其他艺术形式（甚至有跨国的表演艺术）的技巧和方法来融化和丰富于昆剧表演的途径，这从《寻梦》《幽会》《秋江》《赠剑》《亭会》诸剧中都可以看到某些迹象，但她紧握住了昆剧最核心的内核，所以才能成功，才能得到观众的批准。所以从没有人讨论过或怀疑过张洵澎所演的是不是昆剧的问题。

对于张洵澎的身段舞蹈，蒋星煜先生自有其独到的见解：

富有大家闺秀昆剧闺门旦自然条件的她，竟还具有一切优秀舞蹈演员的良好素质，大概还由于她那难得的领悟力，这使她所表现的高雅、纯净、激越、灵美的演唱风格，已形成其个性化艺术而日臻完美。梅兰芳和张洵澎的老师、梅派传人言慧珠，都被赞誉过有"一双会说话的手"。而她（张洵澎）呢？应该说是"会说话的腰肢和四肢"。用她那得天独厚的形体，创造出妍姿百态、旋转飘逸的水袖身段，兼有五旦和六旦之间的娇柔、奔放，盼睐呢喃中，见她袅娜妩媚兼雅韵内涵，细腻中见激情的表演，蕴含着千种风情，非有炉火纯青的功夫不能达到。

对于张洵澎的戏外功力，以及张洵澎所以能够成功，蒋星煜先生也提出了自己与众不同的见解：

从张洵澎的演唱中，不难发现她在古典文学方面打下的扎实基础。出身于书香之家是有利条件,对她准确无误地塑造人物、表达情感,起了决定性的作用。一个表演艺术家自己书写文章很好,与友好亲朋叙谈之际偶以背诵几首唐诗、宋词、元曲也不失为一乐也。但其文化素养,我认为仍应通过其表演艺术反映出来,而不能用其他途径代替。张洵澎深深懂得这个道理,虽有一定的写作才力,却从没有在我面前大背古诗文,她把精力、功夫都花在节骨眼上了。

毋庸讳言,张洵澎早在1956年就得朱传茗《游园》《惊梦》、1963年得姚传芗《寻梦》,以及1957年得言慧珠全本《牡丹亭》的真传,经演不衰。《惊梦》《寻梦》等剧目主要内容就是抒发少女杜丽娘的"怀春"情思,尤其《寻梦》,杜丽娘浸沉在美妙的回忆当中,如此甜美地重温那梦,企图使之再现,卫道的伪君子视之为淫词艳曲是必然的。但大戏剧家汤显祖却运用了他全部的聪明才智,刻意地经营了这一关目,使之成为中国戏剧史上绝无仅有的闪光的一页,也为明末资本主义萌芽时期、人类个性解放潮流留下了无法抹杀的历史见证。

张洵澎"三立姚门"求教传为佳话,她始终锲而不舍地钻研《寻梦》,以前人未料的手法"炒热"了《寻梦》,实不愧为汤显祖的隔代知心人。张洵澎细琢对原作的理解,杜丽娘不能只单纯表现已经炽化为爱欲的爱情,如果赤裸裸地去表现,那就违反了汤显祖的初衷。那不仅不是艺术,而是容易流为色情的庸俗表演。张洵澎凭借自己扎实的功力,把杜丽娘这种爱欲升华到了诗情画意的最美境界,让观众如饮清醇甘美的泉水,分寸掌握恰到好处。当《寻梦》辍演四十年后,她成为今天的先驱者。

张洵澎举办个人的演出专场,著名的戏剧理论家、剧作家陈西汀,观看了演出之后,抑制不住内心的激动,在《文汇报》以"好一个昆曲闺门旦"为题撰文,对张洵澎的"闺门旦"艺术大加褒赞:

终于能够看到著名昆剧表演艺术家、戏曲教育家张洵澎的一次专场演出,看到了她的代表作《牡丹亭》《赠剑》《亭会》《偷诗》《秋江》等等。

看到她专场演出的两台名剧,是令人愉悦的,她依旧流光溢彩,并没有因为年过五十逊色当年。但其意义和价值,远不止两台戏的本身。因为它向人们展示了昆剧闺门旦的真正仪范。让一些对这一"旦种"没有领略过或领略不深的观众,开一次眼界,加深一次对于中国戏曲历史最久的母体剧种的高雅程度的认识。

……

张洵澎是"南昆曲闺门旦的继承者";她是一颗璀璨明珠,是南昆的瑰宝之一。

著名剧作家拾风先生,在1994年6月9日《解放日报》上发表诗作,同样是好评有加:

贺张洵澎专场演出

洵澎从小师事朱传茗、言慧珠,得真传,《牡丹亭》尤佳。后在戏校任教,极少登台,而艺事日精。此次专场汇报,感而赋此。

青出于蓝青更青,朱言弟子有洵澎。

春催桃李花成果,梦续柳梅死复生。

一缕兰香飘翠谷,千回莺啭动申城。

久违妙曲来天半,短笛长空不了情。

6月5日,在上海千鹤宾馆,举行了"张洵澎舞台艺术、教育实践研讨会",三十余位专家济济一堂,对张洵澎的表演艺术和执鞭育人的成果给予高度评价和充分肯定。《研讨会纪要》指出:

张洵澎四十年来努力、刻苦地从前辈艺术家、艺人身上吸取养料,有着厚实的昆剧艺术的基本功;同时,又善于吸收、消化兄弟剧种和外国姊妹艺术的多种精华为己用,塑造了自梅兰芳后又一个崭新的杜丽娘的形象。除此以外,她对《秋江》《亭会》《佳期》《题曲》等一系列濒于失传剧目的继承、创新,达到了当代昆剧表演艺术的最高境界,为其当之无愧地成为当代昆剧闺门旦的代表人物奠定了基础。

与此同时，十多年来，张洵澎在戏曲教育园地呕心沥血，精心培养了一大批戏曲人才；全国所有昆剧院团几乎都有她的学生，其成果同样令人瞩目。

大家都知道，培养一名优秀的昆曲演员不容易，而要培养一名优秀的昆曲闺门旦演员，则难度更大。陈西汀先生"好一个昆曲闺门旦"的褒奖，其分量之重也就可想而知了。而张洵澎自己则说："我看戏很少迷演员，但是会迷人物。我喜欢看俞校长、言校长的戏，但是有自己的想法。""取法乎上仅得乎中"，张洵澎笑称自己"眼高于顶"，看戏，一定要看好的，对于艺术的追求，张洵澎从来不肯有半点妥协。大概，也就是这种挑剔，才成就了那一声"好一个昆曲闺门旦"吧。

张洵澎是个感性的人，一听到笛声响起，马上会有一种热血沸腾的感觉。台上的张洵澎，体验着一种"灵魂出窍"的感觉。"那个时候，你就已经不是你了。你是杜丽娘、是谢素秋、是乔小青，也或许是百花公主、是陈妙常。"

张洵澎，她很喜欢这种在舞台上神游天地古今的感觉。

第二节　闺门旦的突破——《亭会》

有一种人，天生是属于舞台的。

张洵澎，就是这种人。这种人，具有常人难以想象的能力，她总是能在最短的时间里，找到艺术的闪光点，用最短的时间，让这一点艺术之光，在自己身上开出绚烂的花。这是一种近乎玄幻的过程，而艺术，确实因为这种玄幻而迷人、而与众不同。那一年，稚嫩的张洵澎找到了《寻梦》是这样；多年后，她相遇了《亭会》，也是如此。

1985年，张洵澎在上海戏曲学校任教。从1963年初学《寻梦》至1985年二十多年间，经过三次向姚传芗先生学习、修改，《寻梦》在当时的昆曲界已经很红了。这一年年初，已过古稀之年的"传"字辈艺人周传瑛

张洵澎摩登照

先生，提出想把昆曲的传统剧目《红梨亭·亭会》抢救下来。老先生将当时昆曲舞台上较为成熟的中年演员从头至尾在脑子里过了一遍，最后选中了张洵澎和蔡正仁这对舞台搭档。

《红梨记》是明代剧作家徐复祚根据元杂剧《红梨花》的故事发展、改编而成的。故事发生的背景是宋金战争的北宋时期，书生赵汝舟仰慕名妓谢素秋之名，欲求结识。赵汝舟的好友钱府尹为怕他恋色误学，令谢素秋假称官宦之女王小姐去与他私会，执红梨花一枝为号；同时又故意买通花婆说王小姐早已亡故，红梨花是她坟上的异种花卉，吓得赵汝舟不敢停留，起身上京赶考，得了功名之后钱府尹才向他说破真相，才子、名妓终得团圆。

因为剧中谢、赵两次见面时，都手持红梨花，所以全剧以"红梨"为名。《醉皂》《亭会》是整本《红梨记》中最著名的两折。《亭会》又名《初会》，描写谢素秋乘月色独自来到花亭，故意引起赵汝舟的注意。二人交谈过后，赵汝舟邀她至书房相聚，谢素秋许以次日晚间再会。

周传瑛和张娴两位老师传授《亭会》之时，对张洵澎和蔡正仁提出要求，希望他们有自己对《亭会》的理解。这样的传承、创作方法，和张洵澎的习惯也是一致的。从戏校开始，张洵澎就坚持"知人论世"的创作过程，只有理解一个人物，理解人物的社会背景、身份教养，才有可能真正走入人物的内心，演出一个"活"的人。张洵澎认为，《亭会》中的几支曲子都很好听，但就故事结构而言，比较平淡，尤其是念白占据了较大篇幅，必须在大段念白上突出人物节奏，否则很难将戏推上高潮。而且，作为女主角的谢素秋，在原来的剧本中只有三段唱词，无法表现出人物复杂的内心。怎么办呢？这一切都需要从理解人物出发，做一定的修改，谢素秋是怎样的一个人？张洵澎了解到，谢素秋原来也是一个和杜丽娘一样的大家闺秀。但很不幸的是，身逢末世，一家人在战乱中颠沛流离，家破人亡。稚龄的谢素秋因为相貌出众而被卖入青楼，从此开始了屈辱的卖笑生涯。谢素秋是一个才貌双全的名妓，也可以说就是我们今天讲的"交际花"，她是闺门旦行当中的另一类人物，风月场艰辛曲折的生活经历，使谢素秋的举动略带有职业的特点，更具有主动性和目的性。外在的表演、身段要适当地放大，念白要有顿挫、带有趣味性，但又必须保持着闺门旦的气质，因为她毕竟是一位琴棋书画各艺皆通的女才子。

关于谢素秋的人物定位，过去出于男尊女卑的封建思想及文人士大夫的偏见，会把她风流场上的一些习惯放大，演得比较"浪"。但张洵澎在认真研读了两宋之交的社会背景和当时歌姬的生存状况后，却对谢素秋有了新的认识。首先，张洵澎觉得，谢素秋虽然是声名在外的一代名妓，但并非欢场老手，她本质上还是一个非常清纯、活泼的女孩子。她陷落风尘，也是为生活所迫，本身也是一个受害者，是值得怜惜和同情的。要演好《亭会》，就一定要把谢素秋的"可怜可爱"之处演出来，让观众感同身受。把握了这一点，张洵澎在台上演绎这个人物时，就偏向了一些"花衫"的表演技巧。昆曲严格的行当区分中，原是没有"花衫"这一行的。"花衫"这一行当原是京剧舞台上，间于闺门旦、花旦等旦角行当之间，根据特定人物而定位的表演方式，经常用于塑造较为复杂的人物形象。张洵澎在借鉴"花衫"表演手法的同时，始终坚持谢素秋的基础还是闺门旦应工，因此表演不但不能太过，不能把她演成一个欢场老手，而是要演出她骨子里的闺秀气质，她是文化名妓。

张洵澎演谢素秋，牢牢抓住两点，一个是"眼神"，一个是"腰肢"。

张洵澎的眼睛生得漂亮，这是大家公认的。一双乌黑溜圆的大眼睛，黑白分明，顾盼生辉，仿佛会说话一样。但再美的眼睛，如果没有'雕琢'也只是一块璞玉，美则美矣，却缺少内容。如何雕琢打磨，使之成为光华夺目的连城璧，是要下一番苦功夫的。幸运的是，张洵澎遇到的几位名师——朱传茗、姚传芗、言慧珠，都是"用眼睛说话"的高手，在他们的调教下，张洵澎也把自己的一双眼睛用绝了。张洵澎的学生曾经说"张老师的眼睛让人看着怕"。为什么会怕呢？因为张洵澎的眼睛有一种让人难以抗拒的魅力。她的眼睛会说话，会传达很多很多信息。舞台上，只要一和张洵澎的眼睛对上，你就会身不由己地被她吸引，她的眼睛太美，让人不敢多看，又忍不住再看。你说，这样一双魅力无穷的眼睛，怎么能让人不怕呢？"在传统戏曲舞台上，景物都是虚拟化的，这就需要你用自己的眼睛告诉观众，你看到了什么。同样是一扇门，谢素秋面前的是一扇朱门，你看的时候就是一种看见朱门的眼神，就是'朱门酒肉臭'的高大厚实的朱漆大门了。"（张洵澎语）天生一副媚眼，还这么用心思，这就难怪张洵澎的眼睛那么迷人了。

除了"眼神"之外，"腰肢"的运用对于谢素秋的人物塑造也是至关重要的。在《牡丹亭》里，张洵澎也用腰。《寻梦》里，让杜丽娘"活"起来，腰肢的运用做了很大贡献。但毕竟《牡丹亭》里的杜丽娘是个几乎足不出户的大家闺秀，腰肢的运用依旧是比较含蓄的。但在《亭会》中就不一样了，谢素秋的"腰"就可以有更大的发挥空间了，因为它不仅用以传达谢素秋的心情，也隐含了对她"职场身份"的表达。剧中的谢素秋能歌善舞，因此她在台上的腰肢扭动就不免会带有一些职业习惯，音乐性和舞蹈性更强，幅度和节奏也要较杜丽娘来得更大、更快一些。张洵澎性格明快，涉猎的艺术门类也多，对于现代舞、古典舞都比较感兴趣，在这里，她就适当运用了一些技巧，但用得相当巧妙，让人觉得和以前有些不一样，但又说不出不同在哪里；觉得有点和昆曲不一样的东西，但仔细一品，又不得不承认就是昆曲的——所谓"天衣无缝"，大概也就是说的这种境界吧。

把握了这两点之后，张洵澎又在人物的出场上做了一定的修改。比如说，谢素秋的出场是快捷倒退着出来的，折扇置于头顶上，更能体现出夜晚等候赵汝舟的急切心情。虽然《亭会》是一出文戏，以"静雅"为主基调，但张洵澎却在其中适当加入了京剧的元素，尤其是四大名旦之一荀慧生"荀派"的一些表演和舞蹈。使这出原来比较"冷"的戏动起来，热闹起来。让人感觉，这出戏更好看了。

1986年，张洵澎带着《寻梦》《亭会》两出戏进京参加汇报演出。她在两折戏中的创新都得到了专家和观众的认可。当时，一群中央戏剧学院导演班的女孩子看了张洵澎的演出后激动地冲到剧场住处后台，说一定要见一见张洵澎，因为她们觉得张洵澎在台上演的就是她们年轻人对于爱情的理解，对于爱情的追求。年轻学子的痴迷，也让张洵澎很感动。

张洵澎的《寻梦》被人们认可了，《亭会》又如此受欢迎，张洵澎感到了欣慰。她对艺术理念的探索和坚持是对的，是继承、发展昆曲的中流砥柱。经历了从不理解到被认可，张洵澎说，"现在像昆曲这样古老的艺术，传承是很重要的；但是除了传承，最重要的是能够生存，时代不同了，戏要有可看性才能生存。对于真正的好的艺术，老一辈艺术家也是有创新的。"

中国戏曲学院院长周育德先生曾经说过，"洵澎是个精致人"；不仅如此，凡熟悉她的人都这么说。这种精致不是追求名牌，追逐高消费，而是品味的体现。为什么？因为台上的戏和台下的人，从来都是难以截然分开的。台下的生活习惯、点点滴滴，总会在台上留下些许或浓或淡的影子。

张洵澎在生活中是一个对服饰搭配非常有眼光的人，这种"讲究"也被她带到了舞台上。她演出《亭会》，谢素秋的服装、头饰、彩鞋、穗子……她都会有自己的想法。对于这一点，大家都说张洵澎"真会折腾"。为了体现闺门旦的温柔端庄，在服装设计上，传统都喜欢用"粉色系"。但《亭会》中，张洵澎考虑到谢素秋比起一般大家闺秀来，有着更为曲折的经历，性格上也比较大胆，因此采用了视觉冲击更强烈的月牙红色。尤其是在古代，没有灯光只有月光的秋夜，浓一些的色彩让人可以容易辨认。张洵澎说，自己有时候还有"化腐朽为神奇"的能力；城隍庙里两三块钱买来的穗子、闪光项链，剧团道具师傅丢弃不要的破碎梅花，经过张洵澎的妙手改造，立刻就成了舞台上精美的饰品。"在台上，你身上的每一处都可能是观众注意的

张洵澎与蔡正仁聊戏

103

焦点，所以你必须时刻准备好，把最美的一面展现给观众。"张洵澎对于美的追求，始终来不得半点马虎。

第三节　不一样的乔小青

张洵澎演出《疗妒羹·题曲》

演员和舞台是一种缘，演员和剧目更是一种缘，这种缘可遇而不可求。

缘，妙不可言。

在张洵澎常演的代表作中，有两出戏，存有这样一种微妙的"前世今生"的关系。一出就是对于张洵澎而言意义非同寻常的《牡丹亭·寻梦》，而另一出则是《疗妒羹·题曲》。之所说《寻梦》和《题曲》有着千丝万缕的联系，是因为张洵澎演《寻梦》，是在舞台上用表演来解析杜丽娘的内心；而《题曲》中的主角乔小青，看的也是《牡丹亭》，打动她的也是杜丽娘"花花草草由人恋、生生死死随人愿，便酸酸楚楚也无人怨"的爱情。亦真亦幻，一虚一实，这个远隔数百年的两个佳人，倒可以算得上是戏里戏外的一对知音了。

张洵澎演戏、塑造人物有一个习惯，就是"打破砂锅问（纹）到底"，要对故事发生的时代背景，人物的出生、经历、性情了解个清清楚楚，才有创作的信心和动力。这种习惯，不仅是自己演戏时如此；为人师表之后，在给学生排戏的时候，她更是非常强调这一点。而且，张洵澎特别善于利用身边的资源，尤其喜欢和有文化的人交朋友，当然她的谦和，她的品位，也使得各界翘楚将张洵澎引

张洵澎《疗妒羹·题曲》剧照

为知己。有了这么多的智囊，张洵澎无论是重温传统戏，还是重新排新戏，都会事先请他们一起讨论，听他们的意见。这样的创作，成功的把握自然要大得多。

张洵澎有一个外甥女，在古典文学方面造诣极深，于是她便成了张洵澎的御用文学顾问，一有新创作，总要把她找来，听她将故事背景、人物特点分析清楚。两代人之间相互讨论，相互启发，经常会忘了辈分，说到心有灵犀处，开怀大笑；偶尔在某个问题上有不同见解，又会有一番争论。不过张洵澎说她从来不怕"争"。争出了结果，就好派用场了。

张洵澎善于"抠"人物，一些很容易被人忽略的细节也不放过，绝不不懂装懂，含混而过。十六岁那年，懵懂的张洵澎第一次排《牡丹亭》的时候，天真的她就追着沈传芷老师一个劲地问"杜丽娘为什么要想念春天？"弄得一把年纪、端方严谨的沈老师不知道该怎么给眼前这个小女孩解释这么"复杂"的问题，只好假装生气："女小囡不要多问……"

恢复《题曲》的时候，张洵澎也是从乔小青这个人物着手的。早在1982年，这出戏她也是在杭州跟着姚传芗老师学的。当年姚老师对张洵澎说，戏里的乔小青出场时，身患肺病，时有咳嗽，因此要演出她病快快的样子。"肺病？"张洵澎点点头，又疑惑，她很认真地问姚老师："乔小青得的是肺结核还是肺癌呢？"当时姚老师也是风趣地回答说："格个我倒也勿晓得。（这个我倒也不知道）"师徒二人对笑了起来。

"乔小青得的是肺病。"这是姚老师的老师当年告诉他的，而老师的老师，大概就是老师的老师的老师说的了。这句话传了百十年，从来没有人想过要刨根问底，姚传芗从来没问过，也没想过要问。可是张洵澎问了，而且一下把姚传芗问"笑"了。可是，张洵澎不行，没有明确的答案，她过不了心里这一关，学起来，总觉得有一块疙瘩在心上，说服不了自己。张洵澎并不认为自己这是在钻牛角尖。"病情是缓是疾？是否危及生命？"对于人物的心理、她的精神状态的了解都是至关重要的，当然也会表现到舞台上，从陈设、到穿着、再到表演的各个方面。张洵澎查阅了大量的资料，以及前朝相关内容的文本，重新解构主人公乔小青的人生脉络。没想到这一次整理，让他们发现了不少"疑点"，从而几乎完整推翻了乔小青的舞台形象。

"冷雨幽窗不可听，挑灯夜看《牡丹亭》，人间亦有痴于我，岂独伤心是小青？"这首有关汤显祖《牡丹亭》的诗在中国文学史上也算小有名气。很多时候，人们想到《牡丹亭》，便自然而然地联想到这位薄命的乔氏女，为她掬一把同情泪。而传奇《疗妒羹》正是明代剧作家吴炳根据该诗所敷衍的。该剧讲的是：扬州女子乔小青颇有才情，不幸父母早亡，以致流落在风月场中，后来被褚大郎买作侧室。褚大郎一向惧内，他的妻子苗氏更是妒悍无比。夫妇俩五十上下年纪尚无儿女，经苗氏母舅颜仲通苦劝，从扬州买得乔小青给褚大郎做妾。小青一到褚家，苗氏妒火中烧，卸了她的衣饰，焚了她的书文笔砚，并将她拘禁在后面空园内，命陈姬看管，严禁与褚大郎接触。小青独处空房，不胜哀怨，昏睡中梦见自己手执梨花，却被狂风吹落，因"梨"寓"离"，自感不祥，更加悲戚。颜仲通尚有一侄女，是吏部员外郎杨不器的夫人。杨不器风流俊逸，杨夫人聪慧贤达，夫妻俩感情甚笃，只是年近四十，膝下尚虚，杨夫人力劝丈夫纳妾，杨不器却说非才貌两全的佳丽不娶。杨夫人亲自遴选，没有中意的，不意去褚大郎家拜访时，得见小青，顿生怜爱之意。临别时，小青向杨夫人借阅书籍，杨夫人一口答应。风雨之夜，小青孤灯独坐，阅读所借书籍，读到《牡丹亭》，不胜感叹嗟吁，自怜自伤至极，不禁题诗一首，随手将诗笺夹在书中。杨夫人回家，告知丈夫小青之事，不器甚是偏惜，便去书房消遣，见到锦笺，对小青更加思慕，于是央求夫人合计救出小青。杨夫人特邀褚大娘和小青同游西湖，杨不器暗中跟随，出示小青所题之诗，并高唱和诗一首，二人情愫遂生。嗣后，杨不器奉旨起用入京，杨夫人假装为妒妇苗氏设计，劝其将小青送至孤山。苗氏依言而行，小青到孤山后，贫病交加，孤凄伤感。苗氏借送药为名，暗下砒霜之毒，幸陈姬早有防备，毒计未遂。忽一日小青昏死，苗氏卷走小青衣饰后匆匆而归。幸韩向宸赶到，救活小青，领回家中暂住。后来，杨不器回归故里，陈姬将小青秘密送至杨夫人处，杨夫人安排小青假扮鬼魂，与杨不器幽会；后又假意吃醋，弄得杨不器非常尴尬。杨不器带人去孤山掘小青墓，空手而返。杨夫人告知小青未死，并将小青领出与其成婚，杨不器感恩不尽。后杨夫人和小青先后各生一子，弥月之际，褚大郎等皆来庆贺。一向以为小青已死而被鬼魂骚扰的苗氏见到小青，惊吓不已，待明白真相，又要撒泼。颜仲通大怒，杖责苗氏，韩向宸亦拔剑要杀她；小青求情，免其一死。

　　之所以要引用这个戏的详细剧情，让大家了解整个故事的来龙去脉。

　　再回想起以前舞台上演乔小青总是把她写得非常落魄，生活在茅屋草舍之中，一身穿戴也是以灰色为主色调，几乎没有什么装饰。张洵澎觉得这是演错了，是不符合乔小青的人物身份的。《题曲》的时候，小青已经遇到了杨夫人，得到了她的怜爱。她能够有这样一份闲心挑灯夜读《牡丹亭》，至少说明她的生活是无忧的，并非贫困无以为继。而且乔小青虽然有病，但主要是心病，是心情郁闷，而并非以前大家所以为的那样"严重痨病"。以前的舞台演出中，乔小青"题完曲"就一命呜呼了，所以在舞台上也是病势沉重、奄奄一息的样子。看了原著张洵澎才知道，其实乔小青不仅没有死，后面还有一大段故事，《疗妒羹》最后也是一个团圆的结局。因此，处理乔小青的"病态"要恰当、不能过头。"试想，一个病得快要死的人，哪里还会有看书写诗的兴致？"（张洵澎语）

　　由此，张洵澎便对乔小青的人物造型有了自己的主见。她一改以往《题曲》一出戏满台萧瑟灰暗的气氛，而是将乔小青的居室布置得富丽堂皇。在剧中，张洵澎也是处处突出乔小青的"爱美"，对于自己的容颜是非常重视的。这些精致与富丽，也反衬出人物内心的苦闷。

　　乔小青的出场也是非常美的，从服装到发簪无一不是极其精致的，乔小青紫罗兰色的褶子上的花朵是张洵澎自己从电脑上挑选的，用的是"萱草"，因为"萱草"在中国古代诗歌中又被称作"忘忧草"，而在传统文化中"萱堂"又被用来指代"母亲"，两者结合在一起，既能体现出乔小青幼年失怙，对于父母亲的怀念；同时也表达了满心幽怨，想要"忘忧"而不可得的境地。就这样，在裙裾若隐若现的"萱草"，婉转而含蓄地传达着张洵澎的心细如发。"总有些动人心魄的美，悄然隐藏于某个容易被人遗忘的角落，如果你的心一旦发现了她，这种美就会让你难以忘怀。"张洵澎如此诗意地诠释着她对于细节的追求。

舞台上的张洵澎，可以大开大合，让杜丽娘舞起来，也可以巧笑嫣然，于无声处传递万种风情。"静若处子，动若脱兔"，这说的，就是像张洵澎这样的演员吧。

第四节　幸运的一代

张洵澎是幸运的，昆大班、昆二班的学生都是幸运的。他们得遇最好的老师，他们遇到了中国戏曲百废待兴的时代。这份幸运，加之个人自身的努力，成就了一代整齐的昆曲名家。他们每一位都那么优秀：蔡正仁、岳美缇、计镇华、华文漪、刘异龙、梁谷音、王芝泉、张铭荣、方洋……每一个名字都响当当、令人敬服，这种成功，难以复制。或许，张洵澎她们真的应该感谢那个难以复制的时代。

1994年，"著名昆剧表演艺术家、戏曲教育家张洵澎舞台艺术40周年专场演出及研讨会"举行时，82岁高龄的俞振飞先生曾挥毫写下如斯话语："洵澎敏思善学，锐力创新，玉振金声，必能后来居上，为书数语，以寄厚望。"寥寥数语，概括了张洵澎的艺术追求和艺术特色，也包含了俞老对"阿澎"的关爱。张洵澎常说她们这代人是幸福的，在他们的成长道路上，得到过众多艺术大师的亲自指点，还有过与大师同台的难得机会。都是令今天的戏校学生们艳羡不已的。

在戏校的时候，张洵澎看得最多、学得最多的就是俞、言两位老师的表演，尤其是深得言慧珠的宠爱，全本《牡丹亭》《百花赠剑》《贩马记》《南柯记·瑶台》《长生殿》《小宴》《玉簪记·琴挑》这些戏都是这位外人看来有些难以接近的"言校长"再加工的。张洵澎和言慧珠同台的机会也很多。1957年，言慧珠刚到戏校不久，打算排《百花点将》一戏，当时就钦点了年轻的张洵澎演百花公主的贴身丫鬟——江花佑。在排戏过程中，观察细致的张洵澎发现言校长有一个特殊的习惯——速写，就是在看别人演出的时候，她习惯用笔把舞台上优美的身段用铅笔画下来，回家慢慢捉摸。渐渐地，张洵澎也开始学，言慧珠在台上排戏的时候，张洵澎坐在台下，也偷偷地用笔把老师动人的瞬间记录下来。这个习惯，她一直保持到今天——张洵澎是生活的有心人，她无论走到哪里都会带着一本笔记本，遇到美丽的风景用笔画下来，看到打动心灵的语句，也用笔抄录下来。"这些东西，记录下它们的时候并不知道哪天会用得着，但潜移默化的积累，必然会对人产生一定的影响。"张洵澎说。

1958年，为筹备赴欧洲的访问演出，张洵澎和华文漪、岳美缇、杨春霞、王芝泉、梁谷音、王君惠、王英姿等八名女同学，跟随着俞振飞、言慧珠校长，及李玉茹、张美娟老师到北京排戏。张洵澎在李玉茹的《贵妃醉酒》中演宫女，在张美娟的《八仙过海》里演金鱼，而在更名为《百花赠剑》的《百花点将》中，则是为俞振飞、言慧珠配演江花佑。与大师们同台演出，每一分钟的收获都是巨大的。也就是在排《百花赠剑》的时候，张洵澎结识了四大名旦之一的程派创始人程砚秋。

当时，上海戏曲学校的师生一行住在北纬饭店。为了更好地塑造百花公主这一角色，俞振飞先生请来了曾经演过京剧《女儿心》的程砚秋大师，和俞、言共同商量剧本的修改，使之成为一出一气呵成的折子戏，以便更好地让外国人接受、欣赏。

程砚秋，在戏曲界可是个大名鼎鼎的人物，在他到来之前，张洵澎在心中暗暗捉摸着，"程先生究竟会有多大的派头？"没想到，张洵澎眼前的程砚秋，穿着一件芝麻呢的长大衣，高大的个子，说话也是细声细气，非常谦和，一派学者气质。接着，程砚秋卸下长大衣，手执宝剑开始示范，露了一手"宝剑入鞘"的绝活，顿时让张洵澎佩服得五体投地。这次会面之后，俞振飞、言慧珠、程砚秋三人为了适应出国演出的需要，对戏进行了一些紧缩，突出昆曲"载歌载舞"的特点，以便让外国的观众在很多时候不需要看懂演唱的内容，光看表演也能看懂故事。

1960年，北京电影制片厂将梅兰芳、俞振飞、言慧珠合演的昆曲《游园惊梦》拍摄成戏曲电影。在影片中，张洵澎和20位女同学参加演出了"堆花"中的花神。这使她能近距离接触梅兰芳大师，更令张洵澎觉得机会弥足珍贵。原来，张洵澎她们都将梅兰芳视若泰斗，仰而观之，总以为是高不可攀的。但这次接触下来，张洵澎感觉到梅大师其实是非常平易近人的。拍戏前，梅兰芳还邀请张洵澎他们这群"小朋友"到他坐落于护

梅兰芳、俞振飞、言慧珠
拍摄电影《游园惊梦》
张洵澎等昆大班学员配
演花神，图为演员的合影

国寺1号的梅府做客。一代大师亲自到门口迎接，还准备了糖果、点心招待张洵澎一行同学，这份亲切，直到今天张洵澎依旧记忆犹新。

文化部艺术研究院副院长兼戏曲研究所所长、戏曲评论家郭汉城曾经赋诗赞美张洵澎的表演：

情思如火困娇柔，万众迷离体态幽。
径往荒园觅巫会，颤魂重向梦边流。
舞态轻盈兰蕙风，斑斑朵朵化情浓。
春回四十重温梦，又听吴侬话阿澎。

樱唇轻启，水袖翻飞，这一颦一笑，宜嗔宜喜中，张洵澎果然已经将一个闺门旦，一个女子，刻画到了极致。

110

第七章　是名伶亦是名师

在传统昆曲舞台上,优秀的艺术家、演员并不少见;在台下默默耕耘,为培养下一代而无私奉献的园丁也有很多。但身兼两种身份,既是台上光彩耀目的名伶,同时又是桃李满天下的名师,这样的人虽非没有,但却并不是很多了。所幸的是,张洵澎就是这样一个令人着迷、更令人尊敬的"名师"及"名伶"。

著名剧作家傅骏先生撰文赞扬张洵澎说——

张洵澎是新中国培育的第一代昆剧演员,是上海戏曲学校首届毕业生。早在五十年代,就以演出《牡丹亭》声誉鹊起而成为昆剧新秀,成名尚在梁谷音、华文漪、岳美缇、蔡正仁等之前。十年动乱后,张洵澎先后被聘为越剧院和上海戏曲学校教师。从舞台走向讲台。二十年来,张洵澎教戏教人,成果显著,为越剧和昆剧培育了不计其数的新一代演员。此中有陈颖、方亚芬、胡敏华、孙智君等等。应该说,她在讲台上的贡献和在舞台上的成就,相互辉映。这就使她成为戏曲界不可多得的既是戏曲教育表演艺术家又是戏曲教育家的"双肩挑"优秀人才。这是很难能可贵的。

——1994年7月1日《解放日报·既是名伶又是名师》

第一节　出乎意料的开始

今天,张洵澎被大家誉为戏曲教育家,在她的悉心栽培下,一批批新苗茁壮成长,装点着昆曲舞台上桃红柳绿的春色。但是令人想不到的是,张洵澎踏上园丁岗位，竟然是在上海越剧院。而她教出来的第一批学生，就是上海越剧院学馆1974级学员赵志刚、陈颖等。事情，还要从那个特殊的年代说起……

1973年，当时，上海青年京昆剧团已经解散，张洵澎也被下放到化工厂当工人去"战高温"。就在这一年，上海越剧院成立了学馆，已经"靠边站"很久的艺术大师袁雪芬出来主持工作。袁雪芬打听到张洵澎等一批昆曲演员的现状后，便萌发了把她们请来当老师的念头。

遥想当年，张洵澎考上海戏曲学校，其中一个很重要的原因就是妈妈喜欢越剧，而袁雪芬当时是华东戏曲研究院的副院长。当时母亲钟福梅还很天真地为张洵澎设想过未来："进了戏校以后，我们就去找袁雪芬，就跟她说阿澎是浙江诸暨人，我们改唱越剧。"张妈妈想着，这样阿澎就可以从昆曲班转入越剧班，唱她喜欢的"绍兴戏"了。这虽然已经成了一段陈年往事，但袁雪芬始终是张洵澎心目中的偶像。

张洵澎从小跟随大人看着袁老师的《双看相》《相思树》长大，当年痴迷得不行，借用一个今天非常流行的词，张洵澎也算是半个"袁粉"。

张洵澎、夏慧华和方亚芬

刚进戏校那会儿，袁雪芬还曾经给他们这群小学员做过报告，讲新旧社会天翻地覆的变化，这些，都给年幼的张洵澎留下了深刻的印象，而她也曾经暗暗下过决心，要做一个像袁副院长一样，艺术与人品都无可挑剔的艺术家。

这次有机会和袁雪芬做同事，何况是那样一个特殊年代。袁老师的一次邀请，让几乎已经彻底对艺术失望，打算整理身心，回家一心相夫教子的张洵澎又一次心动了。也许是心底那一份对于戏曲难以割舍的爱恋，张洵澎几乎没有任何犹豫，接受了邀请。

要知道，和很多同事相比，张洵澎当时的境况算得上是相当不错的。因为丈夫蔡国强的关系，张洵澎在单位很受照顾，而随着丈夫爱子在体训大队的生活，也如桃花源般自由逍遥，让张洵澎暂时躲过了人世间的风雨。对于一向重视亲情的张洵澎来说，这种平淡的日子未尝不是"失之东隅，收之桑榆"。

然而，她还是去了。虽然明知走出那扇大门，走出丈夫坚强的羽翼，她所要面临的可能是难以预估的风雨袭击；虽然，那份邀请还是来自越剧，并非她为之付出了很多，牺牲了很多的昆曲舞台；虽然，等待她的不再是绚丽的、同时也是她驾轻就熟的演员身份，而是一个全新的名字——老师。张洵澎还是义无反顾地去了。

很多年后，张洵澎回忆起当年之事，说很多身边的人都劝她：阿澎，算了，既然已经抽身离开了，何必再去蹚这趟浑水。你现在的生活有多少人羡慕？你还有什么不知足的？张洵澎也这样问自己，真的是没有了。只是，午夜梦回，总会想起那萦绕耳边的水磨腔，总会想起那句"花花草草由人恋，生生死死随人愿，酸酸楚楚也无人怨"。张洵澎感激丈夫，在她做出这个很多人都不理解、不支持的决定时，蔡国强成了妻子最坚强的后盾。也许，爱，就是理解。蔡国强懂得，尽管张洵澎外表看上去云淡风轻，但对于昆曲舞台的牵挂，从未因为环境的改变而消逝。

丈夫的支持，让张洵澎更坚定了"回来"的决心，虽然回到另一个舞台，但毕竟，离艺术又近了一步。

天时地利人和俱足，很快，张洵澎就幸运地成为第一个正式加盟上海越剧院学馆任教的外来老师。

其时正处于"文化大革命"后期，越剧院不仅缺少师资，也没有生源。第一批学生，是袁雪芬、傅全香、徐玉兰等亲自去上海周边的区、县挑来的孩子。张洵澎也跟着一起去，看着年过半百的老师们一心为了越剧事业，一脚雨水、一脚烂泥地跑遍了上海的十个郊县和市中心，张洵澎没法不感动。外出招生时，条件之艰苦出乎人们的想象。当年的交通不比今日，虽然是郊县，也来不及当天回到上海市区，老师们一般都会住在当地村上的小学宿舍里。每次招生，袁雪芬基本上都要亲自出马，她很喜欢张洵澎，也很重视这个从昆曲界挖来的好老师。晚上睡觉，张洵澎和袁雪芬总是睡上下铺：袁雪芬睡下铺，张洵澎年轻，就睡上面。晚上熄了灯，两人就这样有一搭没一搭地聊人生、聊艺术。有时候，一群招生的老师一同吃饭，袁雪芬总是会偷偷地先把饭钱都付掉。回去后大家领到差旅费，想要把钱还给袁雪芬，她总是淡淡地推开，说一句："你们见外了。"渐渐地，张洵澎心中对于袁雪芬的那一丝惧怕也消失了，取而代之的是亲切、是敬重，也有那么一份理解和同情。敏感的张洵澎感受到了这个外人看来无坚不摧的"铁娘子"也有感到累的时候、力不从心的时候。张洵澎觉得自己很渺小，但是，她很想为这位敬重的袁老师，做点什么。

"春耕秋收"，经过这些艺术家的辛勤奔波，越剧院学馆终于招来了一批年轻的孩子，这批学生中，有今天活跃在越剧舞台上的"越剧王子"赵志刚，有著名的傅派花旦陈颖、陆派小生许杰等等。刚进学馆的时候，他们都是才十岁出头的年纪。看着孩子们的眼睛，张洵澎仿佛看到了很多年前的自己。可是，20世纪70年代，毕竟不是张洵澎踏入戏校的那个年代。从孩子们纯真的脸上，张洵澎似乎读出了一丝惶恐和不安。学馆的条件也远不如戏校，虽然越剧院上下都已经竭尽所能地为孩子们创造一个良好的环境，但无论是硬件还是师资，因为那众所周知的原因，无法尽如人意。老艺术家们都靠边站了，浑身的劲使不上，可孩子们却是学戏的黄金年龄，这么一两年，转瞬即逝，错过了，就追不回来了。袁雪芬她们心急如焚，望着孩子们求知的眼睛，看着老艺术家焦灼的眼神。张洵澎才知道，这次回来——担子不轻。和学生们相处多了，她打心眼里喜欢这些可爱的孩子，恨不得把一身本领都教给他们。"直到自己做了老师，才体会到当年周校长、方老师、朱老师他们的心情。那时候只顾顽皮，不懂得老师的心，这个时候才懂得了。"张洵澎渐渐地体会到了"老师"这两个字的分量。

1974年，还在"文革"时期，昆剧是"靡靡之音"之中的首选，张洵澎的同学们还在"下放"劳动过程中。张洵澎接到了岳美缇的来信，那时岳美缇下放到一家灯管厂劳动，工作是比较辛苦的。加上岳美缇正好又怀孕了，她想请阿澎帮忙推荐一下，到越剧院学馆当一个老师。"虽是女儿身，却有侠义心。"虽然那时候很多人满足于自保，张洵澎却毫不犹豫找到了袁雪芬。"文革"当中，对小生行当的打击是最致命的，说这行当"男不男、女不女"的，所以当时也有一定的阻力。可是袁雪芬先生也是顶住压力，做了工作，最终让岳美缇也"归了队"，如愿到越剧院学馆报到了。后来，上面有精神，对有特殊贡献的老师加工资，每个月加7元钱，这是"文革"开始后第一次加工资。那个时候的7元钱是很值钱的。张洵澎他们那一批，每个月的工资才60多元，所以这7元钱的分量就十分可观了。不仅如此，这也是一个人的"面子"问题，体现了你工作的态度和水平。学馆的老师们一致表示，张洵澎对学馆的教学工作贡献很大，加薪没有问题；可是岳美缇吃亏在当时正好怀孕、生产，上课不多，所以当时遇到了一些阻力。又是张洵澎仗义相助，带着岳美缇去到袁雪芬家，给她争取，终于为岳美缇争来了利益和荣誉。

1976年，"四人帮"垮台，十年动乱画上了句号。虽然袁雪芬一开始尚不能回到工作岗位上，但越剧院，乃至整个戏曲界的气氛却已经松动了起来。一个最重要的标志就是——传统戏终于被允许再次登上舞台了。得到消息，袁雪芬第一时间找到了张洵澎。她兴奋地对张洵澎说："洵澎，快点给学生们教传统戏的基本功。"原来，在这之前，越剧的传统戏全面被禁演，孩子们在学馆里学的都是根据现代京剧改编的《龙江颂》《磐石湾》，演英雄人物讲究的是"高大全"，举手投足都像做广播操。戏曲讲究的"圆""意蕴"都无从提起，传统的水袖、马鞭，更是没有了用武之地。现在好了，传统戏开禁了，以袁雪芬为首的老师们马上意识到这是必须补上的第一课。而就程式的规范而言，作为越剧"奶娘"的昆曲，无疑是其他任何剧种都无法望其项背的。

张洵澎也因这个消息激动着，虽然之前经历了种种波折，甚至也暗自发誓，再也不唱戏了，但流淌在血液里的那份对昆曲的情，总是在乐声响起的那一刹那，拨动着张洵澎的心弦。如今，虽然换了一个舞台——耳边是二胡的咿呀而非笛声悠扬，她也换了一种身份，不再是台上那个水袖曳地的佳人，而是排练厅里那个一丝不苟的严师。但梦里的一切，如此真实地回来了，回到了张洵澎的身边。如丝一般柔顺的戏服，雪白的水袖如雾般飘落，点翠头饰在灯光的折射下散发着醉人的光芒。一切都是那么真实，却又那么不可置信。心中的那个"梦"又回来了。在越剧院简陋狭小的排练厅里，张洵澎看到的是《牡丹亭》里的杜丽娘，《玉簪记》里的陈妙常。丽娘"寻梦"，张洵澎几乎很难分辨，这一刻究竟是她在梦中，还是她就是梦里的那个杜丽娘。

　　不过有一点，是张洵澎确信自己能做的，那就是把自己身上的这点本事，尽数地教给学生们。都说教学相长，在越剧院的这段时间里，除了教基本功之外，为了当一个更称职的老师，张洵澎还正儿八经地学起了越剧。《白蛇传》是袁雪芬一直非常感兴趣的民间传说，因为一些客观原因，对于自己早年所演的《白蛇传》，袁雪芬是不太满意的，尤其是《断桥》这一折，袁雪芬认为白娘子当时复杂的心情并没有被很好地表现出来。这时候给学生们排《白蛇传》，袁雪芬想起了她十分敬重的两位京昆大师——梅兰芳和俞振飞，想起了他们在《断桥》中精彩细腻的表演，她希望把昆曲载歌载舞的演剧方式引入到越剧舞台。新《白蛇·断桥》由张洵澎和言兴朋（著名京剧演员，言派传人，当时还叫言一青）分别饰演白素贞和许仙。当时言兴朋正在越剧院学徐派小生，虽然在表演上借鉴了京昆的程式，但张洵澎、言兴朋的这版《白蛇传》，在唱腔上唱的是原汁原味的袁派和徐派。张洵澎则是第一次尝试在有2 062个座位的人民大舞台（原在九江路，现已拆）正儿八经地唱越剧大戏，她的唱腔是袁雪芬一字一句传授的，而言兴朋当时唱的则是徐玉兰亲授的唱腔。

　　张洵澎记得，排戏的时候言兴朋老是要迟到，但他人极其聪明，嗓子也好，唱腔、表演一点就透。张洵澎本来就是浙江诸暨人，语言方面不存在太大障碍，更何况她又是越剧迷，从小唱着《婚姻曲》长大的，照理说也应该没有什么问题。一开始练唱，张洵澎的发音都很准，唱腔更是没问题，可到了排练厅一开嗓子，老师们就总觉得哪里不对，怎么都觉得是带着股昆曲的味道，可又找不到，究竟这股"昆味"是哪里冒出来的？后来还是张洵澎自己琢磨并发现了问题：原来，昆曲的发音位置和越剧是截然不同的。张洵澎唱了那么多年昆曲，自然而然地用了昆曲的发声方法，难怪唱出来的味道总是"差那么一丁点"。好在及时找到了原因，在调整了发音方法后，这一问题也就很快被解决了。

虽然这出戏后来随着张洵澎、言兴朋先后离开越剧院而成为绝响，但张洵澎至今提来还有几分得意。

"那时候真的以为就此改行做一名越剧老师，在越剧院一直待下去了。"张洵澎说这样的话，并非是无奈的选择。而是当时的环境让她觉得很满意。回首在越剧院的六年时光，张洵澎至今很感念袁雪芬、傅全香、徐玉兰这些越剧前辈对自己的支持和呵护。在这里，她们不仅给了张洵澎一方展示自己才华的舞台，而且在生活上也对这个小妹妹十分关心。直到现在，有时候张洵澎因为联系工作前往越剧院，总还会格外激动，有一种回家的温暖。越剧院那幢不起眼的小楼，在那个特殊的年月，维系了张洵澎和戏曲的联系，越剧院的人，也给了她一份家人的关爱。而最让张洵澎终生难忘的是，在丈夫蔡国强"羁縻"河北保定、张洵澎遭遇人生最大一次打击的时候，是越剧院的老师给了她最坚定的支持：袁雪芬立刻准了张洵澎的假，让她上北京"营救"丈夫，还一再安慰她不要担心、不要记挂工作。临行前，傅全香悄悄地将自己的六百元钱积蓄塞到张洵澎的口袋里，嘱咐她一路小心。这一切，张洵澎都记在心里。她是一个受人点滴之恩，便思涌泉相报的人，老师们的关爱，让张洵澎暗自下决心——一定要好好干，要对得起大家对自己的这份情谊。

第二节　重回戏校执教鞭

在越剧院，袁雪芬看重张洵澎的能力和才华，希望她为培养越剧下一代做出更大的贡献。同样，张洵澎感念袁雪芬的知遇之恩，也和越剧院的同事、学馆的孩子们相处融洽，这无论怎么看都是一份"美满的姻缘"。张洵澎也想过，要一辈子坚守在越剧院的舞台上，当好一名"良师"。也正因为如此，1978年，上海昆剧团成立的时候，当年"青年京昆剧团"的尖子生张洵澎也没有归队，而是选择继续留在上海越剧院。

俗话说，"人算不如天算"，偏偏这个时候，有一个"第三者"站出来"从中作梗"，命运在那一刻，又一次让张洵澎面临两难的选择。这位试图从袁雪芬手中"横刀夺爱"的并非旁人，而是让张洵澎和她的同学们又爱又怕、又敬又"恨"的周玑璋周校长。

"选最好的演员当最好的老师"是当年上海戏曲学校办学之初，身为校长的周玑璋坚定不移的信念。周校长的这一办学理念直接施惠于张洵澎她们这群学生。

1979年戏校恢复了，教学工作全面开展之时，周玑璋的信条依旧毫不动摇。袁雪芬这边在不遗余力地搜罗有经验的戏曲教学人才，那一边，周玑璋也在为"师资"愁得夜不能寐。此刻，他首先想到了自己一手栽培起来的张洵澎，于是，急于找袁雪芬要人了。

袁雪芬爱才识才，六年的共事，虽然时间不长，就私人关系而言，也已是非常融洽的了，于公于私，袁雪芬当然不肯轻易放走张洵澎这个难得的人才，可是架不住周玑璋的日夜苦求。最终，周玑璋又提到了"奶娘"这个话题，说起了越剧和昆曲的联系。袁雪芬考虑再三，虽说张洵澎在越剧院干得很出色，毕竟是当年戏校"昆大班"的尖子生，是周玑璋辛辛苦苦培养出来的。作为一名爱才识才的伯乐，她也知道放张洵澎回昆曲舞台，阿澎一定会有更大的作为、更大的贡献，同时对于她的艺术提升也更合适。前几年是没有选择，现在昆曲的大门又一次向张洵澎敞开了，不去，似乎有些可惜。说到这里，我们不得不承认袁雪芬是一位大气的艺术家，虽然百般不舍，她最终还是决定"放手"。

不过放手归放手，袁雪芬也是心疼不已。于是她和周玑璋谈起了条件。双方经过一番"讨价还价"，周玑璋拍板，在戏校给袁雪芬开两个越剧班，并答应张洵澎回到戏校以后，继续兼任越剧班的教学工作。这样，袁雪芬才答应忍痛割爱。后来周玑璋每每遇见张洵澎，总是半开玩笑半认真地说："你是我用了两个越剧班从袁雪芬手里换来的。"张洵澎每每听到这句话，总觉得诚惶诚恐——干不好，我既对不起周校长，也对不起袁老师。

回到戏校，张洵澎更是把所有的精力都投入到了培育下一代身上。担任教学工作三十多年，从张洵澎的教室里走出来的优秀演员层出不穷，

其中相当一部分已经成
为各地昆曲院团的领导
和顶梁柱。戏校的领导
和张洵澎的同行都说：
"阿澎手里的学生，成才
率特别高。"张洵澎也以
此自许："有的老师教出
来的学生，十个里面有两
三个成才了，这也算不错
了，若是有一半有点名堂

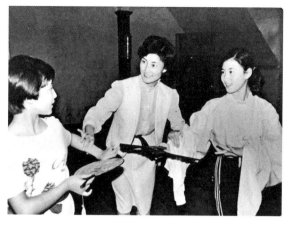

张洵澎戏校教戏

那就已经算是很好了。但我的要求是，凡是跟着我张洵澎学的，有一个是
一个，都要是人才。"张洵澎之所以给自己订下如此严苛的要求，一是出
于对自己艺术的自信，同时更是对学生的负责："学戏不容易，又苦又清
贫，孩子到你这里来学，是信任你，你不好好教给他们艺术，也是对不起
他们。"不过张洵澎又强调，所谓的成才，并不是说个个都要做主角。毕
竟每个人的禀赋不同，舞台上也需要不同的行当。"但，你就是一个配角，
也要有自己的风格特色，要是台上不可或缺的角色，而不是可有可无的人
肉道具。"张洵澎对于成功有自己的理解。所以，张老师的学生，无论主
角配角，只要往台上一站，总能让人记住——这就是本事，是老师的本事，
也是学生的幸运。

　　张洵澎敢说"大话"，是有原因的。熟悉张洵澎的人有时候会开玩笑
说："阿澎，你的眼睛真是毒。"说张洵澎眼睛"毒"，是因为她会挑人。这
点张洵澎并不否认，她说，小孩子往我跟前一站，不用几句话，我就能判
断他是不是这块料，将来是哪个行当的。这点自信，来自张洵澎对舞台的
熟悉，也来自她对艺术的鉴赏能力——这是一通百通的，就好像张洵澎无
论是穿着、饮食，都那么精致妥帖，是一个道理。

　　说起选人才，人们也不得不佩服张洵澎的专业眼光。青年一代昆曲
演员中最出色的两位小生演员——张军和黎安，当年都是张洵澎招进来
的。张军在报考戏校之前，在学校一直是个文艺积极分子，常年在少年宫

演出,用老师的话说"见过点世面",人也比较灵活,所以对于招收张军,大家都没有太大的异议。而当年把黎安招进来,张洵澎可是顶着一定的压力的。原来当年报考戏校的时候,黎安是个又黑又瘦的小男孩,性格内向,说话细声细气的,回答问题也是期期艾艾,老师们直摇头,差点在初试的时候就把他刷掉了。可是,张洵澎却从这个不起眼的小男孩身上看到了一股"书卷气"。这股"书卷气"对于昆曲小生来说,是非常重要的,就如同大家闺秀的端庄对于闺门旦的决定性作用一样。还有,就是张洵澎觉得,这个小男孩虽然不声不响,话语不多,但开出口来声音中有磁性,十分通透,骨子里又有着一份倔强。"学戏是很苦的,没有一点倔脾气恐怕很难撑得下来。"因为"书卷气"和"倔脾气",尤其是听了他唱的《接过雷锋的枪》这首歌,张洵澎毅然拍板,这个孩子我要了。面对一些老师的质疑,张洵澎甚至拍胸脯立下了"军令状"——你们不要就交给我,我保证让他成才。当时的张洵澎大小也是学校"招生委员会"的成员,虽不能一言九鼎,业务上还是能做主的。

张洵澎并没有食言,她在黎安身上花的心血,从某种程度上比花在儿子蔡一磊身上的还多。对于敏感的孩子,要给予更多的鼓励和关心,张洵澎就是这样从艺术上、生活上无微不至地照顾着黎安,让这个敏感的孩子渐渐树立起自信心。经过这些年的刻苦磨砺,今天的黎安已经是上海昆剧团毫无疑问的当家小生了。如一块璞玉,他通过《长生殿》《景阳钟变》让人们看到了他温润却绵长的光辉,而发掘并打磨这块璞玉的,正是张洵澎。

又是在张洵澎的谆谆教导下,袁佳、张冉等一批更年轻的昆曲闺门旦也逐渐开始在各类演出

张洵澎和学生袁佳

中挑大梁。对于张洵澎调教人的本领，现任上海戏剧学院院长的郭宇也是赞不绝口："经过张老师点拨的学生，有时候真会让人有一种脱胎换骨的惊艳！"

从演员到老师，张洵澎的教学实践性非常强。"我教戏真的是很累。"张洵澎自己也这么说，因为她给学生说戏，绝对不仅仅是动动嘴皮子这么简单。每一个动作，每一个眼神她都要一遍遍亲自示范，直到学生完全掌握了为止。"她们演一遍，我有时候要演上几十遍，你说能不累吗？"张洵

张洵澎和学生张冉

澎尽管这样抱怨，但有时候学生们要她歇歇，不用一遍遍示范，她还不干了。"昆曲的程式是无比严谨的，失之毫厘，谬以千里。"张洵澎举了一个"兰花指"的例子。在她看来，现在舞台上的许多闺门旦的"兰花指"都太过随意，不正确。回忆起当年朱传茗老师教自己"兰花指"，拇指抵在中指的哪个关节，每根手指之间分开成多少角度，都是有严格规定的。"'兰花指'，顾名思义，就是要五指舒展，如兰花花瓣，亭亭玉立，要能展现出十六七岁少女的青春气息。而现在很多花旦的兰花指，说得不好听一点，像鸡爪子，有的把中指和无名指并起来，这不成了'仙人掌'，哪还像'兰花掌'啊！这样的表演，怎么能打动观众？"张洵澎说，昆曲胜在细腻，这些细节，光靠说是很难说清楚的，只有亲自示范。"传承、传承，只有言传身教，才能真的继承"。而她这样做，无非也是希望昆曲艺术流传六百余年的财富，不要在我们这代人手上失传。

舞台上，张洵澎是一个在传承基础上的大胆创新者，《寻梦》《题曲》无一不带着鲜明的个人印迹。但在教室里，张洵澎直言不讳："我是比较保守的，甚至是刻板的。"就好像刚才提到的"兰花指"，无名指抵在哪个

121

关节，她都不容许学生随意更改。这种保守是出于对传统的尊重，也是出于对学生的负责。"对于这些在戏校里的学生，她们很年轻，缺乏经验，不能马上要求她们对于人物有自己的理解，尤其是刚进学校十二三岁的学生，又是生活在今天的社会中，你先要让她懂得杜丽娘的深闺寂寞。对于他们来说，最重要的是打下扎实的基本功，将来到了剧团，演出多了成熟了，有的是自己思考创新的机会。你现在就鼓励他们创新，就好像一棵小树，根基还没扎稳，就由着它的性子长，怎么能成材呢？"张洵澎的理论非常鲜明。这样一个略显保守的张老师是令人敬畏的。但是从另外一个角度来说，同学们又特别喜欢上张老师的课，因为这样的老师会让他们觉得踏实，不会无所适从。而对于前来问艺的学生，张洵澎也是十分欢迎的。在戏校上课的时候，张洵澎的教室的门始终是敞开的，只要愿意，无论是哪个行当、哪位老师的学生，随时随地都可以坐进来听。

第三节　每一个学生都是自己的孩子

2012年3月的一天，张洵澎和往常一样，走进教室准备给昆六班的孩子们上课。走上讲坛，敏感的张洵澎发现今天学生们的表情有些奇怪。正在疑惑之际，全班整齐地唱起了"祝你生日快乐"，掀开讲台上的红布，一个硕大的奶油蛋糕呈现在张洵澎的眼前。面对突如其来的祝福，张洵澎激动得有些不知所措。而隔壁班级的老师和同学听到歌声，也跑来吃蛋糕，祝福张洵澎。

说起自己的学生，张洵澎就像每一个宠爱孩子的母亲一样，话语中充满了幸福和自豪。对于她来说，每一个学生都像是自己的孩子一样，她为他们牵肠挂肚，也为他们自豪。学生们也从不把张洵澎当外人，而是把张老师当作自己的妈妈一样。是妈妈，更是朋友。有一次，张洵澎和学生们一同外出，上公交车拉卡，张洵澎掏出卡一拉"敬老卡"，边上的几个和她朝夕相处的昆五班孩子惊得都快合不拢嘴了。她们无论如何都无法相信，她们美丽年轻、充满活力的张老师，竟然用"敬老卡"了。面对孩子们的惊讶，张洵澎哈哈笑道，"张老师年纪不小了哦，不过，张老师的心啊，和你们差不多大！"

张洵澎给学生的，不仅仅是艺术上的传授，更是生活中方方面面的影响。只要跟着张老师学过戏，都很难再忘却这位特别的老师。

湖南湘昆剧团的团长罗艳就是这么一位。当年在剧团跟着张洵澎学习只有短短三个月，后来却用了整整十七年的时间，苦苦寻找这位恩师。

事情要追溯到1981年，当时的昆曲界发生了一件至今都还影响深远的大事——十二位"国宝级"的昆曲"传"字辈老艺人，由湖南省委宣传部车文仪部长邀请组织赴湖南"湘昆"授艺，因为当时朱传茗老师已经去世，姚传芗老师因身体原因不能成行，作为朱传茗老师高足的张洵澎，肩负着"代师传艺"的重任与老师们同行。

这一年，未满双十年华的罗艳第一次看到了张洵澎的表演，小女孩惊呆了。"我没有想到，这个世界上竟然有这么好的东西，这么美。"三十年过去了，提起那一晚，罗艳依然止不住地激动，"看完了那一天的演出，我就下定决心，我一定要跟着张老师学昆曲。"罗艳形容那种感觉就是——一个吃惯了盒饭的人，突然有一天尝到了一口山珍海味，你让她怎么还肯回过头去继续吃那盒索然无味的盒饭呢？但当时张洵澎并不是罗艳的带教老师，罗艳当时学的是"刀马旦"。尽管"刀马旦"学习的任务本身就非常繁重，但她还是坚持着每天到张洵澎的班上"蹭课"。张洵澎也喜欢这个倔强的小姑娘，见她这么刻苦，并不因为不是自己的学生而有所保留。三个月下来，罗艳的表演和演唱几乎有了脱胎换骨的变化。只可惜，这个时候，张洵澎要回上海了。

细细想来，罗艳的性子很有些像张洵澎——倔强，追求完美。离开张洵澎的那些年，罗艳经历了事业的低谷，怀才不遇的她在团里没有戏演，被闲置，渐渐地，和张洵澎的联系也少了。最痛苦的时候，罗艳还是想到了张老师，几次试图联系，却因为张洵澎在上海的家搬了而没有成功。她曾经一度想过离开，却总是忘不了第一次看张洵澎演出时的那种惊艳。直到十七年后，几经周折的她打通了张洵澎家的电话。那天，张洵澎正在戏校上课，是蔡国强接的电话，他竟然一下想起了罗艳，彼此之间丝毫没有多年不见的陌生。那一刻的激动，让罗艳重新拾回了信心，一直走到今

123

天，取得今天的成就。是张洵澎，让罗艳看到了最好的东西；也是张老师让罗艳懂得，面对最好的东西，要坚持。

江苏省昆曲团的孔爱萍，也是张洵澎的爱徒之一。说起孔爱萍和张洵澎之间的感情，这位舞台上雍容文雅的孔大圣人的后人，大大咧咧地说："张老师啊，我就把她当妈妈一样'用'的。"一旁的张洵澎听到这话，哈哈大笑，一边溺爱地嗔怪道："你听听，这个小姑娘，把我'用'的。"孔爱萍也是只顾笑，笑着靠在张洵澎肩上，这个场景，任谁看到了都会觉得她们是一对母女。事实也的确是这样。

孔爱萍来上海向张洵澎学戏的时候，恰好张洵澎的儿子蔡一磊出国留学。于是张洵澎索性让孔爱萍住进了自己家中，夫妻二人就像照顾女儿一样照顾孔爱萍的生活起居。张洵澎负责艺术上的教导，每晚还要给孔爱萍开小灶；而蔡国强看着孔爱萍学习辛苦，每天变着法儿烧好吃的给孔爱萍补营养。孔爱萍和张老师夫妇也没有丝毫见外，"我的嘴巴，就是蔡叔叔给养刁的。"孔爱萍有些得意地说，"一磊哥哥有时候还要和我开玩笑，说爸爸妈妈对你比对我还好，我要吃醋的哦。"张洵澎也喜欢孔爱萍，"别看她大大咧咧的，但是心很纯"。

"纯"，这是张洵澎对孔爱萍的评价；"纯"，也是张洵澎对于所有学生的要求。"学戏，一定要心纯、心正，不要有什么企图，想通过学戏去攫取点什么。如果你有这种想法，趁早不要到我这里来，最好也别学戏，台下私心杂念太多了，戏是肯定演不好的。"张洵澎不介意学生的接受能力有差别，有些孩子开窍慢些；更不怕有些学生先天条件不那么出众。"勤能补拙，先天条件不占有，后天也可以弥补"，张洵澎说，唯有"心思不纯"这四个字，是她绝对不能容忍的。这是张洵澎教学的原则，也是她做人的原则——因为，张洵澎本身，就是一个"很纯"的人。

熟悉张洵澎和她的学生的人都说：张洵澎的学生素质都很高，待人接物很有礼貌，品行也好，没有那些龌龊的小伎俩。她的学生之所以能获得如此高的口碑，和张洵澎的严格要求是分不开的。"要唱戏首先要学做人"，张洵澎始终坚持的是这一点。"团结"，也是张洵澎对于学生的一大要求。学习闺门旦的女孩子从十岁出头便开始进入戏校，一起生活学习，青春发育期的女孩子心思细腻，难免会有些小聪明。有些老师认为这很正常，甚至觉得这种小女孩之间的嫉妒和竞争有利于促进她们的进步。但张洵澎却不等闲视之，"争强好胜是很正常的，要求上进，要让自己做得比别人更好，是对的，但是嫉妒却绝对要不得，因为嫉妒而在暗地里搞些小把戏，更是绝对不容许的。"

所以在张洵澎的班级里，从来不允许那种同学间嫉妒的事情发生。学生们在艺术上相互学习、帮助，在生活上和亲姐妹一样。不仅同门姐妹如此，对于别的班级的学生，也一样。"张老师的学生大气"，这是昆五班师生的一致评价，这种大气是舞台上的"青衣"风度，也是舞台下毫无门户之见的宽容。张洵澎说："不是我班里的学生，只要愿意听都可以来，我要求我的学生，绝不可以有那种排外思想。"

也许是经历过特殊年代，张洵澎深深体会到空有一身绝技，却无人可传的悲哀，学生肯学，对于她来说，就是最大的幸福。

在张洵澎眼里，学生没有优劣之分，对于所有的学生她都一视同仁，有时候对于那些进度相对慢一些的孩子，她反而会格外用心。班上曾经有个小女孩，有一段时间，张洵澎发现她上课总是心不在焉，下课也不和同学一起玩，还常常会没有原因地流眼泪。通过侧面了解，她得知原来是女孩的家庭遭遇变故，父母离异了，由此对孩子造成了心理阴影。得知了这一情况，考虑到女孩子的自尊，张洵澎并没有直接找女孩谈心，而是用了另一种巧妙的方式转移她的注意力。在课堂上，她有意识地把一些重要的角色安排给这个原本条件并不出众的女孩，并尽可能对她的点滴进步加以表扬，树立她的自信心。

第四节　墙内开花香四方

除了在戏校当老师，有心琢磨、成就一块块璞玉之外，张洵澎还是不少名角、艺术家的老师。这些艺术家既有京昆舞台上响当当的人物，也不乏其他剧种的领军人物。不过，不管是如一张白纸的孩子，还是声名显赫的艺术家，张洵澎都是一视同仁。

2001年8月,上海文广局办了"第一届昆曲闺门旦研修班"。张洵澎门下一下子多了50多个徒弟,这其中既包括了孔爱萍、罗艳、史依弘这样一直以来跟着张洵澎学戏的京昆学生,也不乏淮剧的、越剧的,甚至还有川剧、粤剧、梆子戏和台湾歌仔戏的演员。在一个月的研修班上,张洵澎和小生研修班的岳美缇传授了昆曲经典《牡丹亭》的《游园》和《惊梦》《拾画叫画》,《玉簪记》的《琴挑》,《红梨记》的《亭会》,汇报演出在逸夫舞台举行,反响热烈。

张洵澎还把昆曲课堂搬到了海外。2009年在美国密歇根大学的教学引起当地的极大轰动,金发碧眼的洋学生对张老师崇拜得五体投地,甚至市长都特地委托秘书答谢这位中国的戏曲艺术家,而当地的报纸更是连篇累牍地记载张洵澎在当地的教学之行。

在中央戏曲学院举办的第一、三、四届"优秀青年京剧研究生班",张洵澎也是被邀请传道的导师之一。董圆圆、迟小秋、沈铁梅、侯丹梅、罗艳、孔爱萍、吕洋、李文、王艳……这些如今享誉舞台的青年才俊都是她班上学昆曲的学生。

不过在张洵澎的这些学生中,名气最大的毫无疑问要数京剧表演艺术家童芷苓了。童芷苓最早看张洵澎的戏是在苏州,当时是张洵澎的《寻梦》参加苏州主办的苏、浙、沪二省一市昆曲汇演的第一次公开演出。过后不久,张洵澎的一位同事,上海戏校办公室主任郑利寅找到张洵澎说:"童芷苓看了你的《寻梦》,她很喜欢,很想学,但是不好意思直接来找你,问能不能替她录个音,让她回家照着录音先把曲子唱下来?"其实这个时候童芷苓和张洵澎都在戏校工作,两人抬头不见低头见,但童芷苓可能是碍于面子,一时间有些不好意思。张洵澎也不提起,只是录好音让人带给童芷苓。这样过了一段日子,童芷苓还是托人来请张洵澎,问能不能去她家里教她《寻梦》。童芷苓在解放前就已经非常有名了,按辈分应该说是张洵澎的老师辈,张洵澎当然一口应承。尊敬师长、尊重前辈,张洵澎一向如此。

去童家,张洵澎是带着诚惶诚恐的心情。没想到,童芷苓对待"小张"老师同样也是毕恭毕敬,完全是一副虚心受教的态度。张洵澎通常是周末下午去童家,教半天的时间,因为之前童芷苓已经跟着录音基本学会了唱,所以教学基本是围绕表演,再抠一下唱腔。童芷苓是舞台经验丰富的艺术家,学得非常快。每次到了童家,童芷苓亲自端茶倒水,非常客气。童家的阿姨遵主人之意,每次准备一大桌子丰盛的饭菜招待张洵澎,倒让张洵澎非常不好意思。

张洵澎教童芷苓也不同于在学校教学生。因为童芷苓本身就是一位经验丰富的表演艺术家,风格鲜明,所以张洵澎也并不要求她完全按照昆曲《寻梦》的规范一招一式地学,而只是找到昆曲的味儿就可以了,所以童芷苓的《寻梦》中有不少京剧的味道。而童芷苓学戏有一个细节,让张洵澎印象很深——整个学戏过程中,她从不坐下。其实那个时候童芷苓年纪也不算轻了,但即使是张洵澎示范的时候,她也是笔直站在一遍看着。张洵澎后来揣测,这可能是出于老演员对于艺术的尊重,同时也是对于张洵澎这位"小老师"的尊重。

虽然跟着张洵澎学戏时间并不长,但童芷苓却始终不曾忘记张洵澎这位"小老师"。每次去女儿所在的美国探亲回到上海,童芷苓总不忘给张洵澎带点礼物,有时候是一套裙子、上衣,有时候是一件羊毛衫等,情真意切。而令张洵澎印象最深刻的是1983年的时候,贵州京剧院的一位演员来上海向童芷苓拜师学艺,张洵澎和蔡国强夫妇也应邀参加了拜师仪式。仪式结束后,一大群人围着童芷苓要求拍照。张洵澎见童老师和那些学生、嘉宾忙于照相,正要悄悄离去。没想到童芷苓眼明手快,一口气跑着把正往外走的张洵澎夫妇拉住,还向周围人介绍,"这才是我的老师",并要张洵澎站到他们中间一起合影才好。后来童芷苓还在《青年报》中请记者写了《向小辈学习》的文章。每次见到张洵澎,童芷苓总是恭恭敬敬地称她"张老师"。这让从小看童芷苓老师的戏长大的张洵澎十分感动。

2012年5月,著名京剧演员史依弘的《牡丹亭》正式上演了,艺术指导和传承老师正是张洵澎。提起这个当今京剧舞台上炙手可热的"梅派大青衣",张洵澎脑子里总还是戏校里那个脸圆圆的、肯吃苦又可爱的小女孩。"那时候她还是学的刀马旦、武旦,整天除了练功房还是练功房,总见她浑身汗淋淋的。不过她很爱笑,见到谁都是一张笑脸。"张洵澎说起来，就像是昨天的情景一样。

张洵澎喜欢刻苦聪明的学生，而史依弘正好就是这样一个孩子。虽然学的是刀马旦、武旦，但史依弘却很佩服张洵澎的表演，经常来"偷觑"张老师的课。张洵澎记得有一次对史依弘说，"你要学点昆曲的东西"，没想到史依弘毫不犹豫地说，"是的，我就是想跟张老师学昆曲。"张洵澎已经记不得说这句话的时候是哪一年了，反正从此之后，史依弘就成了张洵澎的小尾巴。

1996年，张洵澎正式替史依弘排了第一个戏——神话京剧《宝莲灯》。史依弘演的是三圣母这个角色，演刘彦昌的是李军。张洵澎把全剧的人物表和动作设计一手包办。而在排戏的过程中，张洵澎的创新大胆也让史依弘、李军他们"叹为观止"。《宝莲灯》里有不少爱情戏，这让原本演惯了传统老生戏的李军很不习惯，而张洵澎要求他们"放得开"。全剧中有一个场景是三圣母和刘彦昌在山巅拥抱欲吻。张洵澎在这里就想到了罗密欧和朱丽叶。她要求李军和史依弘演这段的时候既要"纯"，眼睛又要"放电"。没想到，在她示范的时候，李军"落荒而逃"，说："我实在受不了张老师眼睛里放出来的'电'了。"

在这次演出全本昆曲《牡丹亭》之前，史依弘已经陆续跟随张洵澎学过《游园惊梦》等折子片段，已有一定基础。不过把整本戏搬上舞台，对史依弘来说是一个挑战。为了更好地修改剧本，张洵澎和台湾剧作家王安祈一次次地邮件往来，有时候为了一支曲子的保留还是删去，两人要来回琢磨确定好几次，力求其完美为止。

萧丁在《如画如塑的洵澎妙相》一文中，以台湾阿里山原始森林中那姿态万千的古树名木开篇，比喻历史悠久而千姿百态的昆曲艺术。而张洵澎无疑便是昆曲艺术之林中的一棵风姿奇特的"名木"。

外一章　蔡一磊：出息的儿子

第一节　称鼎洛桑

洛桑，又名奥林匹克之都，位于瑞士西南部日内瓦湖北岸中央地带，连接日内瓦、伯尔尼与苏黎世，是瑞士第二大讲法语的城市。

洛桑是国际芭蕾舞、歌舞剧等精品艺术荟萃之地，是高雅艺术活动盛行的文化都市。世界著名的"瑞士洛桑国际芭蕾舞大赛"就是在这里举办的。

"瑞士洛桑国际芭蕾舞大赛"，是专为年轻芭蕾舞演员举办的国际性芭蕾舞大赛，被称为选手走向职业芭蕾生涯的重要舞台。大赛面向全世界所有国家，只要满15—18岁的选手均可参加。大赛自1973年创办，一直是世界芭蕾界的焦点赛事，每年一月的最后一周（一般是1月23日—30日）举行，决赛在周日举行。

大赛的目标是为获奖选手提供初次专业展示的机会，这些年轻的获奖者还可以获得大赛颁发的奖学金，到大赛的合作学校进修一年以取得更大的进步，或者推荐到大赛合作的专业舞团参与演出。

1986年2月1日，星期天，中国农历春节的正月初四，中国各地的民众还沉浸在节日的喜庆中。瑞士洛桑，金碧辉煌的舞蹈比赛大厅，第十五届"瑞士洛桑国际芭蕾舞大赛"的决赛，在这儿举行。15个国家的98位选手，经过几次的淘汰，最后18名选手进入当天的决赛。中国17岁的蔡一磊被安排在最后一个上场，他参赛的节目是《唐·吉诃德》，复赛时选的节目是根据中国蒙古族舞蹈改编的现代舞《牧马人》。最后一个上场，压力之大可想而知，面对着上千名观众"喔……啊……"的惊叹的声浪，

第一篇　宝钻生辉——张洵澎的人生历程

129

蔡一磊沉着冷静,只想随着音乐的节奏,正常发挥。

宣布获奖名单了,大厅里一片寂静,从三等奖开始,二等奖、一等奖,17名选手各自领着属于自己的奖项高兴而去。舞台边,只剩下蔡一磊一个人。这是怎么回事?难道还会像上次在保加利亚"瓦格纳国际舞蹈比赛"那样铩羽而归?那次,蔡一磊也进入了决赛,然而,却没有拿到名次。那年,他15岁。

正在他疑虑时,突然听到了"一磊·凯(蔡)"的名字,出乎意料的是,10位评委一致同意,把本届比赛的最高荣誉——"最高洛桑金奖"授予了中国的蔡一磊。要知道,金奖并非是每一届比赛都能有人获得的;而对中国而言,这是在此国际大赛上获得金奖的第一人——蔡一磊!

还没有等蔡一磊反应过来,法国的、苏联的、捷克的、日本等国的评委们拥抱着他,又是亲、又是吻;一群女孩子更是疯狂,她们蜂拥而上,争抢着他的剧照,甚至连他的一双舞袜也被"抢"走了。

第二节　沉甸甸的奖牌

蔡一磊获奖的第二天中午一点,李葵南(时为《新民晚报》记者)打电话给蔡国强,因为找不到他的号码,就把电话直接打到蔡国强当时任职的新苑宾馆的总经理那里,总经理转给人事科,把蔡国强家里的地址告诉了李葵南。李葵南立即给正在家里等候消息的张洵澎打去了报喜的电话,告诉她蔡一磊在瑞士洛桑比赛中荣获大奖的喜讯。全家人冷静中带有兴奋。

张洵澎:蔡一磊是1969年出生的,很有意思的是,他从小对音乐很有感觉。当他只有一岁的时候,穿了一件白色的有点像外国修道士穿的长袍子,把他放在桌子上,播放"亚非拉,人民要解放"的歌曲,他就会跟着音乐节拍扭动起来,节奏感好得不得了。

后来舞蹈学校招生,就让他去试试,因为我也特别喜欢舞蹈艺术,特别是看了前苏联乌兰诺娃的芭蕾以后,很是喜欢。

那时我们戏校也在招生，陈洛宁副校长要我让蔡一磊去考戏校，还许诺，一定让他唱小生。可是我不愿意，因为我知道，男孩子学唱戏，有个变声期，万一过不了这个变声期，就"浪费了"，可能是自己扁桃腺开刀开坏了留下的阴影。也曾经想过让孩子去学体育，像他爸爸一样。可是考虑到蔡一磊的身高，可能达不到他父亲那样的高度，不合适学体育。而芭蕾，并不需要一副好嗓子，对身高的要求也不像篮球运动员那样严苛。

第一次初试，也就是扳扳腰腿，主要是看他的形体，合格的身材要求身高与双手的长短有一定的比例，就是双手平伸以后的长度，要超过身高5厘米；而蔡一磊居然超出了8厘米，是一棵好苗子！

等到总复试，就"闹出笑话"来了。总复试对考生的要求是，根据播放的音乐，自己编舞跟着音乐跳。谁知总复试时，蔡一磊超常发挥，征服了考官们。蔡一磊考试的时候，播放的是"新疆亚克西"的舞曲，在家练习时候别别扭扭的蔡一磊，刹那间全神贯注，跟着音乐的节拍，又是手舞、又是足蹈，而且不失时机地来个理理小胡子的动作，最后一个标准的维吾尔族的鞠躬，把那些考官们逗得前仰后合；舞校的校长、书记笑得把身边的汽水瓶子都打翻了。老师们的评价是：乐感好、节奏强，每个动作都在节拍里……

我是演戏曲的，知道一个人要成才是多么不容易；他的爸爸是学体育的，知道一个人要成功得吃多少苦。蔡一磊进入舞校前，从来没有接触过舞蹈，更不要说芭蕾了，他是一个"白坯子"。

他父亲就对他说："无论学什么，都要靠自己努力。我就是十几岁一个人出来，靠自己奋斗，才有今天。你也是这样。"甚至发狠话，"你要是跳不出来，就不要回来！"

蔡国强：我对这个儿子确实很喜欢。当年"文革"，阿澎有很长一段时间跟我一起住在运动系。她怀孕以后，我们这些队友们经常开玩笑，讲阿澎的样子是养女儿的。因为我们很多队友养的都是女儿。给他们这样一讲，我是很紧张的。没想到，结果养了个儿子。我在医院里听到消息，当场就跳起来了！蔡一磊生出来，七斤二两；名字就叫一磊，希望孩子一生光明磊落。

蔡一磊从小就在我们运动系里长大，因为当时"文革"，他妈妈带着他就跟我去了运动系，这对他影响很大。他亲眼看到了，要想成为一个好的运动员，需要怎样刻苦的训练。当时在运动系的环境下，蔡一磊对篮球运动产生了很大的兴趣，在基本功方面，他带球疾跑、急停做得很好，特别是运球运得好得不得了。看球的球迷都知道，每逢中场休息，蔡一磊拿了一只篮球就到场上去了。我对他的要求跟他母亲对他一样，生活上一般尽量满足他，业务上从来不含糊。他进了舞蹈学校，到了三年级的时候，我就跟他说，你学了三年了，是不是真的喜欢芭蕾？不喜欢提出来，可以转行；要是喜欢，就要好好"弄"，并且要"弄"出些名堂，否则你不要回来。

蔡一磊：首先是父母亲给我的天赋条件好，老爸打篮球，老妈演昆曲，我是跳芭蕾，打球、演戏、跳舞，都要靠协调。有人说，手长的人一般总是协调的，我们家里三个人的手，都比一般人要长（指本人的两手之长超出身长5厘米以上）；而老爸居然长出9厘米，更加协调。跳舞不光是要体型好，更要讲究协调，还要有悟性，学东西快，并且要学得像。

另外，我妈妈从事的是昆剧艺术，好比是"马王堆艺术"。然而，妈妈到我们舞蹈学校上课，给我们讲如何用眼神来塑造人物、丰富表现力，对我们帮助极大。妈妈从事的昆剧艺术博大精深，她已经达到了很高的艺术高度，给了我很大启示。我在表演中，除了舞蹈技巧发挥到"像瑞士钟表一样精确"（外电对蔡一磊表演的评论）外，那规定情境中，运用眼睛的丰富多变，给人以无限想象，也是成功的秘诀。

其次，是学校的老师哺育我成长。这次参赛的《唐·吉诃德》变奏，是胡蓉蓉老师特意给我编排的。这位年过花甲的艺术家和袁水海老师，不厌其烦、一遍遍地给我排练。《牧马人》是叶坚和马人聪老师给我编排的。有几次排练到很晚了,老师还烧了年糕和鸡蛋给我吃。班主任李曼华老师,以及陈国亭、陈沛然等老师,从思想、生活、业务上都给予了我很多帮助。

参加比赛,我也没有多想什么,只是想把舞跳好就可以了。得了奖回到北京才给家里打电话,给老爸报了喜,老爸激动地说,好,你争气! 我就回了两个字:争气!

蔡国强:儿子真的长大了,他懂得自己的成功离不开老师的培育,这是我最大的欣慰,甚至比儿子拿奖还要高兴,因为这表明孩子懂事了、懂得做人的道理了,这是用钱也买不到的。

张洵澎:有报道说,我很"宝贝"儿子。是的,我很"宝贝"儿子;但是我们的"宝贝"与人家的"宝贝"不一样,我们教育他做人要大气,讲究仪表、风度,交往中吃点亏绝不与他人斤斤计较。但是在他的业务上,我们是高标准、严要求,不让他像"少爷"那样浪费时间,催促他更加发奋、更加努力。

我一直以为,父母对孩子的影响,很多时候不是靠嘴巴里讲的,而是你的实际行动,给孩子潜移默化的影响。我在戏校排《寻梦》的时候,只能利用晚上的业余时间,因为白天要给孩子上课。那些乐队的老师、同事,他们为了给我排戏,走到一起来,横一遍、竖一遍,我很感动。有一次我拉肚子,回家以后马上自己吃药。我从不跟家里人讲这些,可是蔡一磊都看在眼里,我想,我的精神肯定也影响了他。如果我自己因为吃不消而泄气,下次人家帮你排练就更没有劲了。

再说老蔡(蔡国强),有次在伊拉克比赛,被对方人员撞到,右手手腕骨折,痛得昏倒在地上。但是这时场上的形势很紧张,中国队只差一个球就赢了。当时老蔡是绝对主力,面对领队、教练焦虑的目光,老蔡就一句"为国争光",坚持上场。右手不行,他改用左手,"嗖"! 一记神投,中了! 中国队赢了!

我们的经历,蔡一磊从小就知道。有一次在训练中,他的腿骨折了,老师不知道,他也不吭声,还继续练了两个星期。直到腿都肿起来了,实在不能动了,老师才知道他骨折了。老师带他去医院上了石膏,对他说,你这样也没办法练了,学校休息条件也不好,你还是回家休息吧。学校老师征求我们家长的意见,是在学校休息,还是在家里休息。我们一致决定,不回家,坚持在学校休息。他爸爸说了,下肢受伤,还可以练上肢。他也懂事,懂我们为什么这么狠心。他就在学校边休息、边练功,一直练到伤腿外面的石膏都练坏了,到医院重新上了一个。就是这个新上的石膏,也没有到"年纪"就提前"退休"了——蔡一磊自己把石膏剪掉,为了方便练功。

后来,我们知道,他的一只脚受伤后,老师就把他整个身子倒过来,拎着他的那条伤腿,双手撑在地上,练双手的力量、力度。所以他上身很阔,后来托举时臂力也管用,而且翻筋斗的素质好。

第三节　母子争锋

在教育上,张洵澎把蔡一磊既看成是自己儿子,也看成是学生。她把在蔡一磊身上用的一些方法,再复制到平时在学校里教学生上去,这对教学会有用。

张洵澎清楚地知道,对于蔡一磊,获奖以后的路更加难走。她对儿子讲,你现在获得了国际最高奖项(瑞士洛桑国际芭蕾比赛大奖,是中国演员第一次获此奖项),只有不断鞭策自己,不断进步,才能不辜负这一荣誉。

面对儿子的成功,张洵澎又想到了自己,她是一个对艺术不会轻言放弃的人,以前只是对自己,如今又增加了一个儿子。

尽管自己的历程坎坎坷坷,但是自己从来没有停止追求。

1986年11月19日,张洵澎应北昆之请,北上教戏,给北昆的随团学员班教戏。

1986年12月2日,张洵澎应邀在全国政协礼堂演出《寻梦》,全国政协副主席吕正操看了以后很是兴奋,意犹未尽,上台接见张洵澎时说,你可以把《题曲》排出来。当时就有人跟吕说，应该给张洵澎作一次专场演出，吕正操当场拍板同意。

1987年1月5日，北京人民剧场，张洵澎专场正式举行。

而此时的蔡一磊，被上海选上到北京参加全国的赛前选拔，要"过五关、斩六将"，层层选拔之后，优胜者才能获得去洛桑比赛的资格。12月15日，蔡一磊开始发烧，他坚持着，没有跟任何人讲。直到后来被他们的老师发现，蔡一磊的面色不对。这样一直到24、25日，才慢慢恢复元气。

1987年1月5日，全国政协为张洵澎举办个人演出专场，演了《佳期》《小宴》《百花赠剑》，钱昌照夫人对张洵澎说，你的《佳期》比《寻梦》还要好，啥人晓得（看得出）你是47岁的人了；而另外有些年纪大一点的观众说，《小宴》比《佳期》演得好；更多的中青年观众则说，《赠剑》好，太棒了！闺门旦结合武旦表演，技艺全面，综合性强。

张洵澎：我后来长期从事教学，这就让我跟青年的接触多了起来；昆曲要想吸引青年来看，就要随着时代的发展有些变化，当然根基必须还是昆曲。

我觉得，这次专场的成功，与这几个戏挑得好有关系，三个不同人物的戏，却体现了闺门旦行当中的区别。《佳期》中的红娘，年幼活泼，我用了一点类似"花衫"行当的表现手法。而《百花赠剑》中的百花公主，沙场点兵回来，头戴翎子、身披铠甲，自然就融入了"刀马旦"的元素。因此一场戏，展现不同的人物，展示了演员的基本功，观众看得过瘾，我自己也演得过瘾。当时中国剧协领导说，你就演两个吧，不然太累了。吴祖光也说，把演员累坏了可不行。可是，全国政协的有关领导一直坚持要我演出三个戏，甚至还要求，最好能演《题曲》。这个要求我答应不了。因为闺门旦与小生不一样，小生换装快，而到了闺门旦的我这儿，贴片子要重新弄，要在一刻钟里，从原来的贴二条片子，到换成七只小弯，还要把服装全部换掉，根本来不及。就说这次演的三个戏，后台师傅也很紧张，他们帮忙帮的太好了，《小宴》一下场，只有5分钟的时间，服装师傅这边把我的凤冠卸下，那边已经帮我把翎子戴上，接着就是《百花赠剑》，一点也不耽误。演出效果、观众反映都非常好。

张洵澎在北京的个人专场成功了。不到一个月后的瑞士洛桑，蔡一磊也成功了，一举拿下"瑞士洛桑国际芭蕾舞大赛"的金奖，这是中国的选手第一次捧回这个大奖。可是，因为母子两人的成功，却闹出了一场"母子误会"的喜剧。

蔡一磊：我到了北京，当然知道妈妈在北京，在准备她个人的演出专场。我很想去看看妈妈，可是，从我培训的驻地，到妈妈演出的场地，来回一次要花去将近一天的时间，因为妈妈肯定会千叮咛、万嘱咐，讲不完的话，肯定会耽误训练；再说妈妈一个人的专场，准备工作肯定很忙、很繁琐。思来想去，我没有到妈妈那儿去。其实，两三个月没有见到母亲了，啥人勿想，人到底是有感情的，何况是母子之情！我今年只有17岁，已经有了几次机会；而妈妈已经47岁了，还刚刚开始'拼'，应该要多为她创造一点条件，让她能在事业上得到应该有的成功。

张洵澎：这一次可就有点误会了。我去北京办专场，是北昆协助我的，到了北京后，异乡客地、孤身一人，自己不仅要排戏、教戏，还要买菜、做饭、洗衣裳……儿子来北京，前一天我特地打电话到文化部国际处询问，再到车站去接他。接好以后，把他安顿好，第二天开始就要上课选拔了，这可是关键，谁知道最后选上谁。第二天一早，我就赶到天桥，去看他，一直等到中午12点，肚子饿了，就到对面的面包房一下子买了十多个面包。谁知他没有心思吃，因为晚上还要演出，结果这十多个面包全部给了老师们吃了。我匆匆回到驻地，已经下午1点多了，自己再弄午饭。下午顾不得好好休息，晚上又急急赶过去，看蔡一磊的选拔。此后几天一直没有联系，一是因为我自己在准备专场，二是因为打了几次电话给他，都没有打通。

到了20日，蔡一磊他们出国那天，他匆匆跟我通了电话，就说，妈，你要演出，我就不来了。而且他走时，也没有给我写信。后来，他写了一封信给我——

　　妈妈，我现在是流着眼泪给您写信的。请您不要误会我了。也许是我做小辈的想的不周到，但我完全是出于好（孝）心。我知道您奋斗了这么多年是多么的不容易，好不容易有了自己的专场演出的机会，如果我来了，会占去您很多时间，这样不但影响了您的休息，也会影响您的演出。您只有休息好了，才能保证有一个好的演出状态。我只是想，您不要来看我，我也不来看您，大家为了保证演出。您要知道，我的心中是不能没有妈妈的！

　　我看了信以后，也震惊了，儿子真是个"热水瓶"，外面冷、内里热。后来我把儿子的信给他父亲看了，蔡国强就是一句话，你呀，比你儿子还要"小"。

第四节　一条艰难却是成功的路

瑞士洛桑抢金夺魁，并不是蔡一磊的终点，只是他冲击更高目标的起点。1988年，在当时市委领导的关心下，蔡一磊开始了他的留学、成才之路——去英国伦敦留学。

在英国皇家芭蕾舞学院学习仅两个月，英国皇家芭蕾舞团的两位团长与舞院的一位校长就看中了蔡一磊，一致同意将蔡一磊吸纳为英国皇家芭蕾舞团的演员。

蔡一磊有幸成为该团第一位中国演员。

英国的芭蕾舞艺术，有着深厚的传统底蕴，与优秀的俄罗斯舞蹈艺术相比，她更注重艺术性，对人物刻画细腻，音乐理解到位，故事演绎详尽，让人感觉在看一场舞台剧。但她在力量和技巧上，略逊一筹。等到俄罗斯的奴里耶夫加盟英国芭蕾艺术后，把力量、技巧和艺术完美地糅合起来。原来一些编舞无法实现的舞蹈动作，从此可以一展身手。奴里耶夫和玛戈·芳婷合作的《茶花女》《睡美人》《海侠》等剧目极受欢迎和好评。

一开始，团长要求蔡一磊从"群舞"演员开始。想要成为一位"独舞"演员，还得要经过"领舞"这样一个漫长的锻炼实践过程。

刚到英国时的蔡一磊，语言是他的一道门槛，为了尽快地学好英国的芭蕾，他要尽快地融入其中。蔡一磊尽一切努力与英国人接触，提高会话能力；过了语言关后，他又观看了大量的莎士比亚戏剧，观摩了很多经典的歌剧、电影，熟悉英国人的生活方式，吸收爱尔兰民族的精华。

因为蔡一磊懂得，就像一个外国人学京剧不到中国来是难以想象的一样，要真正掌握芭蕾艺术也要了解、熟悉欧洲的历史、文化、民俗、民风。芭蕾决不仅仅是技巧，如果是那样的话，体操更胜一筹。

蔡一磊：英国的芭蕾训练与中国最大的不同在于，英国的导演不会在排练前教你舞步，总要你细心地揣摩，自己找感觉、练步子。上场时，如果步子踏不准，导演就会说"下一位"，不行的就淘汰，竞争很残酷。芭蕾舞团有一位日本女孩，比我稍大几岁，跳了20多年群舞，一直默默无闻。芭蕾是一种讲究技巧的贵族艺术，苦练还应巧练。艺术上我与母亲没有年龄之分，默契得像个朋友，我常把训练中的一些感悟写信告诉母亲，她赞赏我的悟性。她在回信时说，芭蕾与昆曲有相似之处，芭蕾的肢体语言值得昆曲借鉴，昆曲的优美动作也值得芭蕾学习。虽然远在东西方两个不同世界，可我与母亲的心离得那么近。

所幸的是，在我的努力下，1990年我就荣升"领舞"，1993年我又荣升为"独舞"，成为皇家芭蕾舞团的首席演员，走向了艺术高峰。我主演了芭蕾经典剧目《胡桃夹子》中善良英俊的科拉斯，及《关不住的女儿》《天鹅舞》《霍夫曼》《罗密欧与朱丽叶》中的男主角。

虽然从事的是西方的古典艺术，但蔡一磊是吮吸着中国传统艺术的奶水长大的。他十分崇拜身为昆剧艺术家的母亲张洵澎，他曾戏谑地称母亲是演绎"马王堆艺术"的。然而，母亲应邀到上海舞校上课，给他们讲如何运用眼神来塑造人物形象、丰富演员的表现力，却使他深深折服。

如今，他在艺术上越来越成熟，就愈发认识到母亲从事的昆剧艺术的深奥，认识到母亲达到的艺术高度是他十分钦佩的。大概得益于母亲的缘故，他的舞蹈除了技巧发挥得淋漓尽致和"像瑞士钟表一样精确"外，那规定情景中丰富而多变、明亮又深邃的眼神，更是独具魅力。现在，他谈起芭蕾，总会情不自禁地联系到中国戏曲，他把跳"群舞"的比喻为"跑龙套"，把"领舞"的比喻为"二路小生、小旦"，而跳"双人舞"的就是"小生、闺门旦"了……

蔡一磊：母亲一直没有放弃对艺术的追求。1994年6月，她在上海逸夫舞台举办了"张洵澎舞台艺术40周年专场演出暨研讨会"活动。当母亲将此喜讯告诉我时，我激动难抑，这是母亲从艺四十年的一次盛大的节日。当时我演出任务很重，不能飞到上海，为了表示儿子对母亲的敬意和祝贺，我马上给她发去了贺信。演出专场结束后，她在越洋电话里对我说："我又恢复了艺术的青春，艺术的道路没有止境，让我们比翼双飞，在艺术的海洋里尽情地发挥自己的才华吧！"

母亲追求完美艺术的脚步一直没有停歇，1995年她荣登第六届上海市"白玉兰"戏剧表演艺术主角奖榜首；又自筹资金拍摄并主演了四集电视连续剧《牡丹亭》。

受母亲的感染，蔡一磊更加发奋努力了。记得有一次演出，开演前半小时，团长临时通知蔡一磊上场演一个角色。原来这场戏没有他的任务，他也从未跳过这个角色，看着蔡一磊犹豫的神色，团长以坚定的口气说："你先去化妆，道具、服装我帮你解决。"蔡一磊一边化妆，团长一边教他动作，这时已经7点15分了，临开幕只有15分钟了。7点45分时，蔡一磊正式上场了，他的表演让团长眼睛为之一亮，在后台跷起了拇指。团长惊讶地发现蔡一磊的反应及接受角色的能力超过了他原来的想象。第一幕结束了，蔡一磊正准备卸装，团长又叫他补妆继续上。第二、三幕，蔡一磊的临场发挥达到了空前的良好效果，团长赞赏地对全剧团演员说："他的临场表现，使我们有理由把演员和真正的艺术家区分开来。"以后，每当有蔡一磊的演出,英国的报纸总是称他为最有前途、年轻的艺术家,有报纸还报道说:"蔡一磊先生成熟了。"每当有一部戏上演,热情的观众都是冲着他来看戏的。

蔡一磊特别崇拜俄罗斯的芭蕾舞蹈大师巴里殊尼哥夫,他在上海老师的精心培育下,曾有"小巴里殊尼哥夫"之称。所以,他在上海舞蹈学校打下的扎实基础,使他在技巧、动作方面超过了一起学习的他国留学生。抵英后,他先后在皇家舞蹈学校、皇家芭蕾舞团和苏格兰国家芭蕾舞剧院任职,从群舞跳起,再跳领舞,直到跳双人舞、任主演。《关不住的女儿》《睡美人》《吉赛尔》《葛佩莉亚》《胡桃夹子》《天鹅湖》等四五十部大戏中,都有他令人难忘的形象;大师巴里殊尼哥夫跳的各种舞剧,也是他施展才华的天地。

蔡一磊特别赞赏英国有着芭蕾舞演出的良好氛围,他每年演出不下150场,英格兰、苏格兰、威尔士,他的舞鞋早已走遍了英伦三岛的每个地方。十几年来,他英俊的舞姿,在法国、西班牙、德国、意大利、南非、日本、韩国、新加坡、新西兰等亚、非、欧、大洋洲几十个国家的舞台上展露,使不少青春少女追星族如痴如狂、神魂颠倒。

由于蔡一磊的出色成就,1999年11月,他被英国《星期日日报》开展的"苏格兰100位名人"评选活动选出(选评男女名人各50名),并且排名靠前,位列第31名(英国副首相列第13名);也是第一位获此殊荣的男性芭蕾舞蹈家。

第五节　蔡一磊回来了
——金窝银窝不如家里的草窝!

蔡一磊:1999年1月25日晚,我正在苏格兰演出。开演的铃声已响,我突然接到家中发来的传真,匆匆看了一眼,心就像秤砣一样往下沉,"父病,速回!"我不知道自己怎样跳完这场戏的,一下场,我把演出服和护套塞进背包,连"家"都没回,心急火燎地于当天晚上坐飞机飞回上海。在大楼的电梯里我遇到舅舅,看到他手臂上缠绕的黑纱,我脑袋一下子要炸裂了,手上的背包重重摔在电梯里。到了27层的家,我见到妈妈坐在客厅里,接待前来吊唁的领导和好友。父亲是妈妈的最爱,三十几年来,他们心心相印,相濡以沫,父亲支持母亲的昆曲事业,没有父亲,也不会有母亲艺术上今天的辉煌。父亲心脏病猝发而去世时,妈妈在北京京剧院教戏。等妈妈赶到上海时父亲却已经永远闭上了眼睛,这致命的打击,使她心碎到了极点。

儿子的回来,让还沉浸在丧夫之痛的母亲的脸上,重又展现出一丝安慰的微笑;形单影只的家庭中,再次传开了母子重逢的笑声。

依然那么潇洒、英武,多的只是高贵、成熟——看着熟悉又陌生的儿子,张洵澎被撕裂的心,得到了些许弥补。

为了尽一个儿子的孝道,蔡一磊向团里请了长假,准备在上海好好陪陪母亲。张洵澎从电话里得知儿子的打算后,天天翘盼儿子的到来。那时,张洵澎已经结束了26年的教学生涯,从上海戏曲学校重回上海昆剧团工作,参加新版《牡丹亭》的排练。一到上海,蔡一磊就与母亲一同去苏州参加"中国首届昆曲艺术节"。作为"全国昆曲指导委员会"的成员,张洵澎对来自全国7个昆剧团演出的经典作品都给予了高度的评价。

蔡一磊难得有机会与母亲一同观摩,心情特别好。他们在回家的路上,一起探讨芭蕾与昆曲的各自长处。"如果我们母子能同台演出,那该多好哇!"张洵澎天马行空的思路引来突发奇想:"把芭蕾的优美舞蹈动作和昆曲的唱腔和完美的舞蹈交相辉映,让观众从中享受中西方艺术的精华,一定很有创意的!"

蔡一磊:我激动地望着母亲,60岁,她的精力仍然那么旺盛!舞台上她那优美的身段和轻盈的舞步,也证明了她对艺术的不懈追求。

母亲所在的昆剧团在上海绍兴路上,夏天单位里发了几箱饮料,以前父亲一直为母亲效力,做搬运工。现在父亲不在了,我就自告奋勇地到她单位里去拿饮料。母亲很感动,团里的同事对她说:"你儿子从英国回来,成了国际名人,都这样替你着想,你真有福气!"我冲着母亲笑笑，那时我感到这些力所能及的事情虽然小，却能温暖她的心，给她安慰，多好！

在母亲的眼里，我永远是一个孩子。上海东方电台"点戏台"节目直播时，邀我与母亲同坐直播室，主持人问母亲眼里的儿子是怎么样的？她说，她眼里的儿子宽厚、善良，心地纯洁，那么我眼里的母亲呢？我说母亲坚强、热爱艺术，是我事业上的导师和朋友。

上海舞蹈学校是蔡一磊成长的摇篮。他与舞校有着7年的深厚感情，每年回上海探亲，他都要去探望学校的老师和师妹、师弟们。这次回上海后，他为学校的毕业生编排了一出现代舞，参加全国"桃李杯"的演出。蔡一磊在音乐、舞蹈动作等方面都作了精心指导，通过10多次的排练，最终的比赛结果中，有两位同学分获全国的第二、第三名。

蔡一磊还有一个更大的心愿：

我的艺术之根在中国，如果到时能与母亲同台演出，实现我魂牵梦绕的夙愿，将是我们莫大的幸福！

我们真诚地祝愿蔡一磊"母子同台"的愿望早日实现！

第二篇　洵美且异

——张洵澎的舞台艺术

上海有句俗谚,叫做"冷镬子里爆出热栗子",意指"很难得、不容易做到,同时又让人感到出乎意外、非常惊喜的人或事"。看张洵澎的戏,就会有这样的感觉。张洵澎从艺50多年来,教戏很多,演戏不少。每每演出,总会给人留下标新立异、不同凡响的印象。无论是《游园惊梦》《寻梦》《幽会》,还是《赠剑》《亭会》《说亲》《佳期》,乃至很少亮相舞台的《疗妒羹·题曲》,都会让观众眼前一亮、耳目一新。她演绎的每出戏、每个人物,无不打上明显的"张氏"印记,以至于有些观众呼其为"澎派",倒也不无道理。

1983年4月23日,上海《舞台与观众》发表了著名戏剧家钱英郁先生撰写的文章,对张洵澎的表演艺术给予了很高的评价——

张洵澎是上海戏校昆班第一期的高才生,16岁即以《游园惊梦》一鸣惊人,深得业师朱传茗的钟爱和名演员言慧珠的器重。惜乎在"唯成分"论的影响下,长期受到压抑,未能展其所长,而练功、练唱不辍,艺事未敢松懈。前年自动请调戏校教授昆曲,工作益加勤奋,除正常教课外,还积极整理加工《寻梦》,于去年春参加苏州举行的昆曲会演。《寻梦》在《牡丹亭》中最为难演,如《拾画》尚有画像可以利用,此折唯有折扇一把,全凭丽娘一人独演,毫无假借歇力之时,又得载歌载舞,满台是戏。阿澎匠心独运,设计花园的亭台楼阁隐约可见于杉木之后,仿佛梦境犹未去远,丽娘自纱幕之后的月洞门中盈盈而出,缓缓经过亭台楼阁转至纱幕之前,好似刚从残梦中醒来。《寻梦》描摹丽娘追寻梦中邂逅之如意郎君的踪迹,渴望重温幻想中的欢乐与幸福,洵澎以飘拂自如的水袖,闪烁有神的目光,婉转缠绵的身段,徐疾变化的舞步,徐徐传达了丽娘的一腔幽情,她还运用"浮象"(即"内心视象")的技法贯穿表演之后,让观众感受舞台上随处都有柳梦梅的身影伴随丽娘在浮动。洵澎品德亦好,虽平素拙于应酬,但同事间切磋演艺,热忱交流,毫无保留。

钱英郁先生还赋诗一首：

《惊梦》一曲口碑重，朱师得意言师宠。
半世坎坷唯成分，全心从艺能放松?!
难中频叩俞老门，平生耻谒践者踪。
《寻梦》巧施写意笔，拭目《佳期》奏新功!

钱英郁先生的文章、诗作，充分展示了张洵澎在戏品、人品两个方面的成功! 著名戏剧家蒋星煜先生，亦是不吝褒奖之词，对张洵澎的戏、德，给予了很高的评价——

"人到中年百事哀"，原是旧社会中一句经验之谈，现在大不一样了。文艺界繁荣活跃，中老年都在精神振奋地工作着，昆曲名旦张洵澎尤其如此。

张洵澎是昆剧花旦，可她没被行当凝固，更没有把剧种作为鸿沟孤立自己。她对民族舞和芭蕾舞的情感之浓烈，令人吃惊。我第一次和她谈论艺术问题，就是在刀美兰独舞会的观众席上。

张洵澎最负盛名的戏是《牡丹亭》的《寻梦》和《西厢记》的《佳期》，都是写的爱情、幽会，不把戏做足，等于仅仅给了观众一份说明书；把戏做足，又容易流于庸俗低级。她的分寸掌握得恰如其分，观众得到的是美好的情愫。她从小有机会接触古典诗词和西洋音乐，这使她具有有利的条件，可供深造。

……

她的兼收并蓄，使其他艺术领域的艺术家，对她发生了兴趣，上海芭蕾舞团请她参加《断桥合钵》的编导。她在排练此剧时，更多地吸收了芭蕾的舞蹈养分，后来在《寻梦》中用了不少。一位行家说她"猛地一个扇袖分舞势，亮开双臂，如鸟奋翼，沿着舞台对角线，直冲……"毫无疑问，根在芭蕾。她的快速转身、屈腿，似乎也得到了华尔兹和探戈的神韵。

她的《佳期》，更非当年张传芳或姚传芗的原型，所包含的"元素"，相当复杂：那些天真无邪的神态、若有若无的忸怩味儿竟是受了刀美兰的《水》的启发而"悟"出来的。身体倾斜而以单腿支持重心的造型是从湘剧谭保成《醉打山门》的十八罗汉的形象借用的。某些轻快的步法、轻轻摇晃的左右手分别横于额角之上和下巴之下的衬托面部表情则又是从维吾尔族、哈萨克族的民族舞蹈中提炼的。难得的是，她"化"得自然，混成一体。

张洵澎的《寻梦》《佳期》《亭会》等节目固然和传统颇有距离，但和青年观众的距离却近了，和时代的脉搏趋于同步了。但是，她的演出仍旧有着轻歌曼舞的柔美，而不是劲歌狂舞。

张洵澎还在中年，我无意把她的尝试和前辈大师的成就相提并论，只是说明她的胆识和努力是难得的。只要有更多的人能接受欣赏，那就是成功。

1986年12月21日《戏剧电影报》

和张洵澎一起学艺、一同成长的岳美缇、蔡正仁，都是在昆剧表演艺术上很有造诣的艺术家，他们对张洵澎也是称赞有加——

小生表演艺术家岳美缇对张洵澎的传承、创新的激赏毫不掩饰：她是演旦角的，只要是她的戏，都会有自己的东西，她是有想法的，创作欲望非常强。闺门旦中节奏很难清楚，因为会变得很硬，但是她表达得很清晰。她对昆曲舞蹈的理解和熟练程度使她在戏中可以自由地发挥。

朱传茗是她学戏的标杆，言慧珠是她演戏的楷模。她的血管中流淌的是和言慧珠一样不安分的血——对艺术创造的不安分，渴望创造出与他人不一样的艺术作品。在继承老师教习的昆剧传统的基础上，她常常会从其他艺术门类中得到启发，不遗余力地吸收和借鉴其他艺术门类的技巧手法，并用恰当巧妙的手段糅进昆剧中，丰富着昆剧的表演手段。蔡

正仁深有感触地说：

> 她在小的时候基础打得很好，无论唱念、动作、手势、表演。到后来，她就发挥了自己的所长，在传统的基础上，根据自己的特点，吸收了芭蕾舞的动作等，当然吸收不光是学，而是把它化为昆剧的舞蹈动作，形成特有的风格。我觉得（好的演员）是应该有自己的特色，老师的东西学下来之后，不能大家都一样的。

> 还有就是她在创造人物时比较大胆，比如在《幽会》中，传统的演出是循规蹈矩的，而她却把杜丽娘那种大胆寻求的感觉大胆创新，那个时候我们叫她"张大胆"。我还是很理解她的，她有想法，我们两个也谈得来。我觉得昆曲需要敢于创造、有自己特色的演员的，所以我很配合她。

1982年演出的《寻梦》，应该是张洵澎个性化艺术风格的雏形，她演的杜丽娘在舞蹈、身段上融合了芭蕾的技巧、"国标"的神韵。关键一点，体现出来的还是昆剧原有的特色（也就是梅兰芳先生所倡导的"移步不换形"），清新的表演风格受到各界瞩目。

"澎派"汹涌第一潮
——张洵澎的《寻梦》

1982年，上海举行了"上海昆剧经营展览演出"，上海市戏曲学校教师张洵澎主演的《寻梦》受到了观众的瞩目和赞赏。京剧表演艺术家童芷苓，一直自称是张洵澎的"粉丝"，此时她也坐在台下，目不转睛地看着台上张洵澎的身段、舞蹈，嘴里念念有词，频频跟着台上的张洵澎轻声吟唱。"洵澎的身段特好。所以，去年我把她这段戏拍成录像，带到美国去讲学示范。"童芷苓兴奋地表达着她的赞扬。后来，她还特地找到张洵澎学习《寻梦》，成就了一段艺术家谦逊、好学的佳话。

沈传芷老师曾说："戏有千百出，剧有千百种，最难演不过《寻梦》。"圈内人都知道，《寻梦》原是个几将被人们遗忘的昆剧剧目，已在舞台上绝迹将近40年。俞振飞先生曾对秦来来说，1957年他和言慧珠先生合演《牡丹亭》时，"把《寻梦》这一折拿掉了，没有演"。

《寻梦》难演，难在它是一出独角戏；难在濒临失传，当时只剩浙江的姚传芗先生还能说一说这出戏。

> **张洵澎**：《寻梦》中，杜丽娘的表演难度是很大的，因为它基本是一出"独角戏"，主要揭示杜丽娘的心理活动和精神状态，没有什么故事情节，而这种心理活动又非常细腻，非常微妙，要把它准确地、有层次地表达好，就必须要有细致感人的唱腔、刻画入微的表演、千姿百态的舞蹈身段。

张洵澎十分清楚演好这出戏的难度。

　　从20世纪60年代起,张淘澎先后三次南下杭州,"立雪姚(传芗)门",拿下《寻梦》,已是昆剧界的一大美谈。

　　1963年,朱传茗老师告诉张淘澎,姚传芗能演《寻梦》这折戏。张淘澎就去了杭州向姚老师学习,并在舞台上多次演出。之后遭遇"文革",这出戏的演出也就此夭折了。

　　1978年,"文革"结束后不久,张淘澎就想着要把这出戏再次恢复出来。因为是一个人的"独角戏",因此张淘澎就把原来的12支曲删去了4支,只留下8支。1979年,张淘澎又一次前往杭州,请教姚老师。姚传芗老师教的这出《寻梦》,也是以唱为主的,身段不多,圆场基本没有,舞台画面基本是静止的。

　　1981年,湖南省委宣传部车文仪部长邀请上海组织"传"字辈老师赴湖南郴州湘昆剧团授艺,因为朱传茗老师已经去世,就由张淘澎"代师授艺"。在湘昆教戏期间,张淘澎一有空,就琢磨这出戏。

　　她不仅向姚传芗先生讨教,同时也认真研读剧本,先从曲词入手,读懂、理解,理解后再挖掘人物微妙的感情,对于杜丽娘的人物个性和思想情感做了细微的分析,人物情感找准了,再从人物出发对唱腔、表演、身段都做了力所能及的设想,同时还留心吸取了姐妹艺术的长处。"十年磨一剑",经过艰苦的努力,她对杜丽娘有了更深刻的理解,对于整个表演也已经了然于胸了。

　　在1981年的排练中,张淘澎明确地试图用"梦""寻""守""破"四个字来概括杜丽娘这个人物的形象和性格。

　　"梦",是她的理想天地,因为在梦境中可以不受封建礼教束缚,充分享受爱的权利。

　　"寻",是行动上寻觅失去的梦境,渴望真正的幸福。

　　"守",是坚守自己的信念,争取应该享有的权利,为了爱情宁死不悔,正是"待打并香魂一片,阴雨梅天,守的个梅根相见"(【江儿水】)。

　　"破",则是现实生活对她的棒喝,"咱杜丽娘少不得楼上花枝也则是照独眠"。

　　演出后,反响出乎意料,人们的评论竟然是:"冷戏演热了,老戏演新了，死戏演活了。"

但张洵澎仍然感到不够成熟，于是，第三次"立雪姚门"，向老师请教。在苏州会演中，她演的《寻梦》又得到了与会前辈、领导、同行和观众的热情指点和鼓励。

在《寻梦》的表演中，张洵澎主要从以下几个方面进行了探索：

在音乐唱腔方面，为了准确表达杜丽娘在《寻梦》这一特定环境中的思想感情，张洵澎结合自己的声腔做了一些新的处理。一开场，采用《惊梦》中明快欢乐的"万年欢"作为伴奏曲，烘托杜丽娘在游园中梦遇柳梦梅时幸福、甜美的情景和心情，大幕

张洵澎演《牡丹亭·寻梦》

伴随音乐声徐徐拉开，音乐由明快转入缓慢，由欢乐转为深情，一个娇美、寻春的少女缓步走上舞台。

从"懒画眉"到"豆叶黄"五个唱段，都是刻画杜丽娘当时追忆梦境的心情，但又各有不同。因此，不仅要唱出这几支曲子的共同情感，更要唱出它们细微的区别。"懒画眉"描写了杜丽娘面对大好春光，追求幸福理想的强烈心情，在开唱"最撩人春色是今年"的"最"字和"撩"字之间，很好地掌握住气息的变换，在"最"字后面加上个"尾腔"，若断若续，不绝如缕，声断情不断，细腻地表达出杜丽娘情思昏昏的怀春之情，竟连满园花草都受其感染，与之共鸣了。唱至"忒忒令"后，节奏开始催上去，杜丽娘似睡似醒，寻觅梦中的景物。唱"嘉庆子"时，杜丽娘以缠绵的神情寻觅梦中人和梦中初见的情景，唱腔抒情，内心炽热。这里，张洵澎请名鼓师高明亮先生（原京剧表演艺术家童芷苓先生的鼓师）一起设计，陪衬以具有一定力度的鼓点，打出杜丽娘此时的内心节奏。唱至"品令""豆叶黄"时，杜丽娘回味梦中的欢会，心潮激荡，沉醉销魂，这时节奏是轻

松、流畅的。这几支曲子的处理，她力求做到动静交替、有起有伏、时张时弛，波澜层叠，突破了闺门旦四平八稳、起伏不大的局限，有层次、深刻地去揭示人物的内心世界，使观众引起共鸣。在整个声腔上，以情出腔，以情带声，避免大换气、大停顿，恰如其分地运用气息，做到声情并茂。

在表演方面，《寻梦》是昆剧闺门旦的重头戏。杜丽娘是美的化身——外表美、心灵更美。所以她设计的各种身段始终围绕着一个"美"字，每一个动作，举手、投足、耍袖、舞扇，都要给观众以美的感受。她把亮相的造型像雕塑一样精雕细刻，静中有动，有感情的波动，使造型更具有美的魅力。她打破了原来闺门旦所用的迟缓稳凝的程式，必要地吸取一些花旦、刀马旦的动作，还借鉴了舞蹈、美术作品的表现手法，在扇子、水袖等的运用上大胆突破原先的框框，调动一切艺术手段，来为塑造人物服务。

在音乐唱腔的创新过程中，张洵澎也得到了不少昆剧音乐工作者的帮助。人称"笛神"的吴崇机先生，就是她最亲密的合作者之一。从

著名笛师吴崇机与张洵澎

《寻梦》到《佳期》，两人在艺术创作上的共同追求，也为张洵澎的表演增色不少。

整个表演都从生活出发，绝不拘泥程式，抱住老框框一成不变。比如，"嘉庆子""品令""豆叶黄"几段唱词，汤显祖的戏文写得笔飞墨舞，酣畅淋漓，那么表演时是否能够更洒脱奔放一些呢？她反复考虑，觉得杜丽娘"寻梦"的行动证明了她的内心是灼热的、沸腾的，对幸福的追求是大胆的，原有的含蓄内敛的表演方法，不足以表现杜丽娘热情奔放的一面。因此她的表演在耍水袖、舞扇子时大幅度地变换调度，并且在步法中掺上一些舞蹈的蹲身。如在唱到"恰恰生生抱咱去眠"时，一个轻快转身小圆场下来，一个左水袖外甩，双抢袖，双腿跪地，面带羞容作偎依状的含羞亮相。又如"挨过雕栏，转过秋千，啃着裙花展，敢席着地怕天瞧见"句，即在快速飘逸的圆场中连续变换了不同角度的地位。她以为这几段戏中要是演得过于拘谨、磨蹭，是不符合杜丽娘的个性和当时的心情和特定环境的。再如"似这等花花草草由人恋，生生死死随人愿，便酸酸楚楚无人怨"三句曲文，是杜丽娘一腔热情遭受巨大打击后的泣诉。为了表现人物此时的激愤心情，只见她随着唱腔的揭牌，把两只水袖先后交叉甩搭上双肩，做抱肩动作，双脚踩起作弹动，来强化表现杜丽娘"自己主宰命运"的决心。再加上"云袖""甩袖""搭袖""卷袖""荡袖"等一系列强烈的戏曲舞蹈，来刻画杜丽娘闷怀郁结、悲愤控诉的强烈情绪。戏的结尾，杜丽娘悲痛地唱到"难道我再到这亭园，则挣的个长眠和短眠？知怎生情怅然，知怎生泪暗悬？"实在是泪随声下了。她不得不问：难道只有梦中和死后才能再到这里来吗？而现实生活中却永远得不到幸福吗？这一提问，是何等痛苦啊！这个时候，她的表演就显得含蓄、收敛、深沉，因为这时候的人物已经根本不可能再手舞足蹈了。

接着，春香上场，轻声呼唤小姐，生怕惊扰了小姐的好梦，这时的杜丽娘才得以恍恍惚惚地醒来，但犹在半梦半醒之中，直到春香伸出双手搀扶她时，这才真正惊醒，掩面而泣，待末句曲文"少不得楼上花枝也则是照独眠"时，单腿提起，成一尊醉罗汉的雕像。接着，在春香的扶持下，表示离开了"寻梦"的场所。而在离开时，她强调了回首凝望，以加深杜丽娘依依不舍的心情。只见她两眼深沉地望着远方,似乎仍然在寻找幸福,脚步踉踉跄跄,双腿软弱无力地移动着,大幕就在这种气氛中慢慢闭上了。

大幕虽然割断了演员和观众的交流,但杜丽娘的身影却已深深地印在了观众心上。

优秀编剧赵兴国先生曾经撰文,对张洵澎在《寻梦》中的出色表演,特别是运用舞蹈、身段塑造闺门旦的突破,给予很高的评价:

> 载歌载舞是昆剧的表演特色。张洵澎能歌善舞,尤以舞的优美、独特、新异取胜。传统的闺门旦身段柔似流水、缓似行云,体现杜丽娘含蓄、怅惘之情十分动人,但用以突出其少女的禀性与强烈的内在激情则显得相当乏力。我吃惊地发现,张洵澎在戏中竟然如此大胆地加强动作的幅度和力度,从而突出人物个性,弥补传统空白。在"品令"唱段中,当杜丽娘追寻与柳梦梅欢会的热情情景时,张洵澎用水袖与折扇交相起舞,配以在整个舞台上大圈往返的快速圆场,紧接着退到下场门口,猛地一个扇袖分舞势,亮开双臂,如鸟奋翼,沿着舞台对角线,直冲到台口亮相。大幅度的舞台调度、快速的节奏、奔放的舞姿造型,栩栩如生地展现了人物脉搏的剧烈跳荡。虽只一个人在场,却造成了异常热情洋溢的舞台氛围。在唱"则道来生出现,乍便今生梦见"后,用前踹腿、仰身反甩袖快速组合的"踹燕"身段来表现其欣喜若狂;在唱"生生死死随人愿"时,双手转袖,搭于肩头,双腿随歌颤动不已,形容其顿足饮泣,对封建桎梏奋力抗争。诸如此类动作,在以前昆曲闺门旦的表演中是没有的。

在舞台美术方面,张洵澎也很有想象力地做了一点改进,主要是吸收了越剧舞台"虚实结合"的处理方法。昆剧的折子戏主要靠表演来说明环境,这固然是戏曲的传统表现手法,但她充分利用今天的有利条件,增强舞台美感,衬托和配合人物的塑造。为此,她设计在舞台深处安置一道白纱幕,幕后远处亭台池馆隐约可见,近处是半堵断墙,从断墙的扇形窗口中伸出梅枝,紧挨着断墙的是座月洞门。这样,当杜丽娘漫步沉思走过月洞门时,观众可以透过纱幕朦胧地带点神秘感地看到一个美的形象,吸引观众进入戏的意境。当杜丽娘开始重温美梦的时候,变色灯光交相辉映,增添了梦幻的气氛。

张洵澎敢于按照昆剧的要求对传统剧目进行"融化",从人物性格融化、从生活真实融化、从自己的特长融化,显示了一位艺术家的胆魄和技艺,所谓艺高人胆大。

我想起了戏剧评论家何慢先生讲述的一个故事:

一天,童芷苓在重排《尤三姐》,忽然问导演:"《尤三姐》的音乐中,可以加用一点电子琴吗?"她冷不防向导演提出了这样的"怪题",导演沉默了一阵之后,反问童芷苓:"那还像京剧吗?"

"我演,就像京剧。"童芷苓半开玩笑半认真地回答。

"为什么?"导演再问。

"化!"童芷苓清脆地回答。

这个排练场中的"细节",说明了童芷苓能够形成自己独特表演艺术风格的奥秘——化!

童芷苓师承荀、梅,兼学程、尚。素有"荀派梅唱"之称,也有"熔梅程荀尚于一炉"之说。这实际上是说她"师承一家,旁及百家"。而学来之后,经过仔细揣摩,不断实践,最后进入"化"境。

而童芷苓的讲话更是道出了张洵澎的心声:

我认为京剧要跟上时代,要使广大观众,尤其是青年观众喜爱,首先要使人家懂,懂了才爱看。演传统戏也好,新编历史剧也好,都要演出人物性格,演出人物的心理变化。这样,表演就不能一般化。如青衣的哭就不能总是"喂呀!",应该有不同的哭法。笑也应有各种不同的笑。我们的前辈、老师创造了许多不同性格的人物形象,给我们留下了宝贵的遗产。但单纯地模仿老师的外部形象,角色的内心必定是空的。这样的表演是不能打动人心的。因此,我们不仅要学习老师的技术技巧,更重要的是学习前辈创造人物的方法。

以上这个故事,也解答了为什么童芷苓"偏爱"张洵澎,因为英雄相惜。《解放日报》1994年6月10日发表了著名老报人之江先生的文章《"画"里寻"梦"》,从昆剧的功夫之外,谈到了张洵澎成功的经验——

《惊梦》与《寻梦》是昆曲《牡丹亭》的两个核心场子。《寻梦》是《惊梦》的延伸与深化。剧中主人公杜丽娘正当花季年龄,偶尔游园,目睹春光如锦,情不自禁地动了身世之感。在恹恹春困的小寐间梦见了她想象中的白马王子——书生柳梦梅,于是一往情深,翌日再去花园,渴望梦境能够成为现实。可是梦境依稀,不见柳生,以致痴心要在他们曾经两情缱绻的地方,至死也要"守的个梅根相见"。

多么真挚的情感,多么富有浪漫色彩的构思,以致张洵澎为了找寻一个足以表达原作精神的表演方法而陷于苦恼之中。于是她信步走到大画家程十发家去,她想,或许从他的笔下和谈话之中能够得到什么启发亦未可知。程先生正在作大张人物画:他用不见痕迹的陈老莲笔法为纸上人物开了脸,只几笔,神采毕现。她暗忖,原来用笔之妙不在多,"谨毛反而失貌"。然后,又见他一笔套一笔地在勾勒衣褶,其疾如飞,其中亦有石涛山水画皴法演化而成的线条,有质感,有折叠感,栩栩如生地表现了人物的体态和情态。张洵澎想,演员身上的动作线不也是画家笔下变幻无穷的线条吗?不过,画家腕下是韵随笔转,而演员的动作则是情随身转罢了。当程先生把整幅画的轮廓画得大致就绪,正准备笔蘸颜色略加点染的时候,忽而停下笔来,说声:"对不起……"那神态似乎在问:有什么要求?张洵澎笑嘻嘻地说:"没有什么,我已经从您画上得到我要的东西了……"

张洵澎从程氏画室出来,在力求流畅而有变化的节奏的前提下,一个动作一个动作地肯定了下来。凡张洵澎看过的或收藏的程十发画作岂止这一张。遇有难题,她就像翻字典似地反复查阅,细细品味。一天,难题来了,当她哼至"抱咱去"时,心想,以这么一位举止娴雅的大家闺秀而言,如何去表现她内心火样的热情呢?于是她翻遍"字典"。当她翻到程十发的一幅《断桥》时,见到白娘子有一个小袖抛得很远的动作,很有激情,形象亦美。于是,她利用这个身段加上飘飘欲仙的一个小圆场,然后缓缓蹲身以扇半遮面庞,益增娇羞,使她略微有点放浪形骸的"神"回到她那出身世宦之家的小姐的形体之中去。不久,程十发接到张洵澎邀请他去看她演出的《寻梦》的请柬,他尚不知道,台上有声有色的昆曲表演还有他的画意在内呢。

张洵澎"三立姚门",推陈出新,使一出将要消灭的冷戏,不仅重见天日,而且脱胎换骨,受到专家和观众的欢迎,这足见张洵澎的功力。

一生儿爱好是天然
——张洵澎与杜丽娘

传承六百年的昆曲艺术，在舞台、在厅堂，为人们留下过数不清的天籁妙音，这种婉转的吟唱，甚至已经融入了中国人的血液里，在生命的深处暗暗涌动，成为一种不可忽视的文化力量——虽然，在今天很多人还没有这样意识到。

然而，如果让人们从六百年的昆曲中推举一个最具代表性的人物，那么，毫无疑问——杜丽娘一定会是得票最高的。而"皂罗袍"中的那一句"原来姹紫嫣红开遍"更是在某种意义上已经成为昆曲的代表。

对于任何一位昆曲闺门旦演员而言，杜丽娘一定是她们学艺生涯最早接触的人物之一，几乎所有闺门旦演员都曾经或者经常演出《游园》《惊梦》这样的折子戏。但与此同时，杜丽娘却又是公认"最难演好"的一个角色。既"常演"又"难演"，产生这两种情况的原因却是一致的——因为演杜丽娘的人太多了，观众对于这个生活在距今六百多年前的少女太熟悉了。就好像一百个人心中有一百个哈姆雷特一样。每位观众心目中都会有自己对于杜丽娘的期待，而这种期待，或者也可以说是当代人对于美的追求。所以，当这种意象的美在剧场中被落实为某种具象的存在时，往往会带来这样那样的不满足。

从文字记载中的商小怜到"传"字辈到梅兰芳、言慧珠，再到当代舞台上一代又一代的杜丽娘，演绎过这个传奇人物的大师、演员数不胜数。然而，即便如此，提到杜丽娘，人们依然无法绕过一个名字——张洵澎。

这，并不是一种偶然。

在那么多的杜丽娘中，张洵澎所演绎的女子，依旧以她独特的表演特色和精准的人物理解,吸引了人们关注的目光,以至于今天的人们谈到这一人物塑造时,都无法回避她在杜丽娘的塑造历史上所作的突破性创造。

《牡丹亭》的《游园惊梦》是张洵澎的启蒙代表作。张洵澎说,她对于杜丽娘的定位很简单——一个孩子气、女人味的女孩。然而,这个简单的定义中,却蕴含了无穷的塑造空间和不断精益求精的探索。

张洵澎刚接触《牡丹亭》的时候,是一个不知"思春"为何物的花季少女,随着"传"字辈老师朱传茗,一招一式地模仿,虽然还谈不上什么人物内心,却也有一种青春可人的风采。而纵观当今昆曲舞台上,有不少颇有成就的闺门旦演员,唱腔优美、表演纯熟,却没有了那种撩人情思的感觉。这是为何?张洵澎认为,关键是对于人物的定位问题——杜丽娘是个青春女孩、妙龄少女,她的一举一动,带着一种充满孩子气的女人味。而按照闺门旦演员表演程式塑造,往往很容易把她塑造成一个"熟女",这样,《牡丹亭》所想要传达给我们的最重要的一点——青春感就大打折扣了,这也正是所谓的"差之毫厘,失之千里"。

张洵澎心中的杜丽娘是个女孩,而且是一个富贵人家中养尊处优的女孩子。所以她的演出中,杜丽娘总是带有着那么一丝娇憨。要营造这种"娇憨"的感觉,张洵澎首先从嗓音入手,她有意识地将杜丽娘的念白处理成一种"奶声奶气"的感觉。《游园》中杜丽娘的出场,便是一种带着一些微微慵懒的娇态。"你想,作为家中的独女,又是这么美丽聪慧,杜丽娘肯定是极受父母宠爱的,这样一个十几岁的女孩子,又没有经历过什么大的挫折,哪会有那么多的悲伤?最多是一些青春期的烦闷而已。"张洵澎说,她极喜欢《游园》中的那一句"袅晴丝吹来闲庭院,摇漾春如线"。这句既是写景,更是写情。那时节的杜丽娘,心中一定也是有情丝荡漾,搅得心头不定的,但这种情丝又没有固定的对象,只不过是一种说不清道不明、飘忽不定的感觉。但最重要的,这种"情丝"亦是"晴丝",是晴朗的,美好的。雨丝风片也不是凄风苦雨。所以,"现在有些观众受传统意识形态的灌输,将杜丽娘定义为一个封建礼教压迫下的受害者,似乎是苦大仇深,一上场就应该是病快快的一副病美人、林黛玉的样子,其实是不对的。"张洵澎说，杜丽娘上场时应该是很阳光、很健美，内心是活泼的。她的一举一动，都应该透露出一种少女的青春活力。

闺门旦是一个昆剧的行当，但具体到每出戏中不同人物的塑造，又有千变万化的差异。张洵澎塑造的杜丽娘，举手投足间，都体现着花季少女与传统闺门旦演员的不同。杜丽娘的一个出场"梦回莺啭，乱煞年光遍"，十指纤纤的双手于右脸庞粉腮边慢慢搓揉，看似无意，实在仪态万方。张洵澎强调说，现在有些年轻演员表演上往往比较随意，出场时手的造型放在左边脸颊旁。对于自己的学生，张洵澎是一定不允许她们这么演的。"因为演员出场是在上场门，你双手放左边这么一遮，剧场里百分之八十的观众看不到你的脸了。舞台与演员的平衡也差了。表演，就是要将最美的一面呈献给观众，你这样，恰恰是把最美的东西给遮掉了，怎么可以呢？"张洵澎说。

张洵澎常说演员固然要体验人物，深入角色。但最好的演员，不仅仅要进得了角色，还要拔得出来。"笑得难以自已，哭得不由自主，是无法让观众看到最美好的一面的。"对于表演，张洵澎认为，在舞台上要能够区别"激情"与"火气"。

追求"美"的同时，也是创造"美"的开始。张洵澎在塑造杜丽娘的时候，也调动了许多生活经验。例如，她在表演的时候，始终把握住杜丽娘的"美"，也就是"醉扶归"所

张洵澎《惊梦》剧照

唱的"一生儿爱好是天然",也就是说她对于美好的追求,已经是一种自然而然的本性了,这对于一个自幼受到良好文化礼仪熏陶的大家闺秀来说,是再自然不过的了。"第一次接触这个人物的时候,我对于剧中很多有关爱情的描述还不能理解,但是对于杜丽娘出场时那一段精致的梳妆、打扮,却是觉得太熟悉了。"张洵澎回忆说,"小时候我们家中的家教就十分严格,或者说是'规矩重'。家里人但凡出门,一定要把自己打扮得整整齐齐、干干净净,非为炫耀,而是认为这是对于他人的一种尊重。"也正是因为从小养成的好习惯,让年幼的张洵澎比许多同龄人更容易'进入'杜丽娘的内心世界。或许,也是因为同样的原因,很多观众都说,张洵澎表演的杜丽娘,身上有一种天然流露的"贵气"。

这种"贵气"的流露,是先于表演,而在张洵澎对于妆容的要求上体现出来的。在塑造人物之先,张洵澎就强调"妆"美、"饰"美、"服"美,外形穿戴得体而美丽,是在台上演绎"美"的第一步。

昆曲的表演,带有很大的程式化因素,但张洵澎无论是自己台上表演还是教授学生,都强调这种虚拟的表演背后,心中要有真实的东西。她特别强调"眼神"的运用。《游园》中"步步娇"一支曲"袅晴丝吹来闲庭院,摇漾春如线"一直到"步香闺怎便把全身现",描写的是杜丽娘走出闺房,去往花园前,对镜梳妆的情态。在这支曲中,张洵澎提升和总结了"三照镜"。每一"照"心情都有所变化,随着情节的发展,眼神的"收、放、虚、实"各有所不同:

"袅晴丝吹来闲庭院"这是一照;眼前仿佛浮现出满园春色,是幻想,眼神是"虚"和"放"的;

"停半晌,整花钿"是第二照;细细端详镜中自己美丽的脸庞,眼神是"实"的,而且要"收";

"迤逗的彩云偏"是第三照;梳妆即将完毕,退后几步,打量镜中自己的整体形象,眼神又要"略放"。

曾经有这样一个小故事:张洵澎在观看某剧团青年演员演出《游园》,演到"此处是金鱼池"时,春香的扮演者"灵机一动",添了一个捡石子投掷到池中的动作,似乎是想表现春香活泼可爱的一面。但张洵澎说:

"演员对于人物有理解，有丰富她的想法，这是好的，但是我们读剧本，研究表演要深入，虽然你说的眼前看到的是金鱼池没有错。但杜丽娘家的这个后花园已经被荒置了很久了，疏于打理，断壁颓垣，'池馆苍苔一片青'，金鱼池肯定也是干涸了的，既然池里没有水，又哪来的金鱼？你这样一个动作，看似很顽皮，其实是画蛇添足。"由此可见，张淘澎对于剧本、人物解读和看戏的细致入微，就不是一般的敏感了。

　　张淘澎的《牡丹亭》，被人誉为是一个"舞起来"的杜丽娘，这也是她和许多同辈，乃至青年演员表演上最大的不同。其实，开始学习《牡丹亭》时，张淘澎的身段舞蹈也并不多，但随着年龄的增长，生活阅历的丰富，张淘澎越来越觉得，这不是一个花季少女应有的状态，这才有了她后来对于杜丽娘的改造。所幸的是，这一改变虽然一开始也受到许多质疑，但最终还是得到了大多数人的认可。

　　蔡正仁先生很有感触地说："她（张淘澎）演什么戏都有自己的特点啊，这一点给我的印象很深，尤其是《游园惊梦》，那是她的开蒙戏，基础特别深厚。两年前（2009年）在北京，请她来演《惊梦》，北京人（指同行）看傻了，《惊梦》还会那么好看的。她身上真的漂亮，我有时候看她表演，我都会感叹。"

　　相比于《游园惊梦》，张淘澎的杜丽娘塑造得最有特色的，可能还是《写真》一场。杜丽娘即将离世，有些演员在舞台上处理得悲悲切切，好不凄惨。但张淘澎认为这不是杜丽娘此时应有的表现，她大胆地赋予了

杜丽娘另外一种状态和理解，那就是"希望"：她的伤逝，同时也是一种新生，她相信死去之后，就能见到梦中的少年，所以向父母托付，仍旧带着一丝少女的娇怯味道。而当父母答应了她的请求，那一

张淘澎与蔡正仁演《牡丹亭·惊梦》

句"这就好了"时，她依旧面带微笑躺在母亲怀中，不躁不闹，在父母唤着"女儿"声中，平静而美丽地离去。

著名戏剧理论家、剧作家陈西汀先生撰文说，杜丽娘"死而再生，生生死死，都是受着'爱好天然'的灵魂的支配。而它，恰好被张洵澎牢牢抓住，化为对舞台上的杜丽娘的再现。"

"其实，归根结底，我塑造杜丽娘，就是抓住一个'美'字，生亦美，死亦美，梦亦美，醒亦美，如此而已。"张洵澎也如是说。

"则待你忍耐温存一晌眠"

刻意求新　美不胜收

——张洵澎（与蔡正仁合演）的《幽会》

《牡丹亭·幽会》这个戏，也是张洵澎艺术精品中的极致。

1987年，上海昆剧团在外地演出，而张洵澎正在重庆外景地受北影的邀请在电影《诗魂》中担任白杨一角。蔡正仁从上海写信给张洵澎，约请她回上海共同排演《幽会》并准备去北京演出。接信之后的张洵澎遂向剧组请了假，回沪和蔡正仁赶排这折戏。

张洵澎：这折戏有得弄了，我又要折腾了。根据人物来分，她不是《游园惊梦》的杜丽娘，是《离魂》后的杜丽娘，来寻找现实生活中没有的幸福。当时的时代已经开始开放了。在艺术创作上，我是一个求新鲜、不安分的人。我每排一个新戏，都会想着有没有创新的空间。但我很明白，哪些是传承得好的东西，哪些是规范；规范不是公式化。跟言（慧珠）校长一样，不能千人一面；言校长是演什么像什么，演什么人物像什么人物。

蔡正仁：这折戏，最早是1957年由俞振飞、言慧珠、朱传茗、郑传鉴、华传浩等前辈为纪念汤显祖而排演的，剧本由上

1986年张洵澎与蔡正仁赴京演出《牡丹亭·幽会》

海京剧院的编剧苏雪安根据原著浓缩而成。

蔡正仁清楚地回忆说："当年老师们演出，花神、龙套都由我们同学（指昆大班）担任。当时我先演旗牌、再演牛头；阿澎倒是演的春香。那时我们一有空就在台边看戏，看老师演出，那时年纪小，记性好，所以印象特别深。

要知道，那是1958年，全国各行各业都在大跃进，当时的口号是："只有想不到，没有做不到。"上海戏曲学校也不例外，不仅改编了《牡丹亭》，还新编了《墙头马上》，也由俞振飞、言慧珠、华传浩等名家强档出击。（《墙头马上》后来还拍成了电影。）

俞振飞先生曾经对秦来来说：

当时是田汉同志写信给我，希望上海演出全本《牡丹亭》。那个时候言慧珠很有兴趣，就开始排演此戏，剧本由苏雪安改编。苏雪安是写京剧的，但他对昆剧很懂行，昆剧规律也掌握，他的编剧经验很丰富。

《牡丹亭》上演以后，本来只想演出三天，没想到，观众反响特别好，生意好，所以连唱七天。在那之后，直到言慧珠去世，这出戏始终没有再唱过。

1986年张洵澎与蔡正仁赴京演出《牡丹亭·幽会》

蔡正仁：老师们的演出成了学生们的样板。昆大班的学员按老师们的演出，一招一式、一句声腔、一个身段地抢排了下来。先是在大众剧场（西藏南路金陵中路口，现已拆），后来又到人民大舞台（九江路近金门路，现已拆）连续演出半月，上座率也达到了八九成。

《幽会》这场戏，我先后看到四个《牡丹亭》的演出版本，有华文漪、岳美缇唱的，有北昆蔡瑶铣的，还有石小梅的《还魂记》。三个版本中，《幽会·婚走》或是一笔带过，或根本没有，这是令人遗憾的。因为"一个"（指杜丽娘）倾情爱慕而来，"一个"（指柳梦梅）痴情"叫画"不已，由此才成全"有情人终成眷属"。尤其是俞振飞、言慧珠两位老师表现细腻、身段优美，有了这"幽会"，才有了"托柳救杜还魂"，才有了"婚走"这场戏。加上石道姑、癞头鼋来衬戏，更见幽默风趣、情趣盎然。

当年的石道姑、陈最良分别由华传浩、郑传鉴扮演，"里子"硬得很。

张洵澎：在《幽会》中，一定要把握好杜丽娘的尺寸，要是把杜丽娘演成鬼，格调就降低了。虽然她死了，出来是"魂游"，但我还是把她当作人来演。既然是人，是杜丽娘，就要以"美"来取胜。通常鬼魂出场，总是以两个水袖耷拉在地，拖曳而行，用圆场来表现鬼魂。我认为，这种出场有损杜丽娘的形象。

"鬼"也有不同，有各种类型，区别首先在出场。什么东西最美呢？我爱看芭蕾，《睡美人》里面好多造型，完全是雕塑感的，还有《天鹅湖》，那些天鹅的舞姿，我都喜欢。我就设想把芭蕾中的舞蹈动作，捏到戏曲的舞蹈动作当中来，要使新的变化看上去就是戏曲的东西，不能损害传统戏曲表演的身段，但是它确实能美化我们的戏。

我们来看张洵澎的出场——在大锣打定，小锣声"沙啦啦……"

1986年张洵澎与蔡正仁赴京演出《牡丹亭·幽会》

以后，张洵澎以背影缓缓倒雀步从上场门移向九龙口，初见两个水袖是垂直但波动的，接着，她两袖开始向两边伸展，双臂婉转，似天鹅的翅膀缓缓舒展……这一段形体，表现出杜丽娘去梅花观"寻"找柳梦梅，云步急切行走中的心情。此时张洵澎的背影似乎听到远处柳梦梅在喊她"姐姐"（柳在《叫画》），由"寻"到"听"，找准了目标，在九龙口上下飞舞水袖，表示听到了柳梦梅的呼唤，因此她急切地快速行走到梅花观中，一个右转身亮相，表现寻找意中人过程中的激动与欣喜。

这个亮相是很具匠心的。张洵澎说她的灵感是来自好莱坞巨星《伟大的嘉宝》一书中一张最著名的照片——照片中高贵冷艳而又略带忧郁的眼神，让她移到了杜丽娘的身上。张洵澎认为，此时的杜丽娘既不是《放裴》中的李慧娘，也不是《活捉》中阎惜娇，更不是《情探》中的敫桂英。杜丽娘应该是美的化身，是"魂"却仍要当作"人"来演，一个对自由生活充满向往、有着深挚的情爱、不屈的意志的"人"。因此，她一改以往"鬼魂"出场两袖僵直、急急圆场的老套。她感到芭蕾的舞姿舒展柔软，造型具有雕塑感，于是洋为中用，结合到杜丽娘的身段中去，恰到好处。

接着，"泉下长眠梦不成，一生馀得许多情。魂随月下丹青引，人在风前叹息声。"这段念白几乎是在静场的状态下念出来，因为她要把故事讲给观众听，基本没有身段表演，完全靠眼神、情感和抑扬顿挫、错落有致的念白功夫，把杜丽娘孤寂、悲哀、彷徨、欣慰、苦恋、祈祷、喜悦等各种心理层次，细腻准确而又淋漓尽致地传达了出来。

待杜丽娘"寻"到梅花观，"我待敲弹翠竹窗桃下，待展香魂去近他"时，居然化用了吉卜赛舞的形体动作，肩、腰、胯等部位扭动幅度很大，即使戏曲服装宽大、直统，也不曾削弱舞台形象的曲线美和雕塑美。紧接着，"为花园一梦，想念而终。当时自画春容，埋于太湖石下。题有'他年得傍蟾宫客，不在梅边在柳边'。谁想魂游观中几晚，听见东房之内，一个书生高声低叫：'俺的姐姐，俺的美人。'那声音哀楚，动俺心魂。悄然蓦入他房中，则见高挂起一轴小画。细玩之，便是奴家遗下春容。后面和诗一首，观其名字，则岭南柳梦梅也。梅边柳边，岂非前定乎！因而告过了冥府判君，趁此良宵，完其前梦。想起来好苦也。"

杜丽娘从判官那儿拿到了"还魂香",急急要去找寻柳梦梅,所以这时的她,给人的感觉就是在边舞、边念的状态下找寻。

而此时,梅花观内,又听到柳梦梅在里面大声呼唤"姐姐,我的美人",这声声情感真切的呼叫,深深打动了杜丽娘,只见她一边舞着水袖,鹊步行来,到梅花观门前,停驻,昂起脖子,向两边转动,忽又回身,用一连串较大幅度的动作来倾听"动人心魄"的意中人的倾诉,来寻找"声音哀楚"的柳梦梅的踪影。及至此时,张泃澎的舞蹈幅度较大、速度较快,上下舞动。"呀,前面是他房头了。怕桃源路径行来诧,再得俄旋试认他。"等到她寻找已定,认准了方向,一个转身亮相,融合了天鹅的造型。唱到"朝天懒·怕的是粉冷香销泣绛纱"时,以前传统的哭法是用手指抹泪,张泃澎却有所创新,她既不是用手指背擦泪,也不用手心朝上的手指抹泪方式,而是强调了用腕到臂的整体动作,给人类似天鹅舒展颈项的姿态,这样,就显得"美"多了。

蔡正仁:阿澎的出场借鉴了天鹅湖的舞步,既美又符合人物幽魂飘忽不定的样子,杜丽娘与柳梦梅相见时问道:"你深夜来此作甚?你每天叫画,可知画中人么?"原本很简单,"哦,我想起来了",就过去了;现在在音乐伴奏下,在舞蹈身段表演中,看画、看人、沉思、大悟、欣喜、扑上,层层递进。

张泃澎:我在《幽会》中的扮相也是以前昆曲没有的,我用小梅花直接戴在头上。大家看了以后都说好。有一次,我在路边一个小摊上看到一朵桃红色的花朵,艳丽非常,我才用了两元钱就把它买了下来,用在了衣领上,代替传

1986年张泃澎与蔡正仁赴京演出《牡丹亭·幽会》

167

统的水钻别针。这是想表达杜丽娘"我活着的时候做不到,死了也要实现生前想法"的决心。每每带着这朵桃花上场,我就有一种火辣辣的内心要从喉咙口跳出来的感觉。而在服装上,过去演鬼魂都是用黑纱,但是我不用。《冥判》我用的是紫罗兰的头纱,凸显杜丽娘的高贵,《幽会》则用的是淡粉色的,还原杜丽娘的青春可人、美丽动人。

"何处一娇娃,艳非常,使人惊诧",与开门而出的柳梦梅对面相逢,两人目光顾盼流连,杜丽娘手提粉纱遮面,莲步轻移,眼角眉梢透出羞涩之态和脉脉热情。伴随着缠绵缱绻的歌声,那凝固严谨的昆剧程式,全化为人物本身的行为,把观众带进无比美丽抒情的意境中去。

待到"认书生不着些儿差"时,杜丽娘双手搭着柳梦梅双肩,热辣辣地用双眼,仔细辨认,显得大胆、热烈。更令人没想到的是,此时"离经叛道"的杜丽娘还踮起双脚,欲吻又止,表现得尤为至情至性。

在蔡正仁和张洵澎合作的《幽会》中,比起原先的演出,音乐的变化、舞蹈的增强最为显著。鸡鸣天亮之时,原来柳梦梅挽留杜丽娘比较简单,他们强化了舞蹈,一边唱一边舞。杜丽娘给柳梦梅"还魂香"一支,约柳梦梅来救。良宵苦短,别情依依,三更陡起,丽娘不得已要走,柳生却难舍难分,同歌共舞"我和你点勘春风第一花"。这句唱词在1983年排演时(当时为了纪念上海戏曲学校建校30周年,曾开排《牡丹亭》,后来因故未演),曾经被改为"待明朝救你回生全有咱"。可见那时人们的思想还比较保守,受"文革"的影响尚未清除。

让人惊叹不已的是,张洵澎和蔡正仁居然在这里创造性地加进了"接吻"的动作。只见杜丽娘双手撩纱微抖,难掩激动之情;柳梦梅双手轻托杜腰,丽娘羞怯地徐徐下腰,止不住春情荡漾,此刻两人深深一"吻",全场响起一片掌声与叫好声。

张洵澎说:"我与你点勘春风第一花"是两人爱情的高潮,柳梦梅要留宿杜丽娘。最后我琢磨出了"接吻"的动作,当然也不会真的"吻"。这个造型是非常高雅、漂亮的。最后,我把粉红色的面纱一点点撩开,杜丽娘与柳梦梅四目相对,一点点凑近。我背朝观众,跟着音乐的旋律,瞬间把面纱打开、边抖动粉纱边下腰。我对老蔡说:"就这样吻了!"老蔡高兴而干脆地说:"好!"。

一个亮相,定型。

这个离经叛道的举动,让台下的观众炸开了锅,热烈的掌声不绝。

张洵澎:令我们欣喜的是,观众认可了,接受了。观众的反应,充分说明了杜丽娘与柳梦梅的爱情是纯真的,纯真的爱情就要把最美的一面呈现给观众。这个戏是1987年先在北京演出,观众叫好。1989年到香港展演,到了香港,很开放的,观众也很热情,当地的报纸评论我是"美不胜收"。在北京人民剧场和上海瑞金剧场演出后,下面的观众也都是高声叫好的。

著名评论家徐城北先生有一次在人民剧场观看《幽会》,当演到这"一吻"时,轰然叫好。此后,撰写了题为"诗化的一吻"一文,见诸报端。

这大胆、有识的创举,显示出张洵澎、蔡正仁艺术上的功力和才华,是"美的发现,智的闪光,情的含蕴,趣的韵味",表达了两位对美、对新的追求。

记得李玉茹先生在回忆周信芳先生演出《投军别窑》时说过:"薛平贵'抱着'王宝钏,可以被批评为'洒狗血',过火表演,而且不符合京剧抽象、写意的表演规则。然而周信芳却把这一生活

昆剧《牡丹亭·幽会》
张洵澎饰 杜丽娘
蔡正仁饰 柳梦梅

"吻的诗化"

中的动作恰到好处地镶嵌在一系列的程式表演之中，不仅没有不舒服之感，而且把年轻演员带入了生离死别的情景中去了。（按照传统演法，二人相拥，膀子搭着对方的膀子，距离很远，仿佛谁也不能碰谁，很假。周先生却确实是双手紧紧把我抱着，此时我完全被他的真挚情感带到角色中去了）"周信芳先生是真正懂得"生活"和"程式"的关系。

这与张洵澎、蔡正仁在《幽会》中的深情一吻，确实有异曲同工之妙。

张洵澎的艺术观是东西方优秀文化的混血儿，她拿出来的作品，追求的是与众不同。不过，她的发展，是根据传统来发展。她的变化，是万变不离其宗——昆剧的根。俞振飞先生对此评价很高——

张洵澎对言慧珠是很崇拜的。当时我们演出《牡丹亭》的时候，她看得很仔细。如果单单演《幽会》，好像脱头脱脑，于是他们加了个《婚走》，这是最后一场。我当初演，也有《幽会》《婚走》，而且大家蛮欢迎的。后来（指1987年）北京方面来看戏，（张洵澎、蔡正仁的）《幽会》被选中进京演出。

张洵澎是昆大班第一个脱颖而出的，第一出戏唱的是《游园惊

俞振飞大师和张洵澎说戏

梦》，老师朱传茗也是最喜欢她，说她聪明，很会扮戏。当时只学了一年多，我刚从香港回来，学校领导请我去看，我看后说："这个小囡倒有出息的，不错。"

对《幽会》这出戏，李蔷华先生也给予了很高的评价：

　　《幽会》这出戏很细腻，看得出演员的基本功很扎实，尤其是她们特别注意舞台的美，眼神、动作，该放的时候放得开，因为杜丽娘是为爱柳梦梅而死的，这时候要发泄出来。当然很多地方他们也注意了，是很含蓄的。这是一个文戏，台上就两个人，而且没头没尾（当时作为折子戏来演——笔者注），就这么一折，却能抓住观众，是一个"美"的享受。

李蔷华先生对张洵澎的演技同样给予了很高的评价：

　　她的《寻梦》《佳期》我也看过，她很注意台上的形体美。她传统的基础很深，又能动脑筋，善于用新的东西，又出新的表演。尽管演的是传统戏，也看得出，身上既有学言慧珠的东西，也有她自己的东西。戏虽不长，但看了很美。

　　有网友如此精准地评价张洵澎："张洵澎是言慧珠最得意的弟子，可惜毕业后因嗓子手术问题没能在舞台上多发挥。她可以被称为闺门旦教育家，学生遍及全国几大昆剧团及

张洵澎展示画作

兄弟剧种。她的每出戏都精雕细琢，力求一鸣惊人，且多以激情澎湃的风格演绎人物，被戏称为'澎派'。"

"她塑造的人物永远都清楚并勇于展现自己的'美'。不是每个人物都适合这样演绎，但我还是欣赏她别具一格的处理。有张继青那样幽怨'闷骚'、执拗至死的杜丽娘，也会有张洵澎这样奔放'明骚'、赤裸裸追求的杜丽娘。昆曲因为艺术家们个性化的创造而更加丰富多彩。"

人在蓬莱第几宫
——张洵澎的《琴挑》

"名师出高徒",是人们常喜欢说的一句话。而在戏曲界,形容某人的某出戏得到过名家指点,基础打得扎实,人们还喜欢用另外三个字,叫做"奶水足"。从这个角度来说,张洵澎的《玉簪记》,便可以说是"喝足了奶水",在她的陈妙常身上,至少有另外三个人的影子——朱传茗、沈传芷、言慧珠,最后一个才是她自己,张洵澎。

早在戏校学戏的时候,"传"字辈"名师"又是"明师"的朱传茗就手把手地教了她《琴挑》《偷诗》两折戏。张洵澎回忆说,与她差不多同一时间跟随朱老师学这出《琴挑》的,还有一位"特殊"的学生——大名鼎鼎的言慧珠,她也是张洵澎最敬重的老师之一。相比于初学者张洵澎的生涩,经验丰富的言慧珠很快便掌握了其中的精髓,并登台演出。张洵澎则一边跟着朱老师学戏,传承原汁原味的演唱表演,一边观摩言慧珠老师的舞台演出,感受艺术家的创造,受益匪浅。《琴挑》也是张洵澎在台上演得最多的剧目。她和岳美缇两个,一个"女貌",一个"郎才",少女懵懂的青春岁月,云心水心,唱出一片儿女柔情。仿佛现实也如那

张洵澎清唱《玉簪记·琴挑》

173

被丝竹吹响的旖旎岁月，澄净无云，月朗星稀。

然而，好景不长，1964年，一个不和谐的声音搅动了张洵澎台上美妙的琴弦。

那一年，全国文艺界号召大演现代戏。《玉簪记》等传统剧目被视为封建糟粕而被禁演了。昔日的纤纤弱女子，摇身一变成了现代戏中无所不能的女英雄、女模范。而后，随着下乡、下工厂的号召，张洵澎更是远离了心爱的昆曲。

"那时候我们参加得最多的各种联欢会、晚会上，昆曲早已不唱了，改唱各种新编歌曲，全是赞颂时代的，比如歌颂农村妇女的《六样机》。"张洵澎笑着回忆那段如今看来令人难以理解的岁月，回头看去，无奈中也带一丝灰色的幽默。曾经令她如此痴迷的旋律渐行渐远，那精致到极致，细腻到无法言喻的情感，也在现实的风吹雨打下变得粗粝、麻木……随后，那场轰轰烈烈的运动，彻底打破了张洵澎和她同伴们的梦。

张洵澎示范《玉簪记·琴挑》

十年，恍如一梦。再次回到舞台上的张洵澎，已不是当年的少女。十年光阴，对张洵澎来说，有蹉跎了的岁月，也未必没有收获，在这十年中，她有了一个幸福的家庭——体贴的丈夫、出息的儿子。

"文革"结束后，百业凋零，戏曲界的青黄不接更为严重，回到熟悉的昆曲界，张洵澎自己也没有想到，自己竟摇身一变，成了老师，还肩负了一项重要的任务——传承昆曲。

1981年，湖南湘昆剧团邀请了十三位"传"字辈艺术家到郴州传授昆曲，这十三位艺术家涵盖了昆曲的各大行当，在这十三人中，张洵澎显得有些特殊，因为除她之外的其余十二人，都是"传"字辈老师，只有她，因为朱传茗老师的早逝，不得不"代师传艺"，担负起了教授闺门旦行当的重任。这，似乎也印证了当年陆兼之先生的一句话："阿澎将来是昆剧的根！"

这一次，和张洵澎合作的是沈传芷老师，对于张洵澎来说，这又是一次难得的学习机会。当年跟着朱老师亦步亦趋地学，但因为年轻，很难真正理解陈妙常，进团之后，演出任务多，也难有机会静下来仔细琢磨人物。而这一回重拾《琴挑》《偷诗》等戏，十年人世间的起起伏伏刹那涌上心头，不经意间，与曾经乱离之苦的陈妙常心意相通。"而与沈传芷老师的合作，也令我受益匪浅。"张洵澎说。尽管当时的沈老师行动不便，教戏都是拄着拐杖。但老艺术家对于人物的理解，一招一式不一样的刻画，都给张洵澎留下了深刻的印象，也对她的表演产生了影响。同时，这段合作还让张洵澎学会了昆剧小生的教学方法。

拿《琴挑》中一曲《朝元歌》"你是个天生俊生"而言，张洵澎的处理就与众不同。"这段表演要有'杀伤力'"，张洵澎风趣地解释，因为在封建社会，女尼的感情被格外压制，不能正常表达，她们的思春往往比一般大家闺秀来得更猛烈。而实现这"杀伤力"，张洵澎有三大法宝：

首先是"眼睛说话"，用眼神的收放，表现"见了他假惺惺，别了他长挂心"的矛盾心情。

其次是抬步，兴奋激动时急速的圆场，唱到"孤零时"，则沉着稳住台步，一个亮相。

三是下巴颏，回忆潘必正时唱到"曾占风流性"，下巴微微一翘，媚眼含情，一脸发自内心的微笑。唱到"我也心里聪明，适才呼！"也用下巴颏表现，但又与前不同，用略带俏皮的眼神和微笑来表达。

"步法"是戏曲演员极为重要的基础。台步要与全身协调、平衡。作为篮球名宿的妻子，张洵澎最擅长的是把体育、舞蹈及地方剧种的步法融化到昆剧的台步之中，丰富自身的表演。例如，《亭会》"爱花坞"中运用了"乒乓步"，《百花赠剑》中运用了篮球运动中的"急停步"，《说亲》用了"金莲步"，《瑶台》则用了"蚂蚁步"，《寻梦》用了"金鸡独立步"，如此种种不一而足。难怪同行和观众要说:"张洵澎原唱之'溜',是出了名的'水上漂'。"

不过,张洵澎其实是最反对"为舞而舞"的,她非常强调其中的"分寸"。微微一个云手,轻轻一个台步,都是在"人物里",体现出陈妙常欲说还休,心中惴惴的心理。这一段的动作并不繁复,似乎和人们印象中强调舞台上"舞"起来的张洵澎有些不一样。

而说到第三大法宝"下巴颏",张洵澎笑说是从言慧珠那里"学"来的。纵观昆曲舞台,似乎也只有言慧珠与张洵澎两人最擅长"用"下巴。但仔细比较,两人在这一点上的表演略有区别。言慧珠的表演幅度更大一些,加上言师天生成就的妩媚,更有一种摄人心魄的风情万种。

张洵澎学了老师的表演,但又有自己的想法——"此时的陈妙常虽说是春情萌动,但到底还是个少女,又是生活在寺院中,不敢奔放出格的,更多的是一种矜持、一种含蓄。"因此,张洵澎在表演这一段的时候,向前送下巴颏的幅度要比言慧珠来得小,更多了一丝女孩子的清纯和俏皮。

和《牡丹亭》一样,张洵澎演了数十年的《玉簪记》,这数十年中,张

化妆室演出

洵澎始终没有停止过对这一人物的琢磨、加工。"又一次突破是在20世纪的90年代",张洵澎自己认为。这一次的突破,主要是在音乐上。为此,她和著名昆曲音乐家顾兆琪先生还有过一段"争论"。传统的《琴挑》中,陈妙常唱"花阴月影,凄凄冷冷"时,"凄凄冷冷"四字的速度一带而过。而张洵澎每次演到这里,情绪总有点过不去,觉得平稳的演唱不足以表达陈妙常此时凄凉的心境。在一次录音时,她刻意在这四个字的演唱时放慢了速度。于

是，顾兆琪提出了异议，在这方面，张洵澎可是很决然，坚持自己的想法。"'冷冷清清照他孤零，照奴孤零'声腔放慢了，但包含的感情却更丰富了，尤其最后四个字，托云帚，踩字眼，非常凄美。"最后，顾兆琪信服地接受了，舞台演出也更有看点，把冷戏唱热了。这种"创新"的唱法也因此被张洵澎的学生传承了下来。

曾有业内人士评价张洵澎演出最迷人的地方——她演出了真正的"孩子气"和"女人味"。这种女孩子的妙相，首先在于张洵澎对于人物的理解。无论是杜丽娘，还是陈妙常，都是出生于大户人家。昆曲的"闺门旦"，都是大家闺秀，生活环境优越，而不是"忧郁"，这是张洵澎最强调的一点。因此她塑造的女孩子，总有那么一些俏丽，合明俏皮、暗俏皮之用。拿《琴挑》中陈妙常对潘必正说"君方盛年，何故弹此无妻之曲"举例。说到"无妻"二字，张洵澎有一个微微的停顿，掩口，低头，双眼偷偷望着潘必正，双手指向琴。因为这话不是道观中的女孩子应该说的，冲口而出是不假思索，说出口了自己也觉得不好意思，但是又忍不住好奇，于是用手肘代替手指，微微指向琴，半吐半露地说出"之曲"二字。这两个字要比之前说得慢、说得轻。这才是陈妙常。一词一句都要琢磨出戏来，不能让陈妙常看上去就好像一个"熟女"，或是纯然指责的口气，几乎可以把潘必正吓得落荒而逃。张洵澎认为这都是不可取的。在她看来，《琴挑》一折，奥秘就在一个"挑"字。潘必正用琴曲挑逗陈妙常，其实陈妙常也在用她的眼神、她的语言、她的琴声回应潘必正。这种"挑"是双向的，缺了任何一方都不能成立。

凡是跟着张洵澎学过戏的人都知道，张老师演戏讲究。每每接触到个角色，她都先要刨根问底，从历史、文化，到家庭、经历，基本有个清晰度了才去做。甚至对待剧中的一个词、一样小道具，她都不会放过。"张老师有时候像个'考据家'。"她的学生开玩笑说。张洵澎认为，这种"考据"是必不可少的。拿道具而言，台上出现的每一样道具，都应该是有特定的作用的，也是为人物服务的。陈妙常上场亮相时手执云帚，是她身份的象征。切忌举起云帚亮相，因为不是白娘子的"盗草"，而是应该将云帚按于左手琴边。上场几句唱，动作也不能多，要非常干净。"这一段是借陈妙常的眼睛交代环境，而不是为亮相而亮相，如果这一段云帚翻飞，直如《盗仙草》中的白素贞，岂不是贻笑大方？"张洵澎说。张洵澎常说"细节决定品质"，在这里也是一个很好的体现。

有一些道具是看得见的，而张洵澎的妙处在于——她的表演还能让观众真真切切地看到许多台上不存在的东西，这或许也是传统戏曲"虚拟化"的壶奥所在。比如说同一段中的粉墙花园，张洵澎就要求自己，也要求学生，用一个眼神，配合云帚的定位，让观众看到粉墙的高度。眼神的运用，是戏曲演员最重要的法宝。在台上，你的眼睛要真的看到东西，比如说陈妙常与潘必正的交流，她看潘必正该怎么看？张洵澎假设潘应该是差不多一米七八的高度——古代一般极少有一米八的男子，所以陈妙常看他要微微抬起头，才会让观众感到书生修长的美，如果陈妙常平视，那潘必正必定不会是个健美男子了。

昆曲六百年，留下的经典，字字都是故事，举动便有文章。而张洵澎最喜欢做的，便是在这文章中触摸一个广阔的世界。比如说整个戏曲中常见的动作"挑帘进屋"，张洵澎也要问自己，门上安的是什么帘子？《琴挑》发生在秋天，这是应该已换下竹帘，挂上了绣花软缎门帘。所以她的动作是用云帚"挑"起软帘，半蹲进门槛，侧身弯腰托住门帘，再轻轻放下。而不是"推"，或者"卷"。再比如说"香袅金猊动"，今天很多人已经完全不知"金猊"为何物了。张洵澎原先也不明白，因此每唱到这里便觉得表演"空白"。后来翻了不少书，明白了"金猊"原来就是"狻猊"，是传说中龙生九子中的一子，长得有点像狮子，因为传说它喜烟好坐，所以形象一般出现在香炉上，随之香烟缭绕。金猊就是"金做的，或者金色的狻猊"。明白了这个，整句句子的

张洵澎在舞台上

意思自然迎刃而解。明白了这一切，演员在台上表演时，似乎也就看到了这样一座香烟缭绕的活的金猊，目随景动了。

张洵澎常说，在艺术上，她喜欢"挑剔"自己，让自己去找问题，再解决问题。每一处都非做到极致不可。圈内人也说，张洵澎最"伟大"的地方，是把"冷戏唱热""死戏唱活"了。即使是《琴挑》这样往常让人大感"厌气"的戏，到了张洵澎的手里，一样处处精彩。这，就是艺术家的本事。

歌有诗情　舞有画意
——张洵澎（与岳美缇合演）的《秋江》

　　《秋江》，本来就是昆剧的戏。可是，昆剧《秋江》的名声却是大大地低于川剧《秋江》。川剧《秋江》在参加第一届全国戏曲观摩演出大会以后，迅速蹿红全国，大有弟弟压过哥哥的趋势。当年的川剧名角周企何和阳友鹤就是以扮演艄公和陈妙常荣获演员一等奖和二等奖的。

　　川剧的《秋江》被改编成一出诙谐喜剧，虽然陈妙常追赶潘必正心急如焚，对观主拆散她和情郎心有怨恨，但整出戏在风趣、善良的老艄公的引导下，显得轻松诙谐，极具生活妙趣。

　　川剧《秋江》的演出，好在哪里？梅兰芳大师讲过一件事，说他的一位亲戚看了川剧《秋江》，他就问，演员演得如何？亲戚回答说："太好了，就是看了有点头晕，因为我有晕船的毛病，我看出了神，仿佛自己也坐在船上。"其实舞台上的老艄公手上只有一把桨，舟行川江，全凭演员程式化的表演。这么一个小故事，也从一个侧面，反映了演员出神入化的表演。

　　与川剧中表现的江流湍急的西南川江不一样，昆剧《秋江》中所表现的场景是江南水乡。还有一个不一样的是，川剧《秋江》火了，昆剧《秋江》却逐渐湮没了，不见舞台久矣。

　　谈起这折戏，张洵澎和岳美

1986年张洵澎与岳美缇演《玉簪记·秋江》

缇感慨万千：

岳美缇：《秋江》这折戏，只听老师讲过，但没有见过。好在其中的"小桃红"是名曲。但是舞台上两只船怎么来演？很尴尬。原来是舞台上出现两只船，潘必正和陈妙常各自坐在一只船上，互相对唱。这出戏主要是"卖"唱。朱传茗、顾传玠两位老师在20世纪二三十年代曾经演过，因为太"冷"了，后来也不演了。1985年排这出戏的时候，沈传芷老师讲，观众主要是听曲子，原来在《玉簪记》中《秋江》并无地位，只是后来川剧《秋江》出名了，我们昆剧也照样来演。这次我们排练这出戏也有顾虑，想到要发挥昆剧载歌载舞的特点，设计了一连串在船上的舞蹈，当然这样做困难很大。

现在演折子戏《秋江》时，一上来就直奔主题，唱"奴好似江上芙蓉独自开。只落得冷凄凄漂泊轻盈态。恨当初与他曾结鸳鸯带。"干净干脆。

张洵澎：我和美缇（当时）都是50岁的人了，首先要忘掉自己的年龄。陈妙常与杜丽娘不一样。杜丽娘单纯如水，陈妙常毕竟接触过一些香客，自然要比杜丽娘"见多识广"，所以体现在眼神上，就要

1986年张洵澎与岳美缇演《玉簪记·秋江》

比杜丽娘稍活一点,稍见成熟,但绝不是花哨。比如在"跳船"时,就要表现出奋不顾身的劲头。跳上船以后,目光直对必正,根本不理睬旁人的打趣。在船停稳后,轻呼一声"潘郎",即坚定地拥抱潘必正,引出接下来的一段唱"半日里抛伊不见,泪珠儿湿染红衫。"把前两折《琴挑》《问病》中压抑的情愫一并爆发出来,感动了观众。

岳美缇:关于演员的情感,老先生告诉我们,《秋江》是"哭别",但这是"小别",不是"永别",这个分寸一定要掌握好;但是整个戏是一出轻喜剧,所以要拿捏准确,还是有难度的。

首先要演得年轻,他们是初恋,不要给人"老吃老作"的感觉,而是难分难舍,要演得清纯一些。另外一点就是要让人感到,这次分别不会太久,不久后还会碰头,所以分别的眼神是一往情深,不是绝望的。

《秋江》情节为人熟知,道姑陈妙常潘必正相识而恋,正值恋情炽烈之间,潘必正的姑母逼侄赴考。陈妙常闻讯不顾女儿之身,追舟江上,与潘必正挥泪而别。

这个戏大致分为"引子""追舟""同舟""泪别"四个层次。为了准确表现人物急于相见的迫切心情,岳美缇、张洵澎匠心独运,强化了人物的内心节奏与舞台节奏。

为突出一个"追"字,张、岳二人剪枝蔓、除赘笔,砍去陈妙常雇舟时与艄婆的一段戏,一开幕即见陈妙常乘舟急追,一下子把人物突出在观众面前。一个过场,那边潘必正之舟缓缓而上,显示出潘必正不愿意离开陈妙常的情绪。

交代甫毕,戏即进入高潮"追舟",二人先以大圆场表现二船擦肩而过,回过来两船相迎而上,紧接着两人水袖相握,船在江心打转,陈妙常奋不顾身,跳船而过,扑入心上人的怀中。此时唯见两人脚底生风,圆场又溜又美,展现了一追一等、执手难舍的缱绻恋情。北京的戏剧专家赵晓东先生说:"没见过这么好看的《秋江》,如去北京演出,一定是非常新鲜的。"

（左起）张洵澎、张曙、岳美缇、秦来来、任德峰

岳美缇：10月份排戏时，沈传芷老师要求"追舟"形式要强化，目的是突出接下来的一段唱，这样动与静反差大。阿澎脚底下的功夫好，扬其长在船上跑圆场，气氛可以突出。一来这是老师的提示，二来我们演员可以做得到。两船相遇时不要马上相见，先是遥相呼喊，这就给昆剧演员创造了用武之地，文戏武唱，一场下来很吃力。

及至"同舟"，只见张洵澎演的陈妙常任凭船再摇晃，仍一往情深地注视潘郎，对进安的调侃不闻不问，只管一心诉说别愁离恨。待唱到"都只为心儿里"时，拉过潘必正的手按在自己心口一圆，把人物性格一下子突了出来。

原来此处两人各有许多念白，现改为一人两句白口。潘念："恨我姑娘紧紧拉，狠心直送到江边。"陈紧念："平地里风波拆锦鸳，羞将泪眼向人看。"这一过渡自然妥帖，又符合整出戏的节奏。

接下来便是那段著名的"小桃红"唱腔"秋江一望泪潸潸，怕向那孤篷看也"，二人眼前似见江上夕阳洒金，舟中渔火闪烁，凄凉之情油然而生。"恨煞那野水平川"唱句，俞（振飞）老曾把它设计为1/4节拍唱，韵味无穷，但与整出戏的节奏不合。张、岳二人"胆大妄为"，竟然把"探戈"的二人舞形体融化在身段中，随着锣鼓发出四个浪花声，两人缓缓向台口走来，煞是好看；同时，在唱腔上一个大的跌宕，遂又把俞老唱腔中的神韵传递了出来。

张洵澎把"半日不见如别三秋"的内心怨尤唱得缠绵悱恻，岳美缇则把"相见时难别亦难"的无限别愁表现得荡气回肠。更令人叹为观止的是，两人时而碎步翩翩，似行云流水；时而步履凝重，如浓云密布。依照唱词设计的身段、舞蹈，包括手势、舞姿、表情、眼神、造型、亮相等，把人物流露的思想情感，细腻的心理变化，敢于冲破封建礼教的不屈意志和任谁也无法拆离的真挚情谊，展现得丝丝入扣，淋漓尽致。千里追舟，终有一别，张、岳二人仅用舞蹈中简单的内外分背形体表现两舟相离，在身段上一起一伏、遥相招手缓缓分开。此时江上细雨霏霏，四目相对，饱含脉脉深情，不觉潸然泪下……岳美缇自己也说："下场很美，很抒情，有种动感。整出戏似在'水中'。"

轻舟、江水、落日、渔火、离愁、别绪……如此优美、和谐地融合在短短不足二十分钟的折子中，给人以不尽的享受、无尽的回味。

一折久疏舞台的冷戏，在张洵澎、岳美缇两位艺术家的演绎下，又给人以清新的感觉、难忘的印象，岳美缇说：

> 这次与阿澎合作，她在台上十分热情，有强烈的感染力，会带给观众新鲜感。为什么不到20分钟的戏这么热烈？主要就在于张洵澎的热烈的表现，自己表现出一种朝气。其次内心节奏与舞台节奏掌握得好。她离开舞台这么多年，还能如此表现，很不容易，说明她没有放弃艺术。她的节奏来源于她的技巧、舞台经验与对人物的理解。
>
> 虽然阿澎是在"半途"插上的，因为《玉簪记》演出，前面"琴挑""偷诗"等已经演出，陈妙常、潘必正的形象已经给观众留下了很深的印象。张洵澎半道上"追"出来的戏，若无功底和对昆剧的挚爱，不可能一下合拍。

著名戏剧理论家、剧作家陈西汀看了演出后，撰文说：

《秋江》，是传奇《玉簪记》中的一折。洵澎饰演的道姑陈妙常，一叶扁舟，追逐爱人潘必正于秋风江上。"秋江一望泪潸潸"，一曲"小桃红"，倾泻着主人公的离愁别恨。她放声歌哭于蓝天碧水之间。她是陈妙常，是闺门旦，是一幅"秋江惜别美人图"，一歌一舞，神采飞动，化入蓝天碧水，一样清澈，了无痕迹。

一出濒于湮灭的小戏，被二位艺术家用炽烈的激情、精湛的技艺展现在舞台上，在不足二十分钟的时间里，载歌载舞，一气呵成，令人目迷神醉。

犹如品尝醇厚、浓郁的好酒，往往会让人激动、亢奋，不能自已。观赏昆剧表演艺术家张洵澎、岳美缇主演的《玉簪记·秋江》，也会让人产生坐不安稳、每每想要站起来的冲动。

这是一折由新中国培养的艺术家传承后创新的优秀折子戏，希望它能像梅兰芳、俞振飞合作的《游园惊梦》等一样传诸后世。

张洵澎携学生黎安排练《玉簪记·秋江》

潜踪蹑迹穿芳径
——张洵澎的《亭会》

　　相比于《牡丹亭》《玉簪记》这些戏来说，很多观众对于《红梨记》有些陌生。早在戏校的时候，张洵澎虽然也跟着朱传茗老师学习过其中的《亭会》一折，但并不像《游园惊梦》《寻梦》那样精雕细琢。原因是《红梨记》中的谢素秋并不是一个典型的闺门旦，而是因为她特殊的身份，表演介于闺门旦与花衫之间，在打基础的年代，并非首选。而且，《亭会》唱念并重，对于初学者而言，的确难度很大。因此，那时候的张洵澎虽然学了《亭会》，但并没有花更多力气去琢磨这出戏。

张洵澎在昆剧团演《红梨记·亭会》

　　真正让张洵澎开始关注谢素秋这个人物，是在1985年春，由时任文化部副部长周巍峙主持，邀请了一批当时健在的昆曲老艺人，前往苏州抢救和传承传统剧目，当时已经身患癌症的周传瑛和夫人张娴共同传授的就是一折《亭会》，跟着周老师、张老师学戏的共有十多位昆曲演员——来自上海、苏州、南京各地，张洵澎就是其中之一。因为演出经验丰富，且天赋条件出众，在一起学戏的时候，张洵澎隐隐变成了同伴学员中的"领头人"。汇报演出时,周老师也独独挑中了张洵澎来展演这一出。

不过张洵澎说,直到那个时候,自己的表演还是以模仿为主,虽然内心也意识到不能把谢素秋当作一门闺门旦的行当来演,而应该通过表演赋予她更多背景身份,但究竟怎么表现"还没有想好"。

汇报演出后,张洵澎心中始终"惦记着"谢素秋。细细地品味她和杜丽娘、陈妙常最大的不同,张洵澎终于明白,那就是谢素秋"官妓"的身份:"我认为研究戏就要先研究人物。剧中谢素秋是个才貌双全的女子,是官妓,很有文采,就像是以前的交际花。所以在她身上,势必会有一些职业的感觉,但是不能过。所以我在演这个戏的时候,周传瑛老师抱病看了我们彩排汇报。看的时候,周老师特别对下面一起看的人说,你们看看张洵澎的两只眼睛,多么有戏。这个戏的关键是人要有眼神变化,用眼神来出戏。"

那么,怎么才能最迅速、准确地把谢素秋的与众不同传递给观众呢?张洵澎终于找到了答案——谢素秋的"职业病"。就好像今天的人从事某种行业,总会在生活中不自觉地带上一些行业特有的言语、小动作一样。"官妓"的身份,也会在谢素秋身上流露出来。"比如说,她的眼睛就要比一般女孩子更明亮、灵活。"张洵澎如此说。无论在舞台表演,还是在教学过程中,张洵澎对于学生眼神的运用要求相当高。"眉目上下打开,眼眶肌肉左右舒展,眼睛是流动,不是乱动,要始终带着观众走,转身也要留头。"张洵澎经常提醒学生的一句话是"眼睛要正视前方,你的戏是演给观众看的,不是演给地板的。"她还风趣地开玩笑说,如果戏曲演员的视线个个走地下,那舞台就应该设计成透明玻璃地板,观众坐在玻璃下面往下看。这些夸张的比喻,却也不无道理。

谢素秋的另外一个"职业病",用张洵澎的话来说,就体现在她的"腰"上。官妓出身的她,能歌善舞,腰肢要比同龄女子灵活些,具体落实到表演上,就是这个人物的舞蹈性更强,当然,这对于最擅长"舞动起来"的张洵澎来说,更多了发挥的余地。

抓住了这两点,张洵澎为谢素秋设计了这样的出场:她是由上场门后鹊步倒退着出场进入观众视线的,"花梢月影正纵横,爱花坞闲行"。这时的谢素秋，将手上的扇子放在头顶前。"因为是月夜，古代只有自然光，所以要通过这个动作来聚拢月光，寻找路径。"张洵澎解释说。"潜踪蹑迹穿芳径"这七个字，传统的演法只是泛泛走来，而到了张洵澎这里，细心地为谢素秋设计了一连串小动作——一个停顿，原来是被树枝勾住了头发，于是仰头望，继而莞尔一笑，然后细心拨开柳枝，整理发髻，继续前行——虽然只是一个小小的细节，张洵澎却用了四个层次，交代了人物所处的环境，而且生动活泼，又借此让谢素秋有了展示身段的机会，可谓一举三得。

"眼神"和"腰肢"，是谢素秋区别于典型闺门旦的关键。但仅仅抓到这两点还是不太够的。因为谢素秋虽是一名官妓，却不是普通的歌妓。如果将她处理成一个随波逐流的风尘女子，那么也就体现不出这个女子身上可敬、可爱的地方了。谢素秋沦落秦楼楚馆，是出于无奈，而她本人则像是一朵出淤泥而不染的莲花，从未放弃过对纯洁爱情的追求，也就是她自己唱到的"只图个美满前程"。这也是她能够冒着风险相会赵汝舟的动力——因为在她心中，赵汝舟是个堂堂正正的男儿，是值得托付终身的"良人"。

那么，具体要怎样体现出她的气节呢？张洵澎又将想法用在了"风入松"唱后紧接着的一大段念白上。《亭会》一折念白之多，在传统剧目中数一数二。这一段念白，曾经是许多昆曲闺门旦演员望而生畏之处，往往一段念下来，整个戏也就"冷掉"了，观众的情绪也陷入了低谷。但张洵澎的厉害之处却是能够将这一段念白处理得抑扬顿挫，充分展现人物性格。

"奴家谢素秋"这是自报家门，用下巴颏一翘，足以出彩。

"向来思慕赵汝舟，只是未得见面。""思慕"二字不能说得扭扭捏捏，而要语言兴奋，然后双手举过头托扇、左右推扇说"未得见面"。

"昨晚到他书房门首，他正带醉而归，啊呀呀，果然是个美丈夫，日后前程必远。"这是对赵汝舟的赞美，自己心爱的人如此优秀，是非常肯定的语气。谢素秋的脸上也应该表现出一种自豪，庆幸自己眼光不错。

"又听得口中喃喃咄咄，似呼我素秋名字。啊呀，想他未见奴家，如此注想,心事可知矣。"女孩儿家乍听情郎口中唤自己名字,虽然谢素秋比一般女孩成熟,也难免羞涩,这时候就应该微微低头,现出小女孩家情态。

"唔—唔! 就与他结个终身之约,料不做薄幸勾当。"只见她用双手食指相钩,化用了荀派的表演,这即是对赵汝舟的评判,更是给自己安心——毕竟,身为烟花女子,谢素秋的爱情要比普通女孩更艰难,因此这两句话应该说得格外有力、格外肯定。

第二篇 洵美且异——张洵澎的舞台艺术

1994年张洵澎专场演出《红梨记·亭会》

"蒙钱爷吩咐,叫我——嘘! (此时用右手食指捂嘴) 不要说出真名姓来。为此奴家打扮良家模样,待他来时,与他成就此姻也!"这是交代谢素秋乔装而来的原因。

最后这一句,又是一个高潮,隐隐有些兴奋和期待,要说得将观众的期待也整个"吊"起来。

在这里,张洵澎的每一句念白,每一个词都配上身段和表演,处理得独具匠心,语气生活、极其生动,让人听在耳中,看在眼中,含在嘴里,如嚼着一颗青橄榄,越品越有滋味。

除了在唱、念等方面突出谢素秋的与众不同之外,对于这个人物的形象设计,张洵澎也有自己的灵感。为了符合古典女性典雅、含蓄的风格,昆曲闺门旦的服饰通常以淡雅为主,其中浅粉是最常见的色彩,也可以说是标志色。但张洵澎认为这种色彩用在杜丽娘身上很合适,而让谢素秋穿,似乎显得缺了点什么。因此,她亲自为谢素秋设计了月牙红色的服装。这种介于正红与粉红之间的色彩,也是当时时尚的颜色,既隐隐暗示了谢素秋从事的"职业",也象征了她热烈奔放、敢作敢当的性格,分外吸引人。相比于月牙红的褶子,张洵澎为谢素秋佩戴的珍珠帔肩,更大胆而突破传统——这条用珍珠缀连而成的帔肩在昆曲舞台可以称得上是绝无仅有。这条"不富即贵"的珍珠帔肩，也为张洵澎一出场就吸引眼球加分不少。往往谢素秋甫一上场，台下观众首先便被这炫目的帔肩震住，连呼"艳光四色，摄魂夺目"而连连叫好。张洵澎这样得体而富有新意的设计，不仅自己满意，也得到了同行的认可："尤其是我的学生，现在演《亭会》，都会来问我借这身行头。"张洵澎得意地说。

除了先声夺人之外，在小细节的设计上，张洵澎也独具匠心。谢素秋手里拿的那把金扇子就与众不同——加上了一撮红红的短穗子。这也是张洵澎亲自去老城隍庙小商品市场挑选来，并亲手制作的。这把扇子在台上为人物服务，让谢素秋的舞蹈动作增色添艳，贴近人物，也与其他闺门旦人物形成了不同——因为杜丽娘、杨贵妃这样的人物是不能用穗子的。

赵津羽学澎派《红梨记·亭会》

张洵澎从人物出发，潜心研究，在表现谢素秋"这一个"人物时，开创式地将其定位于闺门旦与花衫之间，就像当年言慧珠演《凤还巢》时，考虑到女主角程雪娥尚未出阁，于是就用闺门旦行当来演青衣，取得了很好的效果一样。对此，北昆艺术家丛兆桓高兴地对张洵澎说："你创造了昆剧'花衫'的行当。"

现在，张洵澎也会为自己的学生开设《亭会》这堂课。著名昆剧演员雷玲、上昆的青年演员袁佳、张冉都是张洵澎门下弟子，师从她学过这折戏。著名瓯剧演员、瓯剧团团长蔡晓秋也是张洵澎非常喜欢的一位学生，曾经跟随她学过《寻梦》《亭会》《百花赠剑》等剧目。

不过，不同于《游园》《惊梦》等闺门旦必须学的基础课。对于让学生演谢素秋这个人物，张洵澎显得相对谨慎——首先，因为这出戏有一定难度，所以必须等有了一定基础之后才会教。另外，鉴于谢素秋和"典型"闺门旦的不同，所以也会适当根据学生的风格特点决定是否学这出戏。这，也正体现了张洵澎作为一名昆曲教育家"因材施教"而成功的一面。

常得君王带笑看

——张洵澎的《杨玉环》

20世纪50年代，言慧珠到上海戏曲学校任教的同时，也向"传"字辈老艺人请教了许多昆曲传统剧目。在那段时间里，作为言慧珠最喜爱的学生之一，张洵澎也有幸跟在言校长的身边，边看边学——很多剧目，都是在那个时候张洵澎和言慧珠先后从朱传茗老师那里学来的。那段岁月，对于张洵澎来说是毕生难忘的——一边跟着朱老师一起学，一边陪着言老师演出，这样的机会并不是每个人都有的。

在张洵澎的记忆中，那是一段温馨的日子。时逢周末，从华山路399号自己家中坐着三轮车来到华山路1062弄11号"华园"（言慧珠家）。言校长早已为朱传茗准备了好酒、好菜。朱老师抿着小酒教授言慧珠，年少的张洵澎便在一旁静静地看。"看老师学戏，要比自己学还要受益。"就是在这种环境中，张洵澎看了言慧珠在《长生殿》"小宴""埋玉"中的"私房表演"，也把它牢牢记在心里、并在之后的岁月里展现在舞台上。

1958年冬天，张洵澎和昆大班的十位男女同学一起，随俞振飞、言慧珠赴北京演出，这是她第一次在北京舞台上正式演出《长生殿》，演的却是"小宴"中杨玉环身边的宫女。而当年那一堂宫女，今天看来简直就是梦幻阵容——张洵澎、华文漪、岳美缇、梁谷音、杨春霞、王芝泉、王英姿、王君惠……

从"小宴""惊变"到"埋玉"，数十年来，张洵澎从言慧珠身边的宫女演起，演出了《长生殿》中不少经典片段，尤其是说到"小宴""埋玉"等折子片段，更是如数家珍。而她演活杨贵妃的秘诀，在于一个"贵"字、一个"娇"字、一个"舞"字。

"杨玉环和杜丽娘同为闺门旦，但两个人物又有不同，杜丽娘是最典型的闺门旦，而杨玉环则是贵妃身份，是'超级'闺门旦。"张洵澎说，也正是因为这个原因，在戏校的时候，直到四年级她们才开始学习《长生殿》。"要演好这个人物相当不容易，除了要有扎实的文戏基础外，更要静心阅读剧本，还要能对角色深入理解。"不能将杨玉环当作一般的闺阁小姐来演绎，那样不免失却"贵气"。

"可怜飞燕娇懒"

以"小宴"一折为例，这是昆曲《长生殿》中最经典的一段。故事发生在秋天的御花园之中。"御花园不是普通私家园林，它的特点首先是'大'"。因此张洵澎演来，就要让观众看到杨贵妃眼中御花园旷大而美丽的景色。如何显出御花园的气派和御苑中人的气场？张洵澎的法宝就是让自己的眼光、眼神放远。与唐明皇手扶车辇，并立台中，太监宫女两厢直线形侍立，自然让人觉得是皇帝登基时一般庄严的场面。"天淡云闲，列长空数行新雁。御园中秋色斓斑：柳添黄，苹减绿，红莲脱瓣。"配合身段，眼睛始终要紧随唱词的内容变化。

"喷清香桂花初绽"这句的表演，首先要有鼻不经意嗅花香的深情，面目含笑，食指屈托鼻尖之下，唱到"喷清香"，似无意间闻到一阵桂香淡淡飘来。然后边走边循着清香方向，走近看到了有一排桂花树正绽放——因为桂花香气唯有在远处才能闻得到。

艺术来源于生活。在这里，张洵澎把现实生活中的经验运用到舞台上。上海的桂林公园里的许多桂花树，每到秋天，不远处总会闻到或浓或淡的桂花香，可是凑在桂花树下，香味反倒不那么明显了。所以，这时的杨玉环，也一定要在远处先闻桂花幽香，后看到桂花树的。

　　张洵澎塑造人物，有着丰富的想象力和好奇心。她不时从生活中借鉴细节，也会调动各种感官经验来让人物更合理、更有看头。虽然《长生殿》是从朱传茗、言慧珠等大家那里继承下来的，但自己演绎时，张洵澎除了遵照老师的传授，又会有自己的想法和看法。她觉得有些可以更合理化的地方，就会去做一些修正。"碧沉沉并绕回廊看，恋香巢秋燕依人"这一句，过去演员演到"回廊看""恋"字时，这里都会有一个险些摔倒的动作。这样一点小小的"惊险"，当然也是从老师那里传下来的。可是当年学戏的时候，张洵澎就有些疑惑——杜丽娘要游园，尚且吩咐花童事先扫除花径。皇帝和娘娘要临幸御花园，难道不是早就应该有人将经行之处打扫得干干净净，恭候圣驾吗？这绊到娘娘的碎石砖瓦又从何而来呢？何况杨贵妃纤纤玉足、娇软身躯，这一绊、一跌那还了得？唐明皇还不要龙心大怒，惩罚下人，哪里还有心情和杨贵妃对饮小酌，岂不是要扫兴而回了？再者，在张洵澎看来，那个跌跤动作也是一种当众失态，那样冒冒失失的杨贵妃也不美、不可爱了。所以，张洵澎在这里做了小小的改

张洵澎与蔡正仁
"态恹恹云软四肢"

194

动。杨贵妃不应该是"摔跤"而是"撒娇",故意装作欲滑而不跌的样子,来引得唐明皇的欢愉。一点小小的伎俩,显出她狡黠的一面,也让整个戏份变得更加活泼有趣。在这里,她和唐明皇的关系,既是君臣,又如小情侣,是皇家夫妻,也是老夫少妻在轻松游玩。两人身份既平等又不完全平等,十分地微妙,故而杨贵妃才会有这样故意俏皮为之的行为。

杨贵妃是矜持的,也是骄矜的。这种骄矜往往是通过一些不经意的小动作自然流露出来。故而,张洵澎非常注重手眼身法步细微的处理。例如下辇时,一定提裙,足掌点地,运用金莲步。待宫女手捧金盆、金扇跪倒在杨贵妃面前,才缓缓接过金扇,也是一份雍容的姿态,决不能主动走过去拿扇子,那就不是贵妃娘娘的派头了。

传统的演绎,杨贵妃落座前,先为唐明皇用水袖拂拭座椅。这类掸椅抹灰的动作,在舞台上不论穷富人家都会有,已经成为一种程式。张洵澎想,皇上和贵妃娘娘端坐的龙座凤椅,怎会不事先擦干净?这个动作不合理。所以在一次和蔡正仁的合作演出中,她与蔡正仁商量,删去了拂拭的动作,代之以两人之间的顾盼。这样处理,既没有让台上的重要节奏、气氛冷下来,也更符合了杨贵妃的身份。

在演出《长生殿》的各个段落之时,张洵澎根据情节的不同各有侧重,但有一点始终牢牢把握,就是杨玉环和唐明皇的关系。很多人演到动情处,往往就把两人当作了普通情侣,你侬我侬毫无隔阂,张洵澎认为这是不可的。《长生殿》有尤其特殊的历史背景,李隆基和杨玉环都是真实的历史人物,分析历史社会背景,就会发现无论在何种情况下,两人都无法真正摆脱政治因素带来的身份差异。所以杨玉环无论是喜、是悲,都是有分寸的。

"小宴"时李隆基敬杨贵妃三杯酒时,杨贵妃是一种受宠若惊的心态。三杯酒的处理各不相同:第一杯是惊喜,接受;第二杯是带着撒娇的推却——虽有微醺,但其实还能喝;第三杯则是真正稍有醉意,但尚可支撑。三杯酒下肚,杨贵妃虽然心头不适,但在帝王面前也不能失态,要强自忍下。"过去,这里处理成杨贵妃将第三杯酒偷偷倒在地上,想想也不好,不符合杨贵妃的身份,更不敢在帝王面前如此作假。又如杨贵妃喝下第三杯酒后，揉自己的心口，现实生活中不会如此。只有吐了酒才会揉。酒挤在心口，只会越揉越难受，越揉越想吐。"张洵澎分析说，况且在皇帝面前揉心、做呕吐状，"我若是皇帝，也不会喜欢这样的妇人。"张洵澎认为，此时恰当的表演应该是似醉非醉地捂着胸口，带着醺醺然的笑容看着皇帝，让皇帝欣赏自己美丽的醉容。"一个天生丽质的美女，是在任何时候都不需要做作的。"张洵澎总是要把人物关系搞清楚后，才会确定怎样来规范自己在舞台上的一举一动。

"小宴"是李杨爱情的甜蜜时刻，而"埋玉"则是两人感情的终结。张洵澎认为，只有将"小宴"中杨贵妃的娇柔、美丽表现得淋漓尽致了，"埋玉"的悲剧才能引起人们的同情。同样，只有"埋玉"中杨贵妃的无奈、悲伤处理好了，才会让人们再次回忆起"小宴"时的美好时光，唏嘘不已。这两折戏虽然感情色彩截然不同，其实是相辅相成的。

"杨贵妃是一个古代女性，生于深闺，长于深闺，又来到后宫，万千宠爱集于一身"，张洵澎认为，这样一个女性，有着天赋的美丽、才华，但毕竟是单纯的，在巨大变故面前，她不可能不慌乱，面对死亡不会不害怕。因此，如果将杨贵妃的死演得像英雄就义，为了唐明皇的江山甘心赴死，虽然形象拔高了，却并不符合人物性格。"一个刘胡兰式的贵妃，其实未必比一个慌乱失措的杨玉环更能引起人们的同情和爱惜"。不过，慌乱也是要通过眼神、肢体、神态表现出来的。在形象上，张洵澎坚持演员在任何时候都要给观众带来美的享受。正如她演临死前的杜丽娘，依旧美丽无比一样，这一刻的杨贵妃，虽然惊慌却也并非失态，每一个动作、步伐都要经过精心的雕琢，悲剧的脸庞也要美。

杨贵妃是娇贵的，也是美丽的。"历史上的杨贵妃其实是一位音乐家、舞蹈家"，张洵澎说，昆曲的最大特点就是载歌载舞，因此她的杨贵妃，将剧种的特点与人物的特长紧紧联系了起来。多年前，北方昆剧院院庆之时，张洵澎首要演出《长生殿》"月宫"一折。这一折其实并非张洵澎的常演剧目，但她却为此设计了美轮美奂的舞蹈动作。演出结束，专家和观众都对张洵澎的表演赞不绝口，称唯有张洵澎方能将传说中的《霓裳羽衣曲》真正在舞台上展现。

因为种种原因，传统《长生殿》很少在舞台上全本演出。即使是张洵澎，常演的也不过是"小宴""惊变""埋玉"那几出。而"絮阁"等几折戏，虽然也很精彩，舞台上的演出却很少。但张洵澎心中却十分喜爱"絮阁"，当年她也曾得到过朱传茗老师的真传。她说，"絮阁"是一场非常有戏剧冲突的戏，唱腔也非常漂亮，现在她也在考虑如何把这折戏改造得更加兼具可看性和艺术性，就像当年她大胆改造《牡丹亭》中的"寻梦"一样。"希望能够把这一折留下来，传给现在这些年轻演员。"

张洵澎携学生张军演《长生殿》

冷镬子里爆出热栗子

——张洵澎的《题曲》

《疗妒羹·题曲》是一出搁置了四五十年无人问津的好戏。20世纪80年代初，连80岁高龄的昆曲艺术家俞振飞先生也表示："没有看过这出戏"。

《疗妒羹·题曲》，张洵澎始习于20世纪80年代初。那时文化部"振兴昆剧指导委员会"组织健在的昆剧"传"字辈艺人给全国所有的昆剧院团传承剧目。张洵澎作为上海戏校的教师，是跟姚传芗老师学的。1986年12月2日，张洵澎在北京全国政协礼堂进行专场演出，吕正操同志看完后对张洵澎说："你要演《题曲》。"

同《牡丹亭·寻梦》一样，《疗妒羹·题曲》也是一出闺门旦的独角戏，冷得很，最能考验闺门旦的功力。据介绍，《题曲》和《寻梦》这两折戏，到了清朝末年只有"全福班"的钱宝卿老先生会演。"物以稀为贵"，钱老先生开出天价，谁要学这两折戏，得交学费200大洋，年轻艺人在这笔天价面前望而却步。幸亏浙江硖石人张宗祥先生（著名史学家，第三任西泠印社社长，解放后昆剧《十五贯》的定稿者）出手资助，垫上这笔钱，让"传"字辈的姚传芗去向已经75岁、卧病在床的钱宝卿抢学下《寻梦》和《题曲》。钱老先生当时已是病势沉重，他在病榻上一边抽烟提神、一边口授，好在姚传芗有悟性，仅凭老先生的口授，将其化为身段动作，再

"洵美且异"专场张洵澎
演出《疗妒羹·题曲》

经钱老先生修正、补充、认可。这样反反复复,终于把两折戏抢了下来。后来,又有了1963年张洵澎"三立姚门"学《寻梦》的美谈。

《题曲》是《疗妒羹》的一折,写明代女子乔小青因婚姻不幸,先为大妇所迫,生活忧闷,精神忧郁。后经友人作伐,改嫁后仍为人妾。一个雨夜,乔小青偶读《牡丹亭》,不觉以杜丽娘自况,伤感生平之不遇。

这是一出独角戏。演员在一个小时左右的时间里,通过唱念做舞,表现出乔小青那种"不怕读书书易尽,可堪度夜夜如年"的日子里,如何从憧憬"柳梦梅画边遇鬼,杜丽娘梦里逢夫",到萌生"若都许死后自寻佳偶,岂惜留薄命"的意念,直到最后陷入"人间亦有痴于我,岂独伤心是小青"的痛苦呻吟中,从而刻画出在封建社会中一个弱女子的悲凉命运。一个演员、一出戏、一个小时,创造出一层层如此细致、曲折而又感人的表演境界,显示了昆剧独有的征服人心的艺术表现手段。

这出戏是张洵澎1982年去杭州由姚传芗老师传授给她的,学了之后却一直没有拿出来演。这是为什么呢?张洵澎不缺乏表现技巧,也不怵塑造人物,之所以一直不轻易拿出来演,是因为她一直在推敲,要如何诠释、定位乔小青这个人物才最准确。不把这些疑问搞清楚,她绝不"下锅"。

当年,获悉张洵澎在学习这出戏的时候,戏剧界的一些专家为张洵澎提供了不少关于这出戏以及乔小青的文字资料。张洵澎仔细研究以后,对这出戏、对乔小青这个人物有了她自己的理解和定位。

回忆当年传承的情况,张洵澎说:"那个时候姚(传芗)老师请我帮他做助教,边学边示范给各地来学习的中年学员看。因为那个时候姚老师年纪大了,还曾动过胃部手术,做不动,要我帮他一起弄。姚老师来讲戏,我代姚老师示范。那时候许多东西还是在初级阶段。我对这个戏、对乔小青这个人物还不大了解。我就问姚老师,乔小青这个人物到底是怎么回事?姚老师就说他自己理解乔小青的事情是杭州的事情,乔小青以前也有叫冯小青的。后来我在很多资料里发现那时候有很多作者,他们都模仿汤显祖写《牡丹亭》的杜丽娘,让乔小青死了活过来,活过来再死,我看了以后觉得这样不可取,还是吴炳这个本子可信。"

乔小青遭到大夫人苗氏的嫉妒、排斥,在家中没有地位,度日如年。

不过乔小青生活上并无忧虑，唯有精神上备受摧残，苦痛难以言表。

戏中的乔小青一直是哀叹的、抱怨的。她哀叹，自己为什么就没有杜丽娘似的好梦！杜丽娘能梦到她的柳梦梅，可自己连梦也不曾做到一个。她抱怨，哪里还会有像柳生那样的好人呢？不免又去杜丽娘的梦中走一回。乔小青心中的杜丽娘在"寻梦"，戏中的乔小青也在"寻梦"。此时的她（乔小青）与她（杜丽娘）共有一体。但乔小青只能渴望，似一只啼血的杜鹃，兀自挣扎，却终归于徒劳。

"我就跟魏涛（毕业于中国戏曲学校服装设计专业）说，我不会在台上穿灰蓝色的戏服"，张洵澎又发挥起自己的"考据"劲头，"因为小青生活上并不贫乏，而是精神上受欺侮。所以我要重新设计服装。既不能太花哨，又不能太老气，所以紫罗兰的色调是我的首选"。紫罗兰色表现出了乔小青忧郁的心情，但上面的绣花要亮，偏大些的花有京剧梅派的大气。张洵澎在设计过程中运用到了新技术，在电脑图库中，找到了许多非常漂亮的花朵图案，但是她又觉得不合适，直到最后找到了一种"萱花"。萱花又名萱棠，是代表母亲的花。张洵澎说："她（乔小青）这一辈子生活

"洵美且异"专场张洵澎演出《疗妒羹·题曲》

在这样的环境下，痛苦只有在思念父母亲时才能得到安慰。"因此，最终张洵澎选择了"萱花"作为乔小青服装的基本元素。而马面裙上，则绣上了飞舞的蝴蝶，表现出乔小青也像杜丽娘一样，渴望飞向自由的世界。整个服装设计显得雅丽而不失娇柔、清新。这样的设计，贴切人物，也取得了很好的舞台效果，得到了观众的赞许和同行的认可。

对于古老的昆剧来说，古朴、凝重甚至带着几分刻板，是大家对她的印象。然而，梅兰芳大师

"移步不换形"的改革，敢于改掉出将入相、饮场检场；又开拓创新，编古装、时装戏，创古装头、古装衣，新舞蹈、新程式……这些划时代的改革，给张洵澎以极大的启迪。言慧珠的言传身教，更是她创作剧目、塑造人物的原动力。

张洵澎重新整理了此戏，融入了她30年的理解体会。

1984年7月13日，张洵澎在《舞台与观众》上发表了自己创排《题曲》的文章，题目是《杜丽娘与乔小青》，谈了自己的理解以及在舞台上的演绎：

《题曲》是一出在技艺上很有特色的悲剧"独角戏"，可与《牡丹亭·寻梦》相媲美，但格调则不及《牡丹亭》。

作者借剧中人乔小青夜读《牡丹亭》的情节，勾勒了《牡丹亭》的故事梗概，评论了杜丽娘、柳梦梅的纯真爱情和反抗封建礼教思想束缚的积极精神。该剧人物面貌、主题思想和意图设想都很有可取之处，可以构成全剧的纲要，帮助观众来理解《牡丹亭》。

全剧感情变化幅度很大，表演难度很高，要求层次分明、清晰，是一出难学难演的功夫戏。表演上一线到底是个"悲"字，但又必须喜、哀、乐、爱、恶、欲，几情俱全。这出戏能充分发挥演员的表演才能，引起观众的共鸣，这一点上跟《寻梦》有相似之处。

此剧分六节，加一个开头和一个尾声。四段"桂枝香"是叙述《牡丹亭》全剧故事情节。"长拍"和"短拍"是写乔小青看完《牡丹亭》的感受，思想上引起的波澜，表露了乔小青的愿望。她羡慕杜丽娘的命运，而悲叹自己的身世。

剧中人乔小青从头至尾的思想感情，应该说一直处在矛盾斗争之中。没有矛盾斗争，她又怎么会哭呢？乔小青不是杜丽娘，她是身经颠沛的。杜丽娘还能有一个美好的梦，而她连梦都梦不着；现实生活中没有美好的境遇，她连梦也做不出来。剧情要求人物的情绪跌宕起伏，不宜冷静。

乔小青不是杜丽娘。小青同丽娘相比有三方面不同：一、丽娘有强烈的追求，小青则听天由命；二、丽娘对于封建礼教猛烈反抗，小青则屈服了；三、丽娘历经艰险，终于实现了"梦"，小青则郁郁而待。

汤显祖笔下的杜丽娘是封建时代的叛逆者、民主思想的先驱者；乔小青则是封建时代的弱女子，代表了封建时代千千万万妇女的共同命运，是值得同情的。我在唱到"祭画"和"求梦"时，常被"若未必痴情绝种，可容我识梦中愁"这两句激愤的唱词感动得鼻酸泪落。

感谢姚传芗老师无保留地传授给我宝贵财富（近年我演的《寻梦》《佳期》也是姚老师亲授）。更可敬的是老师大胆解放的思想，对我影响很大。他对我说："我欢迎你改，艺术不是我的，艺术本身来自群众中，只有改才有进步。"老师这些话，多么富有时代感啊！

1984年10月19日，《舞台与观众》发表了著名戏剧家蒋星煜先生的文章《谈"题曲"——兼答张洵澎同志》。蒋先生说：

吴炳的五种传奇，由于《西园记》曾经昆剧、越剧改编演出，知道的人更多一些，至于文笔辞藻，实际上《疗妒羹》更琢磨工深。

《疗妒羹》写的是乔小青嫁与冯云将为妾后的凄苦遭遇，而《题曲》一出，则是和全剧情节并非最密切的插曲。《题曲》的出场人物只有小青一人，主要写小青夜读《牡丹亭》的感受。这可以说是吴炳独具慧眼，是汤显祖的知音。说来也凑巧，单出而言，三百年来《疗妒羹》的几十出戏，在舞台最流行的恰是这一出。

本来，《牡丹亭》的《惊梦》就不容易写，汤显祖以高尚情操、生花妙笔，把这一场梦中的幽会，写得不落俗套。

《惊梦》之后，再有《寻梦》，于情于理，都是必然的。《题曲》这一出戏，是《寻梦》的派生物或衍生物，说得具体一点，是小青在寻杜丽娘所寻之梦，比之于《寻梦》更难写，更难演。

去年夏天，我在湖南长沙小住半月，和湖南戏剧界人士有广泛的接触，他们不约而同向我谈起1981年昆剧"传"字辈和张洵澎到湖南传艺的盛况，对张洵澎的《游园惊梦》《寻梦》印象深刻。后来，李沥青同志还专门写了一篇学术性相当强的分析文章,我对李文中所谈的点也都是有同感的。

最近读了张洵澎同志《杜丽娘与乔小青》一文,知道她将改编、演出《题曲》,我对此寄予厚望。她在《游园惊梦》《寻梦》中所积累的表演艺术宝贵经验,对于《题曲》的改编和演出,无疑是一个坚实的基础。

在那篇文章中,张洵澎对杜丽娘和乔小青性格上的差异的分析,大部分是可以成立的。想不到有什么可以争鸣的地方。她肯这样钻研,而且提笔写出来,是一种好学风。

张洵澎同志问我对改编演出《题曲》有什么看法、想法,我没有什么研究,只是想到了这一些。

《疗妒羹·题曲》本是一出身段不多,以内涵深沉、唱功和表情见长的传统折子戏,"雨深花事想应捐,小阁孤灯人未眠,不怕读书书易尽,可知度夜夜如年"。屋外,雨滴空阶;屋内,愁心欲碎,难以入眠。乔小青独自一人,情思婉转,曲折缠绵,或唱或舞,或喜或悲,充分体现了昆剧以抒情美为主的精英文化特质,张洵澎用自己的生活体验和长期的教、演经验,不断丰富完善着这出折子戏,展现了中国式的浪漫、中国式的性感、中国式的缠绵和中国式的哀怨。

可以讲,《题曲》和《寻梦》一样,已成为一出唱作兼重的看家好戏,一出张洵澎留给昆剧事业宝库的经典。

青绿山水与黑白素描

——张洵澎的《思凡》《说亲》

赵色空：青绿山水照青春

张洵澎至今难忘20世纪60年代在上海观看的宁波昆曲老艺术家的一折演出。

"那天演的是《思凡》，小尼姑色空是一位男演员，当时也已经80多岁了，形容枯槁，嗓子也几乎没有了。可是他往台上一站，一招一式，就让人觉得他是个十六七岁的少女。我至今难忘他的眼神。"当年还是个小女孩的张洵澎觉得——这，才是了不起的艺术。

真正的艺术，可以让人忘却性别、年龄，只记住台上的那个人；一个好的角色，是可以让演员从20岁演到80岁的——这，就是张洵澎创作人物的原则。

1990年代张洵澎演出《思凡》

《思凡》虽然是个花旦戏，但也许是受那次观剧的影响，张洵澎始终对这个角色念念不忘，自己担任教学工作后，她为学生重排《思凡》，便是牢牢抓住了这一点。而《思凡》的动人之处，便在于一个"小"字。张洵澎理解的色空，与她的另一个代表人物陈妙常有所不同——陈妙常满腹诗书，天姿国色，而色空只是一个生于村野的女孩，大字不识几个，甚至也谈不上漂亮。那么，她的动人之处在哪儿呢？张洵澎认为，关键在于"青春"二字。所以，张洵澎处理色空的眼神就和陈妙常不一样。陈妙常的眼神是含蓄的，但色空的眼睛则相当亮、非常直接。当然，这种青春、大胆的性格，并不是说色空应该"满台飞"。张洵澎在昆曲界享有"东方舞蹈皇后"的美誉，她的几乎所有代表作，舞蹈性都非常强，载歌载舞，美不胜收。但对于舞蹈的运用，张洵澎又有自己独到的见解，在她看来，舞蹈动作并不是越多越好，台上眼花缭乱，往往会起反作用，反而在观众心里留不下一点影响。"舞或是不舞，是由人物决定的，要演好角色，首先要理解人物。"张洵澎是这么说的，也是这么实践的。"舞台上的色空固然是一个活泼可爱的小尼姑，但这种活泼首先必须是'合理'的、是符合生活的。而在整段《思凡》中，一个上场、一个下场，正好体现了这一静一动的结合。"

"上场应该是端庄的、静的。"小尼姑念"诵子""昔日有个目莲僧，救母亲临地狱门。借问灵山多少路，有十万八千有余零。"这一段讲述佛教因由，就不能有太多舞蹈动作，主要是用眼睛和脖子来说话。张洵澎调用自己的生活经验说，年轻人和老年人的最大区别，在于是否具有好奇心。年轻人总是充满了好奇，对于周遭的一切都觉得新鲜。而色空就是要通过眼睛告诉人们这一点。同样，年轻人的脖子是灵活的，虽然动作幅度不需要太大，但必须要体现出这一点。这样，"小"尼姑的年龄就通过无声的表演交代给观众了。

"山坡羊"这一段，"小尼姑年方二八，正青春被师父削去了头发。每日里在佛殿上烧香换水，见几个子弟们游戏在山门下。他把眼儿瞧着咱，咱把眼儿觑着他。他与咱，哎，咱共他，两下里多牵挂。冤家！怎能够成就了姻缘，就死在阎王殿前，由他把那碓来舂，锯来解，把磨来挨，放在油锅里去炸，啊呀，由他！"小女孩的形象要非常生活化、天真而有些大胆。

《思凡》虽然是花旦戏，但是当年在戏校学戏时，朱传茗老师教授的闺门旦组也学这折戏，后来因为闺门旦的戏太多，这折就不经常演了。不过张洵澎还是坚持认为，演《思凡》需要一定闺门旦的基础。"因为闺门旦会带给演员许多规范性的处理，这样演出来的色空，不仅放得开，同时也能沉得下。"

张洵澎在台湾演出《思凡》

相比于出场，张洵澎《思凡》的下场表演，与传统演法更是有着巨大的差异。传统演出中［尾声］唱"但愿生下一个小孩儿，却不道是快活煞了我！"，仅仅是用简单的兰花掌双手相拍，做高兴状。张洵澎认为这样的处理太平、太淡，不能给观众留下深刻的印象。更为重要的是，也不能表现出色空做出重大决定后亢奋的心情。因此，张洵澎在短短十余个字上，做足了文章。

首先，张洵澎充分利用手中的道具——一把云帚，让色空举起云帚，舞动起来，并用芭蕾转圈的方式，快速旋转后将云帚甩到台角，这是色空心花怒放的外化，兴奋之情达到顶点，决心脱离佛门。而后提起裙裾，面向观众，横步快速退向下场门。在即将下场的那一刻——在这里，张洵澎又一次做了节奏变化的处理，用一个大停顿打断节奏、形成焦点吸引观众的视线。这里的处理，张洵澎别出心裁地借用了玛丽莲·梦露的一张经典造型。"一时的兴奋过后，色空突然想到了自己的身份，一个停顿，按下裙裾，然后摸摸自己的头——原来是泛青的头皮，如此贸贸然丢了云帚，岂不惹人怀疑？再慢慢移步向台中央捡起云帚，这个过程中眼神还不忘四处提溜，嘴角含笑，仿佛在向来往行人解释："这云帚是我一不小心丢落的。"然后急速捡起并举起云帚，还正儿八经地口念"阿弥陀佛"，随着小锣声，她飞一般从下场门下场。这样的下场，岂能不引起台下如雷般的掌声？

张洵澎说，这些细腻的处理，多半来源于生活。她为学生倪泓排演此戏时，特地带着倪泓去龙华寺瞻仰佛殿。"你要真的知道大殿的门槛有多高，站在罗汉堂中是什么感觉，两旁罗汉在什么位置，舞台上你才能把这些真实的庙宇信息传递给观众。"张洵澎说，"演出时，特别要注意色空进佛殿不能随意而进,仿佛是一脚踹了门槛进去的。"这些细节的疏忽,张淘澎不仅决不允许出现在自己身上,在自己教授的学生们那里,也容不得一点马虎。在张淘澎看来,昆曲六百年历史,最吸引人之处便在精致与规范。创新是必须的,但若在创新中忘了这两点,那便是丢了传统的根。

在舞台上创造了诸多经典角色的张淘澎说,她不喜欢一直在舞台上。"我更愿意研究一出戏,研究一个人物,然后在舞台上亮相,做实验,取得成功后,再去研究另一出戏、另一个人物",张淘澎说,一个称得上"表演艺术家"的演员,应该是能够游刃有余地诠释各种不同类型人物的。

田氏:一幅美丽的素描画

如果说,《思凡》是一出需要扎实闺门旦功底才能演好的花旦戏。那么,《蝴蝶梦》的《说亲》,则是一出经常被误认为是花旦应工、其实是"正宗"的闺门旦戏了。

《说亲》这出戏的舞台命运其实很坎坷——在很长一段时间里,它被视作"淫戏",甚至遭到禁演。"固然是一种偏见和误解,但过去也的确有些演员在台上故意夸张了'诲淫诲盗'的成分,也难怪会被人侧目。"张淘澎分析《说亲》给人造成的"不良印象"时非常客观。

张淘澎塑造的田氏,首先是建立在"理解"的基础上的。在很多人眼中,田氏是个荡妇淫娃,丈夫一死便想着改嫁。但其实,"田氏也是不幸的",张淘澎说,在传统男权社会中,死去丈夫的女子便失去了依靠,甚至连最基本的生活都没有了保障。因此,这时候的田氏,心里其实是也是苦的。

因为有了这种同情,她想象

张淘澎在"澎派艺术中心"传承《说亲》

张洵澎在"澎派艺术中心"传承《说亲》

中的"说亲",应该是一幅漂亮的素描画。"干净、洗练",没有多余的动作,但处处要带给人怜惜和美感。

"美",是张洵澎舞台生涯始终追求的最高标准。她所塑造的田氏,虽然是新寡,浑身素缟,但依旧是美的。很多人将田氏的出场塑造成一个带有恨意的女子,但张洵澎说:"千万不能恨!恨了,就不美了;恨了,也就不是那个令人同情的田氏了。"

张洵澎演的"田氏",出场是一种慵懒,一种百无聊赖。上场后一个轻轻的哈欠,一声轻轻无奈的叹息,这种"懒"其实是一种对于生活的灰心。"纱窗清宵睡觉起,伤心有口难言",是对于"死去"的丈夫的一种埋怨,埋怨他为什么将自己抛下。然而这种"怨"中又是有情的。"田氏一定是对于庄周有感情的,不然也不会随他在南华山一住这么多年",张洵澎认为田氏并非一个薄情寡义之人,只不过她比同时代的女子更大胆,更敢于追求自己的幸福罢了。当然,这种"大胆"又是不能够完全脱离时代背景的。因此张洵澎在处理"伤心有口难言"这六个字时,手心朝观众,手背微微遮住口,有些羞涩——毕竟她还是个年轻的女子。放到今天,和大学校园里那些未知世事的女学生大概也差不多年纪,应该有那个年龄的体现,而不是像有些舞台上演出的那样,仿佛四五十岁的"成熟女性","老吃老作",那样就意蕴全无了。在这里,张洵澎演绎的田氏是羞涩的,但又是端庄的。"动作要沉稳,头和颈不要随意乱动,眉眼也不能乱飞。田氏是个闺门旦,她不是色空,色空的青春是飞扬的,而田氏的青春却是受到礼教的禁锢,是内敛的。两者是有很大区别的。"张洵澎准确地把握着这个尺度。

在《说亲》一折中，张洵澎着重处理了上、下场。两者在节奏上完全不同，上场时，田氏整个人是心"沉"下去的，而下场则要"飞起来"了。这种变化，是田氏内心转变的外化。这一折尾声处，老苍头受托付去说媒。老苍头离开了，剩下的是田氏一个人的独角戏。独角戏难演，但演好了，又最容易出彩。在这一段表演中，张洵澎充分利用了"红手绢"这个小道具。这块红绢头，是台上一片白色中的唯一亮点。或者，观众也可以把它看作田氏那颗热烈、骚动的心在舞台上的呈现。一句"明朝得遂东风，那些个一鞍一马，把往日恩情都做了浪滚沙"是欣喜的，但同时又有点歉意——还是那句话，因为她是爱庄周的。

接下来是田氏的下场，一开始是静的，鸦雀无声，田氏一步步走向下场门，但寂静中仿佛有一股波涛的汹涌，仿佛可以听到田氏"怦怦"的心跳。在这里，张洵澎在传承的基础上加了小处理——似乎不经意间将红绢头落下，却没有感觉——因为这时的她已经完全沉浸在对于新生活的憧憬中——待发现了，再回头去拾。"拾绢头"过去是面对观众拾，张洵澎又做了改动。整个过程先是面对观众，搓着手准备时，突然之间被吓一跳，迅速回首，望着庄周的灵位，偷眼一瞧，拍拍心口——"没有什么动静，不要自己吓自己"，这是张洵澎心里的台词，通过以上一系列动作交代给观众。而后，是面对着庄周的画像，背对着观众，小心翼

张洵澎在"澎派艺术中心"传承《说亲》

翼地蹲下身子。这里有些不好意思，又有些少女的调皮，但更多是得偿所愿的快乐。而后，心底里再说一声"对不起"，随即左手狠狠一拍左大腿，拾起红绢头，笑而转身，大步流星下台。

张洵澎说，她演戏，首先是艺术性和可看性的并举。几乎每出戏到手，她都要根据自己的理解做改动。"但这种动绝不是为动而动，不是乱动，而是有根有据，根据人物、剧情的需要而动。"张洵澎门下的许多学生，也继承了《说亲》这折戏。著名昆剧演员雷玲即是凭着《说亲》《百花赠剑》摘得第26届中国戏剧梅花奖的。而在2012年6月份文化部举办的拜师专场上，青年演员袁佳和黄苗苗都因演出这折戏而受到好评。湖南省昆剧团团长、著名昆剧演员罗艳，也是凭着《说亲》，荣获了第25届上海戏剧表演艺术"白玉兰奖"的主角提名奖。

曲中新意赏音知

——张洵澎的《佳期》

1982年,上海、江苏、浙江两省一市昆剧会演时,张洵澎成功演出了经过精心处理的传统折子戏《寻梦》,大获成功,得到了专家和观众的好评。此后,张洵澎又充满创作激情,开始了《佳期》的排练工作。

《西厢记·佳期》中的红娘,是张洵澎为了拓宽自己的戏路,在1983年向姚传芗老师学的。她说:

> 这个戏从1983年开始排,经过六个月的时间排出来。当时我看到蔡一磊在学习阿里巴巴舞蹈,那手上的动作,给了我启发。昆曲是好,但不能一成不变,要把别人好的东西拿来化为我用。演唱名曲"十二红"当中"今宵勾却相思债"一句时,原本动作是两手搓胯。我认为,这个动作用在"动脑筋"时还是妥帖的,但作为相国府中的"当家丫鬟",用这个动作就显得"俗"了。于是我化用了阿里巴巴舞蹈中的手势,双手食指和脚尖,前后交叉进退,紧接着拍着双手一个大圆场,特别有气氛。

是的,《西厢记·佳期》,"一个半推半就,一个又惊又爱;一个娇羞满面,一个春意满怀。""今宵勾却相思债"。这些含蓄婉转的唱词、古老动听的雅韵,婀娜优美的身影,都给人无与伦比的美的享受。

1983年5月31日,张洵澎创排的《佳期》在上海戏校实验剧场首次演出,那时还是作为"内部彩排"。年过八旬的昆曲名家、学者赵景深,京昆大师俞振飞等亲往观看。这些看了一辈子昆曲的专家,还是按捺不住

俞振飞大师与张洵澎
说红娘人物

欣喜的心情，纷纷拿起笔，撰文、赋诗，给予张洵澎很高的褒奖。

俞振飞先生的一首《浣溪沙》发表在1983年6月12日的《解放日报》上：

> 昆剧《南西厢·佳期》旧本，辍演已久。今张洵澎改为红娘不满于崔夫人食言赖婚，从而玉成崔、张；表演动作，亦非旧观。嘉其用意，以词勖之：
>
> 待月西厢有所期，红丝系上好花枝。曲中新意赏音知。
>
> 剪雪裁冰别成调，绘声摹影见多姿。筝琶岂读说相思。

实际上，为了排好这出《佳期》，张洵澎和有"笛神"美称的吴崇机老师共同付出了很大的努力。她的戏校同事王诗昌在1983年6月11日的《舞台与观众》上，撰文介绍了她创排的过程：

> 《佳期》是《西厢记》中的一折，因为文词优美、曲调动人，历来为各剧种的表演艺术家所搬演。但原著曲词中有一些不健康的描写，特别是红娘唱的"十二红"一曲，表露更多。此外，也还有一些不符合人物性格的地方。为了使本子更为完美，张洵澎到处奔波，向各位前辈征求修改意见。她请俞振飞校长，求助昆剧团的陆兼之同志，

对本子做了字斟句酌的修改。经过反复推敲,几易其稿,终于在不改变曲谱和不违背原著精神的前提下,整理出了比较理想的本子。她的想法是,不仅要突出红娘的热情活泼,更要表现她对封建礼教人物老夫人的不满和对莺莺张生自由结合的大胆支持。为了很好地在舞台上体现,她花费了艰苦的艺术劳动。她原是学闺门旦的,红娘是花旦应工,俗话说"隔行如隔山"。为了弥补自己的不足,她四处请教,观摩赵燕侠、童芷苓等名演员的演出,丰富自己的表演手段。她还从芭蕾、体操、雕塑等姐妹艺术中汲取养料,来设计红娘的动作。如红娘唱到"好似相逢神侣在瑶台"时,右手甩起腰带搭在左肩,然后轻轻抖动右肩,来表示对莺莺张生这对有情人终于冲破藩篱、私下结合的欣喜心情。这个"抖肩",就是借鉴了傣族舞蹈家刀美兰独舞《水》的舞蹈动作。

张洵澎还对服装布景、唱腔处理、音乐伴奏等各方面加以精心处理。在导演张鸣义、编研室郭炎生等同志的帮助下,《佳期》终于以新的面貌呈现在大家面前。歌与舞的和谐结合下,人物形象的鲜明生动、富有雕塑美的造型和情景交融的灯光布景,都给观众留下了深刻的印象。

对于剧本原来的"淫词艳曲"的问题,张洵澎确实是十分注意的,不仅在文辞上做了修改,而且在表演身段、舞蹈上,大胆地打破了花旦行当的束缚,用闺门旦行当的表演,演出人物的身份、人物的气质、人物的担当,改造了原来红娘的形象——

张洵澎:我的《佳期》,观众反映"演得好白相(好玩)"、"活像个小姑娘",绝了。这就是我不用花旦行当演,而化用几个行当的特点来演,被认可了。

比如说这折戏的最后,原来的对话是这样的。红娘问:"张先生,你的病呢?"张生回答:"十分去了九分了。"红娘又问:"还有一分呢?"张生说:"在你身上。"这样的表现就显出轻佻的意味,好像拉

张洵澎扮演红娘

皮条的。我改用闺门旦来演,表现她的天真、纯洁,急公好义,不是"老吃老作"。再比如,原来张生、崔莺莺进门后,红娘嘟着嘴生气:"你们进去,把我一个人关在门外。"我把它改成张生进去后无意中关上了门,红娘见状责怪老夫人:"你言而无信,怎能隔断他们?正是:世间鸾凤多情义,不枉殷勤系彩绳。想他二人嗬!"接唱"十二红"。

这样就把历来演出时多余的、为抓观众效果而产生的低俗言语和表演都去掉了。既有闺门旦的气度(因为她是在相府陪伴着小姐一起长大的),又要演出14岁的小丫头的年龄感,基本上是"花旦、花衫、闺门旦"三合一。在脚部上,用较夸张的"斗鸡脚"(也就是内八字)走步,来显示小姑娘的年龄特色;当小姐提醒她轻声时,我就下意识地拍打自己的嘴巴,表示"哦"不小心,这些也是从生活中提炼出来的。

张洵澎创造了"昆剧花衫"的行当,指的是介于闺门旦与花旦之间的表演,包括张洵澎演的《亭会》。事实上,梅派代表作《凤还巢》,大多数演员演程雪娥是以青衣应工的,而言慧珠却是以闺门旦应工,因为程雪娥尚未出阁,效果很好。言师的创新,与张洵澎的演绎,可以说有异曲同工之妙。

著名学者、昆曲名家赵景深先生在1983年6月18日的《舞台与观众》上撰文:

> 今日,我看了以张洵澎(红娘)为主、储芗(莺莺)、周志刚(张生)为辅的《佳期》,演出非常成功。

首先要谈的是张洵澎的演技。这位戏校最早以唱杜丽娘享盛名的闺门旦，竟敢于改唱贴旦，为美化语言而作出贡献，是值得称赞的。因为南曲中最长的集曲"十二红"由十二支曲牌择句合成，比较优美动听，能够改得文雅，不至湮没，亦自有其意义。有些动作，像用食指和中指夹着腰带舞蹈，使我想起张传芳老师，可以说是典范犹存。她（指张洵澎）念到"老夫人言而无信，赖了婚姻"时，脸上显出怒容，也表演得好……剧中最主要的几句说白，是红娘受了闭门羹以后的台词："老夫人啊老夫人，你言而无信，赖了婚姻，怎么割得断他们哟。正是，世界（太新，又不合乎平仄，拟改为'世间'）鸾凤多情义，不枉殷勤系彩绳。"这样就显得红娘是为了"愿天下有情人都成了眷属"，而不是为了自己。我认为既然这样改动，就不妨连演《拷红》，这样在思想上的发展就可以一气呵成。

连赵景深这样一位资历高深的专家都能接受、甚至支持张洵澎对昆剧艺术的创新，又何愁青年观众会将张洵澎吸收众家之长、厚积薄发的"澎派"表演拒之门外呢？

这个闺门旦不寻常

——张洵澎的《百花赠剑》

昆曲《百花赠剑》源出传奇剧本《百花记》，诞生于明代。故事讲述了安西王谋反，朝廷派海俊打入王府，充当间谍。安西王对此毫无察觉，反而重用海俊。王府总管叭喇对海俊起了疑心，设计灌醉，扶入公主帐中，意欲借公主之手除去之，谁知侍女江花佑是海俊失散多年的妹妹，故而对海俊多加维护。公主见海俊年少英俊，心生爱慕之情，竟赠剑许以终身。

张洵澎排练《百花赠剑》

《百花赠剑》曾经在京昆舞台上失传多年。解放后，先是由京剧大师程砚秋先生排演了《女儿心》，将这段传奇故事重新演绎。1957年年末，尚在上海戏曲学校学习的张洵澎随俞振飞、言慧珠两位校长，和上海京剧团一同赴北京演出，住在北纬旅馆（即今天的北纬宾馆）。此次进京，俞振飞、言慧珠代表上海戏曲学校，同行的还有上海京剧院李玉茹、孙正阳等一大批艺术家。演出以京剧院为主，俞、言二位演出的昆曲就是《百花赠剑》这一出。

在这之前，言慧珠、俞振飞在上海已经排了《百花点将》，当时就由言慧珠校长的爱徒张洵澎演的江花佑。说起俞振飞的表演来，张洵澎赞叹说："俞校长的文小生自然没话说，演起武将来，虽然不是武生，那"假溜"范儿，也是英姿勃发、英气逼人，大师塑造人物的能力，真是让人不得不服。（注："假溜"乃昆曲界行话，即指虽非武生应工，却能在舞台上演出武将的精、气、神。）而俞振飞对闺门旦出身的张洵澎说的那句"要学会'假溜'"，也让张洵澎受益匪浅。张洵澎演瑶芳公主（《南柯记》）、演百花公主（《百花赠剑》）这一类身负武艺、统兵上阵的女将，一扫传统闺门旦的娇怯柔弱，大有"武装胜红妆"的风骨，都得益于从小打下的"假溜"底子。

在北京演出这段时间，俞振飞、言慧珠决定将《百花点将》改编成《百花赠剑》，作为出国演出剧目。之所以选择这出戏，主要是考虑西方观众的欣赏习惯——当时中国和西方的交流还不如今天这么频繁，外国人对于昆曲普遍还很陌生——演出需要语言精练、动作性强，还要节奏明快多变。而"百花公主"的故事，恰好满足了以上这些条件。

张洵澎说，《百花赠剑》整出戏不足三十分钟，却讲述了一个跌宕起伏的爱情故事。全剧剧情紧凑，公主对海俊从初见时的惊讶、怀疑，到敌对、试探，再到倾心，层次分明。在唱腔上，朱传茗老师采用了大量"吹腔"，活泼而明快，更是为整出戏增色不少，不仅外国人喜欢看，国内的观众也喜欢。

为了此次改编，俞、言两位校长还特地请来了著名京剧表演艺术家程砚秋，在此之前，程先生就也曾演过全本京剧《女儿心》，说的也是百花公主的故事。虽然半个多世纪过去了，张洵澎对于当年的情景依旧记忆犹新。当时排练的时候就只有四个人：程砚秋、俞振飞、言慧珠，外加一个张洵澎。张洵澎在戏里演的是公主的贴身女将江花佑，但同时也跟着言校长学百花公主的戏。与大师们一同排练、创作，让张洵澎的艺术突飞猛进。"程砚秋先生主要是来'捏'戏的，和老师们一起分析人物，就是细节上处理如何更加准确、到位。但两位校长本身都是大师，又演过《百花点将》，对于剧情、人物也有自己独到的理解，艺术家的合作，不时碰撞出令人叫绝的火花。而我，主要在边上看、学、想。"张洵澎回忆说。

令人惋惜的是,《百花赠剑》排到四分之三,接近尾声的时候,1958年3月9日,程砚秋先生因突发心梗而离世。这出戏也成为大师生前参与创作的最后一出戏。

在北京参加了程先生的丧仪之后,俞、言带着张淘澎回到上海,将剩余部分排演完整以后,出国演出。原本,饰演江花佑的张淘澎也应该同行,但时任戏曲学校校长的周玑璋老师素来将学生视若自己的儿女,"保护"得很严,因为担心年轻的张淘澎出国看到西方的"花花世界"会"被教坏",将她留了下来,换上了京剧院的一位演员顶替江花佑这个角色。

张淘澎说,俞、言校长回国后,他们在上海演得也并不多,不久就把这出戏传承给了张淘澎和岳美缇,也就成了张淘澎的"保留剧目",从20世纪60年代起,一直演到"文革"期间上海青年京昆剧团解散,期间去往全国各地,张淘澎的《百花赠剑》都是演出频率很高的一出戏。"文革"结束后,张淘澎回戏校当老师,又把这出戏传承给了赵群等年轻一代的学生。1994年,在《宝钻生辉——张淘澎昆曲艺术专场上》,张淘澎又和弟子张军合演了《百花赠剑》。

《百花赠剑》好看、观众爱看,但对于演员来说"演起来实在太累"。张淘澎举例说,先不谈表演,光是百花公主的这身装扮——剑、靠、翎子、少数民族特有的围领,七七八八加起来就有好几斤重,穿在身上还没演出,就是一身汗了。

要演好百花公主,光有文戏功底是不够的,武戏的底子也要扎实。"圆场首先要好",因为百花公主虽然是闺门旦应工,但又不同于一般闺门旦,她是一个舞刀弄枪的巾帼、又是一个统帅百万兵的少数民族将领。传统昆曲中的闺门旦,如杜丽娘、陈妙常、谢素秋,都是小姐出身,一双"三寸金莲",走路袅袅婷婷。但百花公主却一定是"天足",走起路来大步流星。"她是'蹦'出来的",张淘澎说,百花公主的脚底一定要有力度。"我幸亏有这样的基础,因为武戏的第一口'奶',是跟着当时中国戏曲学校的芙蓉草(原名赵桐珊——笔者注)老师学的。"《扈家庄》里的"一丈青"扈三娘,张淘澎的一个"鹞子翻身",扎着靠,下腰几乎贴到地面,那叫一个利落!漂亮!而张淘澎的圆场,更是人人称赞的"水上漂"。"别小看这圆场，也是大有讲究"，张洵澎说，言校长的圆场是梅派的台步，每处转身，都会先微微踮一下脚，非常自然、流畅。而张洵澎的台步，就是在朱传茗、沈枫（著名京昆男旦）、言慧珠的基础上，融入了芭蕾、民族舞的元素，形成了自己的"澎派"特色。

《百花赠剑》中，公主的出场，从校场回营，幕后一句"掌灯回庭者"，张洵澎说，言校长的这句白口就是人物的，而非行当的。五个字干脆利落，尾声一个收音，和锣鼓配合，再加上大斗篷随着台步抖起，猎猎生风，一个亮相，百花公主这个少数民族女将的英武、傲气就"立"起来了。

《百花赠剑》的前半场，张洵澎在人物塑造上，通过分析人物抓住了百花公主的两个特性——一是女统帅，二是少数民族少女。

先说统帅的身份。张洵澎抓住了一个"冷"字、一个"简"字。面对女兵、婢女，百花公主的脸上很少有表情——然而这种"无表情"就是一种特定身份的表情。她说话的时候，眼神是向上的，根本不看身边的江花佑，她的所有动作都很简单、是指令式的，没有任何多余。这些都是带有军营生活痕迹的，同时又是人物高高在上的身份所决定的。"不仅仅是对下属，哪怕是对心生爱慕的海俊，她身上还是会自然而然地流露出那种威仪，让海俊有一种压迫感"，张洵澎总结说。

"同样是生旦'双碰袖'，昆曲中的经典模式，"张洵澎比较分析说，《牡丹亭·惊梦》中，"似水流年"一句，柳梦梅的右手与杜丽娘的左手隔袖轻轻相触，杜丽娘的表现是害羞、纯真，四目相对，低头微微一笑，但其中又带着点兴奋和期待。因为毕竟是一位青春少女，对于爱情有着似懂非懂的朦胧期待。而《玉簪记·琴挑》中的陈妙常，更多的是紧张、惶恐，如同触电般将手缩回身后。因为她是一个道姑，封建的枷锁上，又加了一层宗教的枷锁，她那时心中一定在默念"不可、不可"。到了百花公主这里，又是另一番表现了。百花公主不是大门不出、二门不迈的小姐，而是天天在校场，面对生死杀伐的女中豪杰，唱到"广寒仙子"，双袖相触，百花公主显得更加主动。这段表演中，张洵澎融入了民族舞的元素，演唱更注重齿间的力度，是一个"女汉子"的激动，比一般少女的表现更外在，甚至于兴奋地舞蹈起来。

除了出场的不同、碰袖的特色外，百花公主的"杀"也是独具风格的。掏翎子、骻腿，对于基本功、平衡能力都有很高的要求，掏翎子是要交叉的，左手掏右翎，右手掏左翎，形成两个半圆，极具美感，再加一个分剑、接剑、回身，一气呵成。张洵澎略有些得意地说，她自身条件不错，当年很多武旦老师都曾经劝说自己"学武戏"。虽然最终还是选择了闺门旦，但对于武戏的热爱还是让她扮演的闺门旦有那么一点与众不同。这段"杀"就被张洵澎演绎得既有张力，又节奏明晰。戏曲艺术，很多东西都是虚拟的，但从中却要让人感到真有一股"腾腾杀气"。

再说"少数民族"。除了通过历史、人物的分析，设定百花公主是一双"天足"外，张洵澎认为，相比于汉族少女，少数民族的女子更加开放、活泼一些，这种文化环境的影响，再加上特定身份，让百花公主在与海俊的交往中，显得更加主动，很少掩饰。甚至，在自己已经开始爱上海俊后，还有一些女孩子的俏皮心思——明明已经相信了对方的话，决定放他走，偏偏还做出一副"要打要杀"的样子，看到海俊在自己面前战战兢兢，竟有些小女孩子的得意——这是女孩的天性，无论何种民族、何种身份都不能避免。

但到了真的"情根深种"，并且被海俊看穿了自己的爱意之时，这个沙场上战无不胜的女英雄，顿时在爱情中落入了下风。开场时的"冷""简"荡然无存，百炼钢化作了绕指柔。此时，她身上女性化的东西，尤其是情窦初开的少女特色一下子就显露出来了，一句"倒被他们作弄了"，宛然是一个娇痴的小女孩。

"但是，和杜丽娘那种深藏心底，欲说含羞的爱意不同，百花公主对于爱的表达是热烈、直接、不加掩饰的，"张洵澎说，她在两人定情后，唱到"自古道姻缘……"用翎子的舞动、身体的旋转等一系列舞蹈动作来表达自己内心的喜悦。"你还要注意她的眼神，"张洵澎强调说，"那时百花公主的眼神是热烈、大胆的。"在这里，爱好西洋艺术的张洵澎借鉴了好莱坞明星嘉宝的表演方式，用眼睛"放电"，不仅"电到"了海俊，也电到了台下的观众。这些，都是传统昆曲所没有的，但又是符合人物、符合剧情的。

最后的一段百花公主与海俊的一段双人舞,水袖翻飞、大开大合。

张洵澎总结说,要演好一个角色,必须"在行当内,但又不是演行当;在规范中,又不被规范所桎梏。"她感慨地说,拥有六百多年历史的昆曲,前辈艺术家积累了大量的表现手法,运用在不同人物身上,就有截然不同的效果。杜丽娘、陈妙常,还有百花公主,每一个闺门旦少女都一样"青春、清纯、清新",都一样"美"。但是,她们又都是独一无二的"那一个",都让人爱不释手。

这也许就是昆曲艺术的魅力所在吧。

第三篇　桃李成蹊

——张洵澎的艺术教育

星移斗转，时间来到了1973年。刚刚"解放"的袁雪芬，牵挂着越剧事业的传承，操心着越剧学馆的建立。除了老一辈的越剧艺术家，袁雪芬首先想到了张洵澎，请张洵澎"出山"，给越剧院新招的孩子打基础。从解放前袁雪芬进行越剧改革开始，就深深感到越剧事业要发展，除了越剧本身的传统，还要向话剧、昆剧学习，提出了昆剧是越剧的"奶娘"的说法。

1973年8月，张洵澎到越剧院报到，马上就参加了到上海十大郊县招生的工作。学馆开班的时候，教员由工宣队，加上袁雪芬、傅全香、徐玉兰、周宝奎、张洵澎一共十个人。

1977年，文艺事业进一步复苏，被打倒的周玑璋校长又站起来了，他全身心投入了戏校的恢复、重建工作。他先后两次找到了张洵澎，竭力要求张洵澎到戏校任教，他说，"我就是要好演员来当好老师"，像当年"传"字辈老师那样，为戏曲事业传承薪火。最后，周玑璋甩出了"激令牌"，跟张洵澎说，他是答应给老袁（雪芬）办两个越剧班，才把她（张洵澎）换来的（包括后来教方亚芬的那个班）。

1979年，张洵澎被周玑璋的真情、盛情所感动，正式到戏校报到，开始了人生历程中，又一段坎坷、精彩的跋涉。

对此，张洵澎深有感触地说：

1981年，我跟着"传"字辈老师到湖南湘昆去传授教学，因为朱传茗老师不在了，旦角就是我一个人，也算是"代师授艺"。那时候沈传芷老师中风以后，半边不遂，像《游园惊梦》《玉簪记》中《琴挑》《问病》《偷诗》等四个戏，都是由我来示范、记录，所以我也学了很多沈老师的劲头。在湘昆，沈传芷老师还专门跟我讲了《秋江》这出戏，这些对我后来手执教鞭教育后人起了很好的作用。我不仅会旦行，也知道生行的教学，这为后来给学生排戏教学，打下了基础。所以我说，朱（传茗）老师的神，沈（传芷）老师的爆，姚（传芗）老师的静，言（慧珠）校长的美，这四种都被我结合起来。沈老师的爆发力是很好、很准的，这种爆发力要会选择合适的时机，不能乱用。

我原本是一个演员，没有接触过教学，没有经验，所以学习老师的教法，我比较努力。我觉得，我能够成为一个好的戏曲教育者，不仅因为我有好的条件，更因为我的用心！

1986年，上海戏校又一次向全社会公开招生，培养新一代的昆剧演员，这就是承上启下、又一划时代的举措——"昆三班"招生。据昆曲艺术家蔡正仁回忆，当时"昆三班"的学员大部分时间都是由张洵澎教的，那些学员应该说也是她培养的。

1986年进入戏校"昆三班"的学生中，包括今天昆曲舞台上的中坚力量张军、黎安等。当时进戏校很吃香，因为可以进户口。不过，张军倒没有走后门，是张洵澎先看中了他。张洵澎说：

> 1986年招了张军这批学生，也就是"昆三班"。当时进戏校很吃香，因为可以进户口。张军倒没有走后门，是我看中他是昆曲小生的"料"。而招黎安我用的力气最大，当时他的父亲跟我小弟弟一起在崇明长江农场，他是跟着外婆在上海生活的。后来遇上戏校招生，我弟弟陪着他的父亲就来找我，看看能不能给予帮助。我就想只要有可能就一定帮他一把。招考的时候，我听他唱歌，他唱的是《接过雷锋的枪》，我发现黎安嗓音有潜力，很多人说我是伯乐，那时我觉得他声音里有像俞（振飞）校长的镗音。因为我要帮他，就一定要说出点理由。结果所有人都不要他，说他又瘦又小。但是我认定他有嗓子，男孩子长大后会有很大变化的。我想他以后也会（有嗓子），一定要招他进来。昆曲需要小生，他可以成为小生。我对招生委员会中的同事一个一个打招呼，一遍一遍地讲述我要他的理由，我斩钉截铁地说，他的嗓音像俞（振飞）老。招生委员会中的好几个人都笑说："噢哟，张老师，这也太夸张了吧！"我也笑了。终于把他招进来了，可是进来后把他安排在哪个组呢？结果我就请老生组的甘明智老师帮忙，先放在甘明智老师的组里三年。

甘明智：阿澎的"慧眼"很厉害，她看一个人可以把他看到底。黎安，没有张洵澎就没有他，但是黎安招进来就没人接。阿澎就叫我接过来，我知道她眼光厉害，我就问她了为什么，她说这个小孩儿现在小，但我看到过他爸爸，个子高，样子好，将来这个孩子会大起来的，现在先在你这儿放一放。我当然听了，我本身就很佩服她。结果过了两三年，黎安演了《春香闹学》的那个老先生，让岳美缇看上了，看了就说不错，就接走了。当初如果没有张洵澎，黎安就不会有今天了。

张洵澎：黎安、张军这两个小生，为什么我坚持要他们，现在不是出来了？没有基本的条件我是不会坚持的。我听黎安唱过几次，他的声音像俞（振飞）校长。我把他招过来，先给他把基本功教好，排《断桥》时，里面许仙的身段、戏份不多的，我自己来教。后来他们唱出来了，老师们要了。蔡正仁要走了张军，黎安就一直跟着岳美缇。这些都是他们和昆曲的缘，我很高兴曾经做过这些事。

岳美缇："文革"后，走一条推广昆曲的道路，阿澎一直没有停顿，就像她在教学生的时候都在不断提高，而且她教学生也有特别的一套，所有被她教过的学生都会不一样，出来后气质完全不一样，就像是站在中间的角儿。她教的学生成才率很高。她对学生像对朋友一样的，她的学生既怕她又喜欢她，她对学生很严格，但是又相处得很融洽。大家都喜欢她，她曾经的付出现在都有回报了。

张洵澎在教学上的成就，她的同学、也是她后来的同事——一起从事教学工作的同学们，也给了张洵澎很高的评价。小时候一起和张洵澎登台演出《游园惊梦》的顾兆琳，后来成为上海戏校的副校长，他说——

"文革"以后，我感觉到阿澎跟其他同学开始有点不同，特别是在艺术观和思想上，比较新；她知道在艺术道路上，除了传承自己的剧种的基础以外，还要创造出一些属于自己的东西。在艺术上她是比别人开窍早的人。

在教学上，张洵澎有与别人不一样的东西。张洵澎作为我们戏曲学校的老师，我作为校长，要专门为她开一个全国性的培训班。那个时候很少有全国性的培训班。我觉得张洵澎不仅台上表演得好，教学还要好。她上课会举一反三，用富有时代气息的东西来启发学生的气质，非常成功。

无论什么样的学生，到了阿澎那儿，就会有"开花"的感觉。有一个学生叫王婷，只有十六七岁，半年以后就有起色了，有一次她演了杜丽娘，扮相什么都出来，很漂亮。所以我很佩服洵澎，她上课时那种言传身教，那种兴奋，会把学生说得心动，她做得非常好。

甘明智： 现在我不是为"昆三班"歌功啊，我认为这里面有我们的心血，也有张洵澎的心血，昆曲要发展离不开"昆三班"。写张洵澎的时候跳不过这段培养"昆三班"的历史。举个例子，当时昆剧团决定其中有些人要改行，我们就在校部开会商议决定。张洵澎提出，我们给每位学员15分钟的考试。后来这些学员经过我们的精心打磨以后，再请昆剧团的领导来看，演下来以后，领导说，全留下，都是好苗子。

屠永亨： 张洵澎在这件事情上功不可没，当时昆曲教学不是那么容易教的，老师我们也请不到，改革开放社会动荡的时候，都去外面赚钱了。

吴崇机： 昆曲的各方面，跟以前都不一样了，现在的老师学生都不一样，不像以前那么认真了。但是阿澎的课堂还是跟以前一样，我觉得她身上有一种气场，学生都会被她感染。她以前认真，现在还是这样。我认为，昆曲还是要发扬我们以前那种一丝不苟的传承精神，要沉下心来，不能浮躁。

艺术家讲究的是德艺双馨，对此，甘明智和陈西汀先生的公子陈为珝以及戏校的老师体会很深。

甘明智： 我认为，阿澎是"昆大班"里朱传茗老师最得意的学生，她学了朱传茗老师的东西最多。因为我是学老生的，后来才知道老生跟旦角比较起来还差很多的，所以我常常会去看看阿澎怎么上课，对我们老师有没有启发。就比如说旦角，她的表达方式也是很夸张的，叫"奴家"的时候，下巴要点出去，这种表达在京剧里是很少的，几乎没这种动作。你怎么说她学了朱传茗老师最多呢，看台上的表演咯。在我看来，那么多同学里面，张洵澎学的东西最最像朱老师。

另外一点，她很善良，朱老师最后是风瘫了，她一直去看他，经常拿出自己不宽裕的工资接济朱老师，一直到给朱老师送终。

陈为珝： 我父亲（指陈西汀）葬在福寿园，张老师经常去拜祭，她说她去的次数比我做儿子还多，所以张老师是很善良的人，几乎每年都要去一两次。我非常感动，他们两人的友情真是很难得的。我想他们在艺术上的理解上有共同之处，而且他们性格里面都有那种桀骜不驯的气质，所以才那么投缘。张老师对传统的东西是很严谨的，在唱词和人物塑造上她是严格遵循传统的，但是在场面上她又抛弃传统，有很多创新。张老师对时尚的敏感度非常高，她是最早跨界和其他艺术类型，比方说芭蕾、摇滚等合作的艺术家。

张洵澎： 我觉得我现在在昆曲表演上有自己的风格，不是我自己想成为"派"，就能成为"派"的。这是在广泛吸收其他各种门类的营养元素，包括体育门类的元素后，自然形成的。我喜欢看体操表演，看它的健美、挺拔，以及伸展性。还有武术，以及同武术比较接近的艺术，我都很有兴趣，特别是里面的力度、劲头很值得我学用。我觉得其实文戏也好用的，但是那个时候（指"文革"中）是没有传统戏的。这种积累是自己平时注意的，储存在脑子里，而不是要用的时候才去找得到的。后来（指"文革"中）我一直在武术队里，举重也去看，篮球也看，老蔡（国强）常跟我讲里面的奥妙，他也有很多东西启发我，让我在演出的节奏上很受用。还有乒乓，我在昆曲表演中，发展了一些新的台步，就是用乒乓球的很简练的步子。这些对我后来创造昆曲艺术有很大的启发。

张洵澎在艺术教育上的巨大成就，在全国戏曲界引起了很大的反响。除了昆剧以外，京剧、越剧，乃至晋剧、瓯剧、豫剧、河北梆子等剧种的演员，都会不远千里赶到上海，登门拜师，其中不乏荣获过"梅花奖"的优秀演员。

同时，张洵澎又理所当然地被聘为中国戏曲学院第一、三、四届研究生班的教授，为全国的优秀人才上课、讲学。

山西省晋剧院的优秀演员苗洁，原工刀马旦，有"山西第一刀马"之美称。曾经荣获山西省首届"杏花奖"、2002年"全国戏曲精品折子戏评比展演暨青年演员大奖赛"一等奖。一个偶然的机会，使她顺利跨行，又演上了花旦。为了争取"梅花奖"，她演一出《梨花情》，一出《打神告庙》，作为去争取"梅花奖"的剧目。苗洁找到了张洵澎，请张老师为她排戏。张洵澎看了她的演出，一针见血地跟她说，你现在最大的问题是"有技术、少了艺术"，等于是一个唱文戏的武旦："我说你的人物呢？你演的人物是敫桂英，你开门要有开门的样子，你还没搞清楚，观众看起来你不像开门，等于打门，门还没开你打什么？敫桂英打神，你要表现打神对的，那神是泥塑的，不是活生生的。"张洵澎先是仔细地给苗洁分析戏和人物，从出场时一路是要"走"的，要表现出走到东去问，走到西去问。因为原来苗洁表现出来的，是像赶驴一样的。张洵澎又跟她说如何运用眼神来表达："艺术上的东西是讲人物的，你把人物搞清楚了，加上你原有的基本功，这样就艺术加技术了。只有自己先动情，才能感动观众。""还有那出《梨花情》，她原先表演也是很夸张的，我就给她设计很多造型，让她在表演过程中有了'标点符号'，不能不顾一切地'一气呵成'、不能一模一样、没有变化地演到底。"张淘澎说。

苗洁不愧是个好演员,在张淘澎的指点下,她脱胎换骨,技术、艺术双长进,2007年从苏州捧回第二十三届中国戏剧"梅花奖"。如今,《梨花情》已经成为苗洁的代表剧目。

河北省河北梆子剧院的许荷英,早在1998年2月,就以《花亭会》《翠屏山》《梦蝶劈棺》组成的折子戏专场演出,获得第十五届中国戏剧"梅花奖",并且被誉为当今河北梆子剧种的领军人物。

2007年,许荷英南下上海,直奔张淘澎府上,请张老师为她的新戏《大都名伶》的创排把关、指导。许荷英是在中国戏曲学院研究生班上课时认识的张淘澎,她为张淘澎的教学深深折服。那时候,张淘澎除了每天上午上大课以外,每天下午以及晚上先后有三堂小课,就是为个别优秀的演员"开小灶"。因为找张淘澎"开小灶"的演员太多,许荷英没法挤进来,所以就直奔上海找张淘澎"开小灶"来了。她借住在张淘澎家不远处,这样正好张淘澎下班后可以给她排戏。张淘澎回忆说:"许荷英到上海来找我给她排戏,很真心。为了方便教学,她就在'莫特168连锁酒店'借了两间房间,把床搬掉变成排练场。她在《大都名伶》中演珠帘秀。首先要设计表演人物,我帮她先把边上的人物、包括关汉卿等人的戏都排好,排了好多天。"

2007年11月20日,第八届中国艺术节闭幕式(颁奖)晚会在湖北宜昌市宜昌剧院举行。晚会颁发了我国舞台艺术最高奖项"文华奖",河北省河北梆子剧院创排的《大都名伶》获"文华剧目奖";饰演女主角珠帘秀的许荷英获"最受观众喜爱演员奖"。

就像顾兆琳先生所讲,凡是张淘澎调教过的演员,都会给人一种不一样的感觉,无论什么样的学员,到了她那儿,就会有"开花"的感觉。

著名戏剧家、剧作家傅骏先生在1994年7月1日的《解放日报》上发表了《既是名伶又是名师》的文章,在对张淘澎赞不绝口的同时,强调了戏曲教育以及戏曲教师队伍的重要性，希望涌现出更多的张洵澎式的"既是名伶又是名师"的特殊人才——

最近，看了张洵澎的专场演出。张洵澎的演出，以前也看过一些，但这次是集中地看到了她主演的六个折子戏，也是她的成名作和拿手戏:《惊梦》《寻梦》《幽会》《亭会》《赠剑》《秋江》，尽情饱览了富有创造精神和独特风格的昆剧旦角表演艺术，这是一次高度完美的艺术享受。我想到的一个问题，是从张洵澎既是名伶又是名师的角度谈些杂感。

我总以为，过去在我们一些人的思想上，从文化领导到新闻舆论，从一般戏曲观众到戏曲演员本身，好像多少都有些重名伶、轻名师的偏向。一个演员在舞台上演了一个戏，比较容易出名，声誉、待遇、地位也就随之而来，热得很，一个教师在戏校里培养出了一个演员，哪怕是一大批演员，就不大受人注目，比较冷。演员也认为走上舞台，"三千宠爱在一身"；走上讲台，"无可奈何花落去"。好演员，都要争取留在剧团，派到戏校去的大多是所谓发展前途不大的中等演员。这样，长年造成的影响，多少使戏校教师的积极性受到一些挫伤，教育质量也不能更快提高。"名师"也就出得少。有道是:名伶难求，但名师更难得。

其实，多出"名师"，是戏曲振兴和戏曲发展的很重要的一环。我们要有梅兰芳、周信芳这样光辉照千秋的名伶，我们也要有萧长华、王瑶卿这样桃李满天下的老师。正像今日体坛，我们要有曲云霞、王军霞这样的好运动员，也要有马俊仁这样的好教练。

我们戏曲要在新时代涌现成批的接班人，才能使戏曲更好更快地推陈出新、百花齐放，这就需要涌现出更多更好的名师。名师从何来?可从名伶之中求。我希望那些已过知天命之年、花甲古稀的老艺术家，走下舞台，多上讲台，能为戏曲教育事业多作贡献。名伶不一定都能成为名师，从名伶到名师，要有条件，要作努力。但是，我想，从这里会产生不少名师的。

我们钦佩周玑璋校长慧眼，"我要好的演员来当老师"，他的信念已经变为了现实——张洵澎如今已经是享誉全国的最优秀的老师之一。

著名剧作家陆兼之先生直言道，"张洵澎将来是昆曲大树的根子"。前辈的预言也已成真——全国所有的昆曲院团，都有张洵澎培育的俊才。

我们可以从张洵澎如何选拔、培养人才的经历中，找到一条怎么成为一个"名师"，培育新一代的艺术人才的道路。

这个老师是我自己"赖"上去的
——张洵澎与罗艳及雷玲

"江南有幽兰,生长湘南间。幸遇恩师栽,清香动人寰。"

罗艳,湘西妹子,漂亮、干练。如今是湖南省昆剧团的团长,谈到恩师张洵澎时,她语出惊人:"这个老师是我自己'赖'上去的。"

罗艳虽非出生于戏曲世家,父亲却是一位喜爱戏曲的京剧票友,罗艳自小听着父辈们吟唱皮黄腔,耳濡目染,6岁就能上台演唱,一鸣惊人。

1978年,13岁的罗艳顺利考入湖南省艺术学校昆剧科。这是十年"文革"结束后,湖南艺校首先开设的昆剧专业班。从此罗艳与戏剧结下了不解之缘。

由于嗓子问题,她被归在"武旦"行当,学武戏。毯子上的翻、扑、滚、摔,把子上的刀、枪、剑、戟,几年苦练下来,罗艳成了艺校里优秀的刀马旦之一。

如果不是张洵澎的出现,罗艳将会成为湘昆一位优秀的武旦演员;可是造化弄人,偏偏让她遇上了张洵澎——这位后来改变她艺术人生的老师。

1981年,湖南省委宣传部车文仪部长邀请上海组织优秀的师资力量——"传"字辈艺人,长途奔走,来到几千里以外的湘西郴州,为西部地区仅有的昆剧团演

湘昆团长罗艳在澎派发布会上发言

233

员授艺。沈传芷、周传瑛、郑传鉴、王传淞、方传芸、周传沧、王传蕖等12位老艺人，外加上海戏校的优秀教师张洵澎。原来，张洵澎是为已经去世的朱传茗老师"代师授艺"。大家知道，朱传茗老师对张洵澎评价甚高，而且在长期的教学过程中，包括朱传茗老师给言慧珠、李玉茹等名家上课的时候，都带着张洵澎，额外地给她吃"小灶"。所以张洵澎在"闺门旦"行当上得到的养料最足，这也是为什么后来袁雪芬最早把张洵澎请去越剧院给学生上课的原因。

说起怎么会跟随张洵澎学戏，罗艳快人快语、毫不掩饰——

应该说我是自己"赖"过去的，"赖"到张老师课堂的。1981年夏天，我还不足17岁，1980年艺校毕业，就进入湘昆剧团。那时没有嗓子，练的是刀马旦。突然看到了张洵澎老师教授的'闺门旦'，心里一惊，天下怎么会有这么美的艺术。张老师教的是《琴挑》，我呢，也就不管是不是团里安排，一有空就到张老师的课堂，就去"赖"着张老师。

看着这样一个执著的孩子，张洵澎没有拒绝，让她就跟着看吧。

可是罗艳心里很清楚，虽然老师没有赶我，可我是没有"名分"的，怎么样能够让老师"看上我，教我戏呢？"人小心灵的罗艳做出了一般年轻人很难做到的事："我要跟张老师学，要她看上我，我要跟老师亲近，我就在生活上多照顾老师。"

那时候剧团的条件比较困难，没有宾馆，老师们都住在没有卫生设备的、团里简陋的招待所里。张洵澎一个女老师，饮食起居也是诸多不便。罗艳每天早上帮老师安排好早点，每天晚上给老师准备好洗澡水……老师睡下了，她回去了；老师没起床，她就从家里赶来了。整整三个月，就像对待自己的母亲一样，照顾老师。

罗艳这样做的动机很单纯。在她看来，老师远离上海家乡，一个人来到郴州，给自己教戏，人生地不熟，自己照顾老师是应该的。

那个时候,罗艳学的是刀马旦,她一边要跟着方传芸老师学《白蛇·水斗》,在完成课堂作业后,才能跟着张老师学《玉簪记·琴挑》。不过,罗艳很自觉、刻苦,也明白自己要学些什么。

对于艺术的渴望,让罗艳学得特别认真,从拍曲、咬字、行腔到表演、身段……由于当时学的基本功扎实,直到现在,只要唱起《琴挑》,当年的情景还是历历在目。而罗艳说,当时不怕苦、不怕累,最怕的是"老师不愿意教我"。

三个月以后,张洵澎和"传"字辈老师回去了。刚刚体会了昆剧美的罗艳,一下子像丢了魂似的。那个时候,刚入行的小演员,收入很少,根本不敢想象去上海跟老师继续学习。那个时候,不要说手机、互联网,就是打个长途电话,也是一件很费力的事。

"失联"了,和心仪的张洵澎老师"失联"了!

但是,张洵澎给她打下的基本功,无论是身段的、演唱的,她一天都不敢忘却。更重要的是,她的嗓子出来了,能唱了。

和不少戏曲团体一样,湘昆剧团在20世纪八九十年代也经历了一个"阵痛期":观众缺失、演员断层、不演戏还能"混"下去,一演戏反而要亏本。一些演员"下海"了;一些演员进歌厅"卖唱"了……罗艳就是凭着好嗓子、好唱功,在歌厅里唱歌。她要挣钱,她要结婚成家,她要养孩子……就这样,十年过去了。

赚了一些钱,成了一个家,生了一个姑娘……可是,日夜思念的昆剧艺术、张洵澎老师授课的身影、言语,一直萦绕在罗艳的脑海里。

直到1998年,时隔十七年,罗艳终于和张洵澎联系上了。当时,通过上昆一位老师的帮忙,罗艳拿到了张洵澎家的电话,她迫不及待地打过去,可是家里没有人接,老师上课去了。在急迫的等待中,挨到晚上,她又拨通了老师家的电话,是蔡国强接的电话。因为张洵澎1981年来郴州教戏的时候,蔡国强也同去的,所以罗艳也认识他。在罗艳的印象中"蔡叔叔一米八多的个头,穿一件海军军服,戴个大盖帽,哇!我们才知道什么叫帅哥。蔡叔叔的帅、张老师的美,走在郴州,我们那儿哪有啊!"

与张洵澎合影

　　就这样，十七年之后，罗艳又一次听到了老师的声音。虽然岁月流逝，可当电话接通的那一瞬间，罗艳觉得和老师的见面就好像发生在昨天一样，特别亲！

　　罗艳迫不及待地跟老师说："我现在嗓子出来了，虽然不是很好，但是我还是想跟您学戏。那么多年一直没有找到您，越发觉得要学的东西太多了，不然的话，就'混'不下去了。不知道老师您还愿不愿意教我？"

　　罗艳远在湘西郴州，要再让张洵澎去郴州显然不现实，再说张洵澎在上海还要教学。于是罗艳提出，到上海来学戏。张洵澎二话不说，一口答应。

　　老师的爽快，让罗艳一下子产生了很亲近的感觉，原来她担心老师会不会收自己、教自己的忐忑，也没有了。于是，在电话里约定什么时候到上海，学什么戏；回转身，罗艳又安顿好才5岁的女儿，老公支持她，自己又当爹又当妈，让她无牵无挂地去上海学习。

　　虽然那时经济条件还不是很好，但罗艳筹了点钱，独闯上海滩。她回忆说：

那天是蔡叔叔到火车站来接我的，他骑着一辆三轮摩托。看到蔡叔叔，还是那么帅，真是很亲切。他说，你长大了。我说，是啊，我都当妈了。见到了张老师，真是百感交集，反倒说不出什么来了。老师见到我也特别亲热，两口子带着我，在附近的一个老干部招待所帮我安顿下来，那地方真不错，又干净、价格又便宜，离老师家又近。

第二天，就到老师家里，开始上课。我记得很清楚，老师拿出工尺谱（在那以前我根本就没有见识过），让我从工尺谱开始学习，先排《游园惊梦》，跟着工尺谱拍曲。直到现在，我们那儿没有人认识工尺谱，只有我会，这也是源于老师的教授。然后从闺门旦的台步、出场、圆场、身段、舞蹈……都是在老师家里给我重新排练。

罗艳把自己定位为初学者，从头开始，跟着张洵澎学最基本的功夫；而且，她深深为自己重新找到了张老师、可以学到最好的闺门旦艺术而由衷地高兴。

那一年是1998年，罗艳在上海整整待了20天，主要学《游园惊梦》《亭会》，再把十七年前学的《琴挑》重新排练。那时候罗艳的孩子还小，思子心切是每个母亲必然有的感情。可是，晚上回到招待所，罗艳强迫自己不想孩子，只想着老师今天教的课程，一遍遍地复习、复习，用昆曲打消自己对于孩子、丈夫的思念。

那段时间，罗艳的丈夫也给予了她很大支持。每次通电话，丈夫总是说："没事，你好好学，家里的事你不用操心。"

家里的事不用操心，可是临走的时候，罗艳为难了。谁都知道，跟老师学戏，总得要交点学费吧。整整20天，除了学校教学生，回到家里，老师把所有的时间、关键是把这么好的艺术，传给了自己，能这么一走了之吗？

罗艳说，张老师根本没有图自己的回报和钱财。直到现在回想起来，还是觉得有愧于老师。她说：

那个时候我们确实拿不出那些钱，而我们的圈子中确实存在不交钱就不教你的现象。可是张老师不是，最后我只是买了一点小东西给老师,意思意思,仅是一点心意。老师真心教我,一点一滴毫不保留,这种境界我想现在也很难有人超越。她对学生认真负责,她喜欢这个学生,就实实在在地把技艺传给这个学生。我一辈子记住的就是这个。

从此,张洵澎的家,成了罗艳提高技艺的课堂。她有时间、老师有空,她就争取到老师那儿"开小灶"。后来又学了《寻梦》《赠剑》。

2000年,张洵澎又介绍罗艳到北京,跟自己的昆大班同学、北昆的名家蔡瑶铣学戏,学了《斩娥》《女弹》,而蔡瑶铣的《女弹》,被行内誉为"独步当今昆坛"。

2002年,罗艳考入中国戏曲学院研究生班进行3年的研究生学习,有幸在张洵澎的教授下,又学了《断桥》,并复习《寻梦》。又有机会跟蔡瑶铣学了《辩冤》《絮阁》两出。这使罗艳在闺门旦和青衣两门行当中,锻炼了技艺,积累了较多的剧目。

2005年11月3日,罗艳的个人演唱会在长沙举行,这在湖南戏曲界,也是一件大事。请看湖南当地"红网"的报道——

由第三届中国京剧优秀青年演员研究生班、湖南省戏剧家协会、湖南省昆剧团主办的《第三届中国京剧优秀青年演员研究生班罗艳毕业汇报专场演唱会》将于2005年11月3日晚在湖南大剧院上演。据悉,晚会将以演唱为主,其中有昆剧经典唱段、京剧经典唱段以及古曲、民歌等。

罗艳是湖南省戏曲界第一个举行个人大型专场演唱会的演员。她在接受记者采访时表示,湘昆是在桂阳、嘉禾古民歌的基础上发展起来的,具有鲜明的地域、语言和文化特色。较之北昆,湘昆具有南方人斯文、优雅、柔软和舒缓的特质。而湘昆作为南昆的一支,带有一种湖南人独有的辣味。她透露,演唱会上,将演唱嘉禾民歌。

罗艳1980年毕业于湖南省艺校昆剧科。20多年来,她在几十部昆剧剧目和折子戏中担任主演,并先后荣获首届全国昆剧青年演员交流演出"兰花优秀表演奖"、湖南"芙蓉戏剧表演奖"等奖项。2002年，已担任湖南省昆剧团副团长的罗艳成为第三届中国京剧优秀青年演员研究生班的在职研究生，她是湖南省戏曲表演中第一位被录取的学生。从1996年至今，该班只举办过三届，录取的都是昆曲和全国地方戏的部分优秀青年演员。据悉，罗艳凭借《湘昆的源流、艺术个性与未来走向的思考》的毕业论文顺利通过研究生论文答辩。

2005年的那次演唱会举行时，实际上罗艳所处的环境并不好，张洵澎也心知肚明。当时，张洵澎正在英国探望儿子。为了罗艳的演出，她特地从英国赶回来，为的就是给罗艳"把场"，让她"定心"。见到老师那一刻，罗艳心中的石头落到地上了，踏实了。有老师"把场"，加上同学宋小川和朱莉主持、刘建杰的合作，演唱会办得很成功。那次演唱会，罗艳以昆曲为主，准备的南曲有《小宴》《游园惊梦》的唱段，北曲有《辩冤》的一段，湘昆《昭君出塞》中的"琵琶调"，《浣纱记》的"采莲歌"，《雾失楼台·踏莎行》，还有湘昆剧团为罗艳作曲的《义侠记》中潘金莲的唱段等5个湘昆经典唱段，以及毛主席词《蝶恋花》。

演唱会在湖南轰动一时。虽然演出结束后，因为劳累，罗艳大病一场，但她还是觉得很值得！因为，有那么多的领导、老师、同学、朋友的关注、支持与爱护。

如今，已经成为湘昆当家人的罗艳，有着更为宏大的目标，而张洵澎培养青年的接力棒也传到了罗艳的手上。2010年回团后，罗艳的目标就相当明确："回来不是就我一个人唱戏的，一定要把舞台多多地让给别的年轻人，当然自己也唱，保持自己的艺术青春，但是多半要让给年轻人的。"

湘昆中间一批是1990年毕业的一批，而最小一批的是2003年上海戏校培训回来的。1990年毕业的那一批跟罗艳年纪相差不多，上下只差六七岁，罗艳说："他们这批人是最吃亏的，我要是站在前面唱，他们就没戏唱了。事实上我要想站在台上，作为团长我都可以自己排的，但是不行，不能这样，一定是要多培养人才。"罗艳的理念是："我唱我的戏，别人唱别人的戏，也不会冲突。"

罗燕表演《说亲》剧照

2010年，湘昆举办了"2010·相约郴州"，当时就只有一个大戏《荆钗记》，罗艳把它让给了青年演员傅艺萍主演。串排的《牡丹亭》，也全部起用青年演员。其实当时这些孩子们的基本功还是比较差的，让他们挑梁，不能不说是"冒险之举"。可是身为团长的罗艳觉得："虽然孩子们基础比较差，但是有感觉，我一定要培养这些年轻人，要给她们机会，不给机会她们永远成熟不了，谁也不是天生就会唱戏的！"《牡丹亭》最后一折《回生》，罗艳完全可以自己跟黎安一起唱，但是她没有，而让雷玲演这一折。从拍曲到念白，所有东西都是罗艳根据张洵澎老师的教学方法，亲自给雷玲排的。结果2010年演出《牡丹亭》，一炮走红，好多人纳闷，湘昆怎么一下子冒出这么多好的旦角，以前怎么没看到？这是罗艳的成功，也可以说是张洵澎教学思想的成功。

越到晚年，张洵澎开创的闺门旦表演艺术，越发受到包括昆曲在内的各个戏曲剧种的演员的崇拜，大家都找她拜师。罗艳甚至设想，如果有条件，她真想开一个"张洵澎闺门旦艺术培训班"。

罗艳的努力终于开出了绚丽的鲜花。

2013年5月6日，成都锦江剧院，"第26届中国戏剧梅花奖大赛"的"雷玲昆剧专场"，引起轰动，湖南湘昆的雷玲，以《说亲》《百花赠剑》和《千里送京娘》亮相，塑造了三位性格迥异的女性形象，曲折动人的故事、靓丽妩媚的扮相、柔美绰约的身段、圆润悠扬的唱腔，令现场观众如痴如醉，无限回味，昆曲原来可以如此生动、鲜活、灵动、大气。

经历了演艺、下海、回炉……经历曲折的雷玲，此番竟以黑马姿态亮相，一举夺得"第26届中国戏剧梅花奖"。

雷玲的"演"，罗艳的"挺"，张洵澎的"传"；三个女人，无怨无悔，百折不回，又一次谱写了昆剧传承的美丽"寻梦"。

雷玲具备"闺门旦"的一切条件：身材高挑、嗓音清亮、扮相甜美、参悟力强，在湖南省艺校学会了好几出戏。20世纪90年代的湘昆，还在为自己的生机苦苦"挣扎"，戏校毕业的雷玲，自然无戏可演、无曲可唱。虽然她曾经自己出钱，圆唱戏的梦，终因孤掌难鸣，难以维系。曾经的"杜丽娘""赵五娘"只得下到商业的海洋里扑腾。

讽刺的是，她开的饭店，生意却是十分红火。

雷玲"人在商海、心在舞台"，她只是在等待机会。

就在雷玲认为自己的艺术生命就要这样荒芜的时候，2010年，曾是湘昆台柱子的罗艳，又被调回湖南省昆剧团担任领导。都说同行是冤家，但业务过硬、年龄合适，又经中央戏曲学院研究生班淬火的罗艳，想得很远。她没有为自己个人设计、安排演出，而是把湘昆未来的建设、青年演员的梯队建设，放在了工作的第一位。

"雷玲仅差我6岁，如果我要演戏的话，雷玲可就没有机会了。我回来不是让我一个人唱戏，而是要把舞台让给更多的青年人。"罗艳是这么说的，更是这么做的。"2010·相约郴州"大型汇演，罗艳把已经散落在社会上的湘昆青年演员召集起来，犹如红线串珍珠一般，专门给青年组台唱戏（雷玲也关闭了自己经营的饭店，恢复了昆剧演员的身份。这一年，雷玲已告别湘昆舞台整整8年）。罗艳是雷玲的"伯乐"，更是雷玲的好老师。排戏期间，罗艳把雷玲带回自己家里，就像当年在自己的老师张洵澎家里一样，拿出珍藏的各种资料，帮助雷玲条分缕析，一个字、一个节奏地教她处理字和曲的关系，研磨口法与腔型。"雷玲从湘昆舞台消失的这些年，不但没有荒废，反而越唱越好了，真是怪事。"戏迷和同行惊讶地发现，雷玲像戏中的杜丽娘一样神奇地"回生"了。

演出的安排，也足见罗艳的良苦用心：《白兔记》，安排雷玲主演；《荆钗记》，力推傅艺萍担纲；一出《牡丹亭》，分别由刘娜演《游园》、胡艳萍演《冥判》、雷玲演《回生》……一炮打响，郴州人一下子看到湘昆有那么

多的旦角，信心倍增。

见过大世面的罗艳，没有沾沾自喜，她的经历使她清晰地知道，郴州毕竟生活在昆剧生态圈的边缘，名家踪迹难觅，眼界难免逼仄。早在1981年就接受昆剧"传"字辈老师和一代名师张洵澎指导的罗艳，又把目光放到了找名师、传名作的目标上。当然，张洵澎是她不二的首选。

为了湘昆的明天，为了雷玲这样的好苗，罗艳又一次请来了张老师，为雷玲传授《说亲》《百花赠剑》两出戏。不仅

1994年张洵澎教雷玲《亭会》

如此，罗艳还礼请昆曲王子张军、上昆名丑胡刚为雷玲配戏，相得益彰。

"昆曲是值得我用一生去追求的爱人！只是我会老去，而她永远年轻！"这是雷玲的心语。她在心里镌刻这句心语正是自己被张洵澎的闺门旦艺术深深迷倒的时候。

张洵澎从小得到朱传茗、言慧珠等大家的真传，特别是《百花赠剑》这出戏，当年俞振飞、言慧珠两位为了出访欧洲，成行前特地到北京请程砚秋大师给言慧珠说戏、加工，张洵澎就是第二个有幸亲聆程砚秋大师说戏的人。有大师亲授，又结合自己多年演出的体会，张洵澎对这出戏的演绎自然高人一筹。面对条件不错的雷玲，张洵澎从人物的出身、性格讲起，结合闺门旦行当，又有刀马旦的成分，最后落在喜剧氛围……在郴州的几天，早、午、晚每天三班，张洵澎不辞辛劳地倾心教授，恨不得雷玲早点把自己的本领全部拿去。

雷玲说，"没有一定功底的人，跟张老师是学不了戏的。因为她对表演的要求特别高，就以面部来说，脸部表情，眼睛、眉毛、嘴型，都有要求，

甚至每个字说完成后嘴归什么位置都有要求。"

要达到这样细致入微的表演，需要有扎实的功底。张洵澎教雷玲演《百花赠剑》，百花公主是闺门旦，但她也是统领百万大军的巾帼英雄，场上绝不能扭捏作态。尽管她的举止在程式之内，但也必须爽朗利落，比如掏翎子一定要抬腿，"别看老师七十多了，基本功还是那么好，腿抬得比我高，圆场走得比我溜。要把老师的本领学到手、学到家，没有功力不要想，想抄近路，急功近利，走不通。"雷玲至今深有感触。

雷玲就是张洵澎倾心传艺和罗艳目光远大、全力相挺结出的一枚硕果。

这个老师怎么这么漂亮啊
——张洵澎与孔爱萍

　　孔爱萍,孔子第75代(祥字辈)后人,娴静、雅致,大家闺秀。怪不得一进得学校,老师就说:"这个是闺门旦!"

　　在戏校的几年,她跟大家一样,练基本功,身段形体,毯子功,唱念做舞、乐理课,加上文化历史,门门不少。毕业后,被分在江苏省昆剧院,因为剧院演出少,青年人坐"冷板凳"的时间就多。好在她的扮相好、气质优雅,1986年,应导演孙元勋的邀请,在西安电影制片厂《狐缘》中出演女主角琼娘(十四娘)。这是根据《聊斋》里的故事改编的古装片,所以她接了。后来,又在电视连续剧《吴敬梓》中,与王志文合作。拍摄古装影视剧的经历,既开拓了艺术眼界,又增加了历练。1994年,孔爱萍到北京参加"全国首届昆剧青年演员文化交流演出",一举成功。如今,"官"至江苏省昆剧院副院长的孔爱萍,谈起恩师张洵澎,依然是满腔感激、一脸敬仰:

　　　　我是1978年考进江苏省艺校昆剧班的,后来吴石坚(原上海京剧院院长)来到我们学校当校长,就提出要请最好的老师来上课。我们三年基础课上完,吴校长就从上海请来了张洵澎老师,专门为我们闺门旦行当开课。1980年下半年,整整三个月,我跟着老师寸步不离。我小时候跟张老师学戏,那时候就感觉:哎呀,这个老师怎么这么漂亮啊!这么美丽!

　　后来,1981年,张洵澎因为儿子蔡一磊要报考上海舞蹈学校,匆匆离开南京回到上海。吴石坚校长真有魄力,为了培养昆剧闺门旦的后人，他拍板决定，让孔爱萍一个人去上海登门求艺，继续跟着张洵澎老师学习。

张洵澎回忆当时的情况时说："最初是吴石坚找我去的，说南京有一个很好的苗子，一定要最好的老师来教。"到了南京以后，吴校长给张洵澎准备了很好的生活环境，专门配备了一个阿姨给她做饭，就是要让她全身心放在教学上，把孔爱萍带出来。这也许就是艺术人才培养的规律，最好的苗子要一流的老师带。在南京整整三个月，后来因为儿子蔡一磊要考舞蹈学校，张洵澎只好回到上海。吴校长又决定，让孔爱萍跟她回上海，学戏不能断。

孔爱萍刚到上海的时候，通过天蟾舞台总经理吕君武的关系，安排她住在天蟾舞台的招待所。但张洵澎考虑到年仅15岁的小女孩一个人住，会害怕、又不方便，就把孔爱萍接到了自己家里住。白天，孔爱萍跟着老师去戏校和同学们一起上课，晚上跟回张洵澎家"吃小灶"。

张洵澎非常喜欢孔爱萍，把她当成自己的女儿一样呵护。这让孔爱萍觉得在上海比在南京更快乐。张洵澎对于孔爱萍的关心不仅仅是在艺术上，生活中也是无微不至地体贴、关怀着孔爱萍。她带孔爱萍去"红房子"吃西餐，去逛最高级的商场。她说"闺门旦"就应该享受这样的生活。也就是在张洵澎家，孔爱萍第一次学会了吃西餐。

张洵澎对孔爱萍说："一个学生跟老师学戏，不是靠课堂上舞台上一个小时两个小时就可以的，而是要靠生活中点点滴滴的熏陶。"住在老师家的日子里。张洵澎经常会突然对孔爱萍说，一个闺门旦应该学什么东西，应该注意什么东西，你的言行举止应该怎样。睡觉、起床、吃饭，她会时时刻刻告诉孔爱萍一些闺门旦的常识，不局限于教一个台步、一个水袖，张洵澎说："当年言慧珠也是这么教我的。"

而让孔爱萍感觉不好意思的是，在老师家中，居然让老师当起了"保姆"：每天早上起来，老师已经把洗脸水、漱口水给自己准备好了，甚至连牙膏也挤在了牙刷上。孔爱萍洗漱完毕，老师已经把早点安排好，放在餐桌上……

那年孔爱萍15岁。因为张洵澎的儿子蔡一磊考取了上海舞蹈学校，

《牡丹亭·惊梦》剧照

住在学校里，她就顶替了"磊磊哥哥"的地位，像老师的女儿一样，受着老师的恩宠。

虽然在生活中对孔爱萍"宠爱有加"，但是张洵澎上课时的严厉还是会让孔爱萍心生胆怯。因为老师不仅严厉，而且眼睛特别尖，回课时的一点小瑕疵，都别想逃过她的眼睛。她会让你一遍遍地重来，直到她点头，就说《游园惊梦》的一个出场，张洵澎就花了整整十天的时间，让孔爱萍一遍遍地走，不仅走台步，更要走感觉，走出少女杜丽娘的感觉，走出剧中人物的状态。有时候孔爱萍都觉得受不了了，张洵澎却一点也不厌烦；有时孔爱萍觉得困了，老师还在那儿不厌其烦地给她说戏。孔爱萍回忆说："有一次学《寻梦》，因为当天比较晚了，我实在是累了，索性躺在床上，'指挥'着老师说，老师你再来一遍。老师在认真地示范，我自己反而睡着了。"

就这样，孔爱萍跟着老师学会了《游园惊梦》、全本《奇双会》《百花赠剑》《琴挑》；直到她从学校毕业以后，老师还帮她加工提高了《寻梦》，学了《断桥》《小宴》。

对于教学，张洵澎自有自己的一番理论，她认为，戏曲教育的特点就是"口授心传"，很讲究"手把手"。所以，她给孔爱萍讲课就是边讲边示范，因为昆曲讲究的是载歌载舞，很多地方你不亲自做，学生就很难领会，特别是闺门旦。她举例说，《说亲》中闺门旦的出场，看上去懒洋洋的，千万不能理解成"思春之懒"，而是青年女子失去丈夫以后的无奈。因为那个时候，女子是靠着丈夫生活的，丈夫死了，生活无着，她是无奈。因此在念白"不茶不饭"时，两只手要提手腕，无精打采，双手不能扣腕，要不然成武生演的《三岔口》"摸黑"了。所以，每教一出戏，张洵澎一定要亲自示范。

"手把手"是张洵澎教学生时与其他老师不一样的地方。很多老师教戏，把"程式"教给你就结束了。张洵澎不光教程式，更讲究"人物"，而且一定是亲身示范，包括手势、身段。因为她不只是一遍两遍地示范，而是十几遍、几十遍地示范，因此你回去以后，闭上眼睛，眼前就会浮现出老师教的动作、身段，很受用的。像《游园惊梦》，张洵澎不光给孔爱萍"抠"出场，连面部表情、怎样笑，都讲得十分透彻——杜丽娘的出场，应该是小姐"春眠不觉晓"的刚刚睡醒，又闻到了春天来的气息，此时一定要把出场的台步走好、走准确。把"春酣娇态，春睡梦俏"的杜丽娘体态、把人物表达出来。

说起张老师的讲究、精细，孔爱萍深有体会："张老师连眼睛大小凤眼的运用，上下眼睑夹到什么程度（大小）都讲究，太小，成眯眼了，没有神；可是如果过分大了，又显得僵直了。如何来聚这个目光？我现在的理解就像电影中的特写，它推到你的面部，甚至眼睛、耳朵；我们演戏，就是要自己感觉眼睛、耳朵都有戏。杜丽娘听到鸟叫，随着头颈的转动，眼光也会随着一起转过来，但依然是正前方的，不能斜，一斜，观众看上来，杜丽娘就成了"斜白眼"了。张老师就是这么讲究，一个动作就要求得这么细。

前几年，孔爱萍在北京中国戏曲学院研究生班，听了老师讲授的《佳期》，她马上就提出，我回去后要演《西厢记》里的《佳期》，演红娘。虽然这不是孔爱萍的行当，但小时候她跟着张老师学过。孔爱萍说："张老师是非常讲究尊重传统的。她传承、教授的戏都是老先生教下来的；唯独这出戏，是张老师根据自己对剧本、人物的理解，独自创排的。"

张洵澎创排这出戏的特点，在于跨行当，兼有闺门旦和花旦、花衫两门技艺，套用京剧的术语就是"两门抱"。张洵澎认为，红娘自小跟随莺莺小姐生活、出没于相国府，虽然不能识字断文，却也耳濡目染，懂得相国千金是如何待人接物、如何娇媚百态，因此无意中也养成了与众不同的气质。所以张洵澎以"闺门旦""花旦"两门兼抱来出演，果然不同凡响。昆剧艺术家、北京北方昆曲剧院院长丛兆桓高兴地说，阿澎开创了昆剧"花衫"的新行当。而爱徒孔爱萍则说："张老师演的每一出戏，节奏和韵律感都特别强，一般人很难合上她的节奏，所以她强调要理解人物、读懂台词，有些不健康的台词不能太露。一旦理解了人物以后，再去跟张老师的节奏，就出现了健康、阳光、仗义而有教养、而不是'拉皮条'的小红娘。"

其实，设计红娘这个人物，张洵澎是颇花了点心思的。其中，她巧妙地化用了迪士尼动画影片中的一些卡通元素，同时吸收了赵燕侠"赵派"的表演。因为张洵澎理解红娘是一个少女，天真稚气尚存；同时又有点侠义感，那是为了帮助莺莺小姐和张生，使崔夫人的赖婚回天无力。

为此，张洵澎还告诉孔爱萍："如果把红娘的档子演低了，那么莺莺的档子也高不到哪儿去。"

"张老师不仅借鉴国外的卡通形象，"孔爱萍说，"当时我到上海戏校进修的时候，张老师还到上海芭蕾舞学校去教舞蹈老师。她教的就是戏曲的眼神和韵味儿。反过来，打开舒展、挺拔抒情的体型，尤其是优雅和贵气，把好的艺术融化到昆曲闺门旦中。比如她在《佳期》里，红娘就运用了芭蕾的手势、肩膀，眼神，手形都吸取了芭蕾的元素。"

在英国探望儿子的时候，张洵澎还被英国皇家芭蕾舞团请去欣赏演出，并给他们的演员训练中国戏曲的眼神。艺术是相通的。张老师的肢体语言是受什么启发的呢？孔爱萍说："除了芭蕾、卡通，张老师还对我说过，她还看刀美兰，那个傣族舞蹈家，哎呀，太美了，一定要把她的肢体语言借鉴到我们的昆曲中来。"

1994年6月15日至23日，"首届全国昆剧青年演员交流演出大会"在北京人民剧场举行，历时9天，演出11场，上演了46出折子戏。这次交流演出是改革开放以后规模最大的昆剧青年演员会演，是由文化部艺术局、中央电视台、人民日报文艺部、北京市文化局、中国昆剧研究会主办，上海市文化局、江苏省文化厅、湖南省文化厅、浙江省文化厅、苏州市人民政府协办，北方昆曲剧院承办的。来自上海昆剧团、湖南省昆剧团、浙江京昆艺术剧院、江苏省昆剧院、苏州市苏昆剧团、北方昆曲剧院等全国六家昆剧院团以及中国戏曲学院、日本"昆剧之友社"的近百名演员参加了演出，年龄都在18至35岁之间，行当齐全、文武兼备，展示出昆剧艺术后继有人的可喜局面。

可是，孔爱萍被遗忘了，一个优秀的闺门旦演员，"被"剧院遗忘了……

当时孔爱萍正在西影厂拍电影，团里不让她去比赛。孔爱萍给团里领导立下"军令状"，如果演砸了，自己离开昆剧团！那时北京的领导小组成员来南京选节目，剧团并没有把她列入名单，只是让她给另一位演员配演莺莺小姐。没想到选节目的老师说："这个小姑娘（指孔爱萍）蛮好，让她也去北京比赛吧。"

与张洵澎合影

就这样，孔爱萍临时被北京的专家选上了，这既是她的好事，也让她犯愁，因为她整整八年没有演出了。为此，孔爱萍来找张洵澎，要演《游园惊梦》，请求张洵澎临时给她加工戏。不仅如此，演出服装、头面、化妆剧团都没有给她落实。经过努力，孔爱萍的头面服饰是从省戏校借用的，张洵澎亲自给她化妆，又请上海昆剧团的康小妹老师给她包头。直到演出前的一天晚上，张洵澎还在下榻的人民剧场边上的一个招待所里给她抠戏和唱念。那晚，招待所还临时断了电！师徒二人就在漆黑一团的环境中，一个"传"、一个"学"。第二天演出了，因为久疏舞台，孔爱萍紧张得两腿发抖，走到台口居然不敢挪步。没想到剧场里的观众居然一个满堂彩！因为她的扮相实在漂亮，出场时的人物情绪是对头的，站到台口没有动弹，活脱脱一幅古代仕女图，观众以为是张洵澎给她设计的一个亮相，所以给了她一个满堂彩。这就是从小练出场的结果，这时候下意识地就出来了。

孔爱萍回忆说：

跟张老师学戏，她的特点就是肢体语言特别讲究，她特别讲究的是出场，一到"九龙口"就要让人知道你是什么人物，绝对正确地去把握人物的塑造。这就让我化腐朽为神奇，不但躲过了一次失误，而且反败为胜，后来是越演越好，进入状态。

经过专家评委的认真评选，差一点落选的孔爱萍，和其他11人获得了这次青年会演的最高奖——"兰花"最佳表演奖的第一名。

经过多年的舞台磨炼，如今的孔爱萍对张洵澎老师教学的体会更深刻了。她说："张洵澎老师的肢体语言非常丰富，老师她很喜欢舞蹈，什么芭蕾、冰上芭蕾啊，她都看。就连动画片，她也看，作为借鉴。我那时不喜欢看动画片，但有一次，我看了，就觉得受益了好多，它为什么那么夸张，我们的表演也是夸张的，但你不可能全部都夸张，杜丽娘全部都'病恹恹'的也不行，她和莺莺小姐都同是封建礼教下的女性，但她们有不同，她们的声音可以相同，但她们的眼神不同。"

孔爱萍演杜丽娘，在"游园"刚出来的时候，是那个感觉：哎呀，我一个小姐，整天这样生活，懒洋洋地出来，除了梳妆打扮，最多到学堂去，回来就是绣花。如今跟春香约好要出去，是的，我要出去！但是呢，由于胆怯，不敢出去，到底心里还在斗争。最后真正出去，看到那个花园以后：啊！这个花园这么美，竟然没有人知道，跟我杜丽娘一样，我长得这么美，就在闺阁楼房里面，有哪个知道我这个人呢？哪个知道我的心思呢？从后半段的"遍青山"开始，就真正地体现杜丽娘她忘我了，最后很失落地"观之不足"地回闺房了，在闺房里做了一个很美丽的梦，梦醒了以后，又很伤情，忧伤地感叹。

1999年，正在北京京剧院为青年演员传授昆曲《游园》的张洵澎，突然接到噩耗，陪伴一生的丈夫蔡国强因心脏病猝发，抢救无效，不幸离去。张洵澎赶到上海，料理后事。孔爱萍获信后匆匆赶来上海，给蔡叔叔送行，安慰张洵澎老师。至今回忆起这件事，孔爱萍依旧激动、难过。蔡国强过世的第二天早上，孔爱萍就赶到上海去了，然后一直等到蔡一磊从英国赶回来，料理后事。整整一个星期，都是孔爱萍陪着老师。孔爱萍回去前，悲伤中的张洵澎依旧不忘嘱咐儿子带着孔爱萍到西餐厅吃西餐。这让孔爱萍突然想起自己刚学戏的时候，老师教她吃西餐。而更令孔爱萍感动的是，竟然在那样悲伤的时刻，张洵澎还不忘给自己说戏，"她把整个的悲哀压积在心里面,当我提出两个问题的时候,张老师竟然在餐厅里边示范边教我。每当我想起这件事的时候,心里就非常地感激她。因为一般的人做不到。"孔爱萍说,自己是给去世的蔡叔叔送行的,又不是去学戏的,然而作为老师,张洵澎时时刻刻地把艺术放在心上,传授给学生。"这不仅是一个伟大的老师,更像是我的母亲,把我当作自己的小孩一样。"

2001年7月,上海举办"昆曲岳美缇巾生艺术、张洵澎闺门旦艺术传授班"。得到消息,孔爱萍立刻赶到上海,学了一个月。回到老师家中,就像到自己的母亲家里一样,孔爱萍还是在张老师家吃住。

这么多年在张洵澎身边耳濡目染的经历,让孔爱萍对恩师的教学方法深有体会:

> 张老师的教学跟别人不一样,她既是一个严师,相当"严"。同时可以把张老师比作一个非常好的医生,她能看出你所有的毛病,你做一遍,唱一遍,她就知道你毛病在什么地方,如何去解决这个毛病。她不是很正经地坐在那里死教,而是往往在吃饭的时候,就可以告诉你一个道理,让你在舞台上如何去展现表演。张老师讲得非常精辟:如果你自己都没有被感染,你如何去感染观众呢?这话非常中听。

在生活中,张洵澎对各方面,包括对色彩等,都善于观察思考。等到过一段时间再到她那里去,发现她的东西又有变化了,但决不脱离"昆"字。她演的是600年前的昆剧,却善于吸收当代的气息;她的每一次成功塑造的后面,都在吸收时代有益的养分。就像京剧界的梅兰芳大师,跟着时代的变化,移步不换形。

好多人都知道,张洵澎会泡吧!不仅自己泡,有时候还带孔爱萍去,还要问孔爱萍"你感觉泡吧怎么样?"好多人都反对,说张老师你这么个岁数,还去泡吧?可张洵澎的回答理直气壮:"泡吧好啊!泡吧就像昆曲一样的,雅!"张洵澎认为,"泡吧是年轻人的事,越是年轻人的事,我们的闺门旦行当就越应该去!"这些,也让孔爱萍明白了一个道理:"我们闺门旦的行当演的是十六七岁的少女,那么当今时代的少女是什么样的呢?她们喜欢什么呢?我们要知道她们的信息,我们要汲取她们的兴趣爱好,然后,我们在舞台上展现这种气息,去吸引她们。"

"功夫在诗外",谁都会讲这句话,可是能真正做到的人,才是真正成功的人。《解放日报》记者马笑虹曾经这样描述张洵澎——

> 电话里我叫她"张老师",她的声音亲切甜美让我印象特别深……那时她家住在田林,她让她的学生倪红到新村的大门外来接我,自己则在家门口候着,一脸灿烂的笑,举手投足轻盈活泼。当时她已50多岁了,但根本看不出50多岁人的样子。她有"小言慧珠"之称,但她在重新演绎《牡丹亭》的杜丽娘时,既继承又发扬、融入了很多现代的表演手法,当时她就把《飘》中费雯丽演郝思嘉时的眼神嫁接到杜丽娘"思春"一出戏中,我对她的表演真是叹为观止。她对昆曲的热爱似乎与生俱来,是从骨子里迸发出来的,而且矢志不渝。说实话,这份热爱的背后,是守清贫、甘寂寞、宁淡泊的几十年悠悠岁月。

给孩子们讲述古老戏曲艺术的老师,却又带着孩子们享受现代人才有的"酒吧"的氛围,这大概也就是张洵澎才会有的"绝招"。

这个老师才是我心目中的艺术家
——张洵澎与史依弘

"变"，是人的本能；"变得好"，是人的本事。

梅兰芳先生"善变"，"移步不换形"，在坚持传统的基础上创新、转型，终于让京剧（戏曲）表演艺术，独步世界剧坛。

梅兰芳先生善于向传统学习，从艺伊始，他就是昆、京兼学；成名之后，更是京、昆兼擅，昆乱不挡。"昆曲的身段，是丰富而美观的，可以供我们取材的地方实在太多了。我认为昆曲有表演的价值，是想把它的身段，尽量利用在京戏里。"（梅兰芳《舞台生活四十年》第二集）。

纵观剧坛，戏曲舞台上曾出现过许多京、昆"两下锅"的名家；只是如今，这样的"坚守者"已是凤毛麟角。

史依弘，可以说是坚持"京昆不挡"的难得人才，一个"孤独"的守望者。

史依弘曾经先后荣获第十一届中国戏剧"梅花奖"，第五届上海"白玉兰"戏剧表演艺术（主角）奖，被推选为首届"中国京剧之星"。

史依弘的昆剧"梦"，也是源于

清唱照片

她和张洵澎的相识——

小时候在戏校，史依弘学的是刀马旦、武旦，分配在张美娟老师组里。有时候上课间隙休息的时候，同学之间就是会串来串去的。那时候见张洵澎老师上课很认真，有时候不休息，史依弘和同学们就在边上看她怎么教学生。当时，史依弘觉得她特别严厉，学生有一个眼神或一个手指头不好，她就会过去扳正你的指法，让你明白。

那时候的史依弘年纪还小，又因为隔着行当，不懂得闺门旦的奥秘，只是觉得当年40岁出头的张洵澎"很美"。虽然很严厉，但是她示范的时候从里到外、从脸部表情到她的脚步，都让史依弘觉得透露出一种气质，就是美，就是讲究。"那个时候我就想，什么时候我也能跟老师学就好了。"幼小的史依弘心中暗暗怀揣了一个梦想。

在一代名家张美娟的培育下，史依弘由武旦开蒙，技艺精进。武功扎实稳健，出手快捷从容，她的《火凤凰》《扈三娘》有口皆碑，倘若不是后来的"转身"，一定是继张美娟、齐淑芳之后又一位独领风骚的优秀武旦名家。

在梅派研究者卢文勤的精心指点下，史依弘实现了第一次"艰难的转身"。1993年，史依弘在人民大舞台以"双出"示众：前以武戏《火凤凰》示人，后有梅派名剧《贵妃醉酒》亮相。这是史依弘人生中的一次转机，却使卢文勤揪心不已。要知道梨园行里，隔行如隔山，武旦和青衣，如隔千山万水。要想从武旦成为梅派青衣，史依弘要下的功夫，不知要多出几十倍甚至上百倍，绝非一般的青衣演员能比。可喜的是，她成功了。《火凤凰》打得炙烈火爆，《贵妃醉酒》演得仪态万千。后来，《凤还巢》《廉锦枫》《生死恨》《宇宙锋》《霸王别姬》《穆桂英挂帅》等一出出经典梅派戏，一一展现。俊美清丽的形象，宽亮动听的嗓音，细腻沉稳的做派，端庄大方的台风，颇有梅派风范；挑剔的观众，渐渐接受了她的转身。

观众看到的，是台上的"华丽转身"，而台下史依弘经历的，是一次"痛苦的蜕变"。从武旦转到青衣，中间需要很多环节。虽然史依弘平时青衣戏也学，也演，但就是身上有"武气"，尤其唱文戏的时候，站在那里就觉得沉不下来。史依弘说，其实在自己内心是能进到角色里面去的，但就是无法外化表现出来。对此,张美娟老师也很着急。

1992年排全本《杨门女将》,张美娟老师来看戏,对史依弘说"只要你不唱,没戏的时候,站在那里就显得没你戏,就跟其他七娘、八娘一样。""灵堂"那一场,就是老旦的戏,史依弘站在那儿僵得不得了。当佘太君表演大段的唱腔的时候,她就觉得自己很尴尬。当然,老师也实事求是地说,只要史依弘一扎靠,就全是她的戏了。所以张美娟老师对史依弘说:"你还需要很多过程,才能过'转行'的关。"

从刀马旦、武旦到青衣的转换过程,史依弘虽然唱梅派,可大家还是以武旦的形象来看待她。这个史依弘是明白的。张美娟老师对史依弘的"不健全"会说,你的唱很好,我认可你,可是你身上不像,感觉还不像一个大青衣,你的台步、你的状态,我还没有认可你。

史依弘自己在台上也是不从容的,心里面很多东西是没有放到位的。心里是空的,没有状态。这种转变的过程,史依弘感受很深。虽然当时也积累了很多戏,比如《狸猫换太子》,其实已经可以算文戏了。但是这些戏还是不能给史依弘她想要的纯粹的东西,直到后来排演《宝莲灯》这样一个机会,史依弘遇到了张洵澎老师……

1996年,考入由文化部主办的首届"中国京剧优秀青年演员研究生班"的史依弘,接受了排演《宝莲灯》的任务,因为"三圣母"形象的创造,使史依弘真正有幸与张洵澎结下师生情缘。

1998年2月5日,上海《新民晚报》刊发了记者陈竹采写的文章,标题很醒目——"'昆剧舞蹈家'临阵受命",副标题是"张洵澎辅导史敏演宝莲灯"。文章中说:

> 京剧向它的"祖宗"昆剧取法。为了排好新戏《宝莲灯》,著名昆曲演员张洵澎昨天来到上海京剧院,担任女主演史敏(即史依弘,下同)的辅导教师。
>
> 在《宝莲灯》中扮演三圣母的史敏,文戏武戏都很吃重,在连排时已有突出表现,但导演认为还需要加强表演的舞蹈性。有"昆剧舞蹈家"之称的张洵澎,临阵受命,担任起史敏的辅导老师。她曾陪俞

振飞、言慧珠在台上演过《牡丹亭》,并为梅兰芳的《游园惊梦》跑过官女(应为花神——笔者注),见识很广。昨天她在排练场上把她的心得告诉了史敏。她提出,年轻时的三圣母不应该用京剧大青衣的演法,那样太持重;如果改用昆曲闺门旦的演法,载歌载舞,就更加活泼而有仙气了。

史敏非常认真地按照张老师的意见修改自己的表演方式,并一招一式地使自己的舞蹈动作更加规范化。她对记者说:"我们京剧演员有向昆剧取法的传统,梅兰芳就学过、演过许多昆曲。我文戏宗梅派,也应借鉴大师的学习方法。"

在当时担任上海市文化局局长的马博敏的推荐下,张洵澎来到京剧《宝莲灯》剧组,担任艺术指导,主要是担任扮演"三圣母"的史依弘的艺术指导。这一次见面,张洵澎留给史依弘的印象,依旧是那两个字——漂亮。

因为《宝莲灯》有好几个版本,张洵澎从第一版开始就进入了,两版三版都参加了,三个本子她都参与了。这一排就是好几年。史依弘说:

那个时候请她来辅导,其实就是请她来创造。

张老师很有想象力,她不仅仅是美,她让我最受启发的是,她的传统功底很扎实,一看就是受过好的老师传授,自己又有好的理解。第二就是老师的创造能力真是不一般的,这种创造力也源于扎实的传承。她本来基本功就很扎实,再加上想象力很丰富,创造能力就很强。她想象力很丰富,因为我们这场戏是很需要想象力的,三圣母从天上到人间,她的仙气赋予她想象的空间很大。有一场戏,就是女儿在湖里面,母亲三圣母在冰里面,表现的是母女间互相的思念。只见张老师用了很多舞蹈动作,使用长水袖表现人物在湖里挣扎,这都是她自己编排的。还有一场戏是很好玩的,就是二郎神来看三圣母,并且劝她赶紧回天上去,因为三圣母偷偷下凡已经违反天规了。到底是兄长,二郎神来了以后就跟三圣母说了。那个时候三圣母不是在湖里面吗,然后把她的镣铐扔掉。就这一下,张老师就表演了很多舞蹈,她是仙人,她的那个状态出来,呀,我惊呆了,怎么这么美!她(指张洵澎)怎么可以有那么无限的想象力,她怎么会看到一个仙人是怎么做的……我想戏曲怎么可以这么美,这样洒脱地去演绎一个人物,我当时是很震惊的。还有好几幕戏,比如说她(指张洵澎)拿到一个灯以后,那个灯在台上是有机关的,就是转了以后那个灯就"飞"上去了。这个时候她也有舞蹈身段,很漂亮。这给我一下子打开了一扇门,啊!这场戏原来可以这样子来,这样子想象。

我当时印象很深,就暗暗下了决心,我将来就要成为像张洵澎老师这样的一个有创造力的艺术家!张老师真是给了我非常多的启发,将来当我积累到一定程度了,我也要像张洵澎老师这个样子,我也要成为一个像她这样的艺术家,创造力源源不断。我觉得在我心目中这才是艺术家,她有实力创造,给她什么她都能变出什么,而变出什么大家还认可什么。

这一次的师生会面,不仅使史依弘圆满地完成了《宝莲灯》的排演,完成了三圣母形象的塑造,也使她真正投身到张洵澎的门下,成为张洵澎业外的优秀学生。史依弘说:

其实那时我就是模仿,因为模仿过程中也有不对,老师说我像苦行僧一样的。排完戏其他人全走光了,我就拉着老师,跟她说,自己觉得这不对,那不对,因为我觉得我自己做出来跟老师区别很大,但我又不知道错在哪里。然后老师就在大镜子前,一个个手势,一个个眼神,特别是下巴,就把你"修"得很工整,不出错,就像拍照片,一张一张,一个一个姿势,因为一个表情一个眼神,就会把人物完全变化掉。我就说我能意识到的美就是从老师这里开始出来的,我指的是闺门旦方面的,后来才从文戏上懂得美,懂得文戏里的规范和内涵,这都是张老师教给我的。

所以当时我很激动,天天尾随在她身边,从早上到晚上,张老师和我两个人，聊不尽的艺术，开心得要命。不管是聊京剧也好、聊昆曲也好、聊前辈也好，就是很开心很喜悦的。只要在她身边，吃着饭聊着天，就是聊着戏也开心的。所以张老师说你怎么不累的，像苦行僧一样从早聊到晚，我说我一直在琢磨戏，除了戏没别的东西。其实她也是这样的人，除了戏没别的，很有意思的，心态又小又年轻，这个人不会让你觉得她是个"老"老师、长者，我们都很喜欢她。而且，有时候就觉得她还是个小孩，需要你去爱护，她会激发你很多东西。这位老师很有意思，活得很精彩、很丰富，但是又很艺术家，就是那么可爱，有意思。在张老师身上可以看到一个纯粹艺术家的样子，人活得很艺术很简单，现在这种艺术家已经不多了。即使从事艺术，现在和艺术沾边的名和利太多了，很没意思的。而张洵澎老师身上很少这种气息，她很纯粹，像个孩子一样跟你聊艺术，很单纯。所以我们更珍惜这样一个宝贝，我们都很珍惜她的！

2012年3月22日，《新民晚报》刊发记者王剑虹的文章，标题是"史依弘挑战昆曲《牡丹亭》"。文章说：

> 继跨流派"挑战"京剧程派经典剧目《锁麟囊》之后，当红梅派青衣史依弘日前又宣布将与"昆曲王子"张军合作演出整本昆剧《牡丹亭》。该剧将邀请台湾国光剧团的艺术总监王安祈、导演李小平加盟担任剧本修编和导演，并在服装舞美方面做出大胆的创新尝试。"京昆不分家"是圈内的一句老话，但这些年虽然有京剧演员为了提高自身的表演水准去学几出昆剧，却极少有京剧演员演出整本的昆剧大戏，因而史依弘此次"挑战"《牡丹亭》颇为引人注目。

史依弘离昆剧一直很近，多年以来，张洵澎除了给她破解京剧中的表演困惑之外，又给她亲授《游园》《惊梦》等昆剧经典。这一次挑战全本《牡丹亭》，仍然由张洵澎给她教戏传授。值得一提的是，《牡丹亭》这出戏，张洵澎当年是由京昆大师俞振飞和言慧珠倾囊相授的，并且曾得到梅兰芳大师的指点,根基很深。

这些年来,史依弘一直游走在学习传统与创新转型之间,以梅派青衣的身份主演程派名剧《锁麟囊》,就很有代表性;以梅派的传人敢碰昆剧经典《牡丹亭》,就更增添了不少创新、挑战的意味。

但是,就像史依弘所说的,"我跟他其实是战战兢兢的合作",因为史依弘担心他们(史依弘和李小平)之间的磨合,不知是否能顺利进行。如果李小平迁就史依弘,这个戏就会变成纯传统的一个戏;反过来,如果全部由李小平来主导,"这样是要冒险的"(史依弘语)。如果两个人各执一词,各演各的,出来的戏又会变成"怪胎",又是谁也不愿看到的。

> **史依弘**:所以《牡丹亭》这次其实是这样的,主要是我跟张(洵澎)老师先有了一个商量,再告诉他(指李小平,下同)。所以他第一次看到我跟老师在商量的时候,他就说,"你有了那么好的老师,其实我不再需要做什么"。是的,他很清楚,有那么好的艺术家和演员在一起,已经做到了很多。他说,"你们把我叫来了我总是要做点什么的,其实就是我坐在那里,看你们就够了。"

史依弘深深懂得张洵澎的作用,李小平也非等闲之辈,他也非常清楚,有张洵澎在,对这个戏、对史依弘来说,就意味着成功了。

对于史依弘来说,张洵澎早就进入她的艺术生命了。演《牡丹亭》对她来说既陌生又熟悉,因为《惊梦》在十几年前她就已经唱过了。只不过现在京剧演员唱昆曲显得很稀少,也很少有人会去碰昆曲。可是,史依弘从进戏校开始,一直听老师讲,作为一个京剧演员,学点昆曲是有好处的,它是京剧的"乳娘",这是一个基础。所以史依弘从小对昆曲就很崇敬,后来看了《梅兰芳舞台生活四十年》,里面也写了梅先生对昆曲的身段表演是如何地尊仰。她领悟到,几代人、那么多大师前辈都这样推崇和敬仰昆曲,那一定是很值得学习的一门艺术。所以早在1996年,史依弘就跟着张洵澎学《游园惊梦》,但那个时候仅仅就是学下来,而且学的时候,因为张洵澎比较忙,其中有段时间不在上海,所以后半期史依弘就没有跟张

和张洵澎合影

洵澎学完，直接演了。当时的史依弘还不是很明白这出戏好在哪里，仅仅就是学会了，只是觉得张洵澎的表演很好看，与众不同。因此，尽管当时演出的时候观众很多，但史依弘现在回想起来，那时候的演出"简直就是在胡闹，就学了一个下午，完全不懂这个人物是怎么回事，就学了舞蹈、唱腔，而且唱腔也不是很熟，因为是粗粗学的，调子也完全按张老师的调子唱的。而且我觉得很累，因为没有好好练，就像赶任务一样。这么多年以后，我觉得应该好好学全本的昆曲了。"

在排演全本《牡丹亭》的时候，张洵澎是以艺术指导的身份辅导史依弘排练的，是一位"教师爷"，是一位权威。可是，张洵澎的另一面——好学不倦，也给史依弘留下了深刻的印象：

虽然张洵澎已经是古稀之年的艺术家了。可是在辅导史依弘排练《牡丹亭》的时候，她就像一个小学生那样，每天拿了个剧本，跟导演李小平商量，而李小平导演也很谦虚，往往会说，老师（指张洵澎）我当然是听你的，你舞台经验很丰富，你觉得哪里不合适就提出来。但张洵澎绝不倚老卖老，她就拿了个剧本谦虚地说，导演你看这个地方，我们原来演的时候是这样子的，你看看能不能这样子。也有时候，她觉得导演处理得好的地方，她就用了。这让史依弘非常感慨：

第一，张老师永远是个开拓性的演员，她从来不保守，要不然她演出的很多剧目也不会是靠自己"捏"出来的。但是我相信，像昆曲这样一种相对严谨和禁锢的剧种，她当年能够自己"捏"出戏来是很不容易的。虽然她有自己的老师，像朱传茗、言慧珠等，即便老师放手，她在创排戏的时候，也还是会有很多压力，就像我现在唱《锁麟囊》一样，这种压力是无形当中大家都会给你的。而张老师的了不起之处就在这里，她顶住这些压力，自己能够闯出来，所以她才会有自己风格的一种表演艺术，这也跟她多年热爱和沉浸在里面分不开。她跟我们状态不一样，她喜欢琢磨，我们可以没有戏，她不行。

我觉得她是越来越找到自己的价值了，现在越来越多的人认识到昆曲的价值和她的艺术价值，所以她越来越热衷于此。这种认可也是很重要的。当别人都在认可你的时候，你就会意识到，我自己这个东西还是有价值的，大家都愿意来学，她当然是愿意来传播，这种精神状态特别不容易。

令人欣慰的是，史依弘不仅学到了张洵澎的艺术，更学到了张洵澎对待艺术"为我所用"的理念。"学我者生，像我者死"，这是亘古不变的道理——

这是两个都以艺术为毕生理想的两代艺术家，她们惺惺相惜。一个以无尽的创造力和纯粹的艺术追求为生命；一个以海绵吸水般的求知欲和追求艺术的纯粹性为生命的境界。

和黎安合演《贩马记》

没有张老师，就没有我张军的今天

——张洵澎和张军

张军，享有"昆剧王子"的美誉，名声大得很：从艺近三十年来，主演过《牡丹亭》《长生殿》《桃花扇》《玉簪记》《白蛇传》等多部大戏，塑造了昆剧舞台上多个风格迥异的角色。曾荣获第二十四届"中国戏剧表演梅花奖"、第十一届"上海白玉兰戏剧表演主角奖"；荣膺2002年"联合国促进昆曲艺术发展大奖"、全国昆剧优秀中青年演员展演"十佳演员"等奖项；并荣获1999年上海市十大"文化新人"、2004年上海市"十大杰出青年"、2006年"首届全国文化新人"等荣誉。2007年入选"上海市领军人才"，2009年、2012年获"上海文艺家"荣誉奖……

但是，当谈起张洵澎，张军依然充满感激之情，他动情地说，自己这些成就的取得，第一步就来自张洵澎老师的"伯乐"慧眼——

> 没有张洵澎老师，就没有我的今天。因为是张老师把我招进戏校的，这是我同昆曲的第一次触碰。回头看看，这也是一个非常重要的机会，没有张老师把我招进昆曲班，我这一生就不会同昆曲发生关系。所以张老师对我来讲，恩情非同一般。

原来，1986年上海戏校昆曲班正式招生，这就是划时代的"昆三班"。正在戏校执教、并且是招生负责人的张洵澎分赴上海各个郊县，物色、寻找昆曲接班人的苗子，她像当年周玑璋校长那样，细辨、细挑，绝不漏过一个好的苗子。

那年春天，招生组来到青浦县（当时尚未改区），招生点设在青浦县少年宫，正在上小学的张军，在学校老师的带领下，先是报名应考"昆曲音乐班"，没想到一上去，就被招考老师"涮"掉了。带班的老师依然抱有一丝希望，就对他说，来也来了，我们再到楼上的演员班去试试吧，反正就是再花一元钱的报名费。张军赶紧问妈妈要了一元钱，再次报名到楼上去考演员班。主考官正是张洵澎，看到他以后，上前捋起他前额上的刘海，说，哎，这孩子不错，前额蛮饱满的，然后让他"咿咿呀呀"唱两声，踢踢腿、下下腰什么的，看完以后张洵澎就对他说，你准备一下复试吧。

对于从小出生在青浦乡下的张军来说，昆曲是什么，他是没有任何概念的。和大多数农村的孩子一样，能到上海去、做上海人，就是他们的理想。可是理想能否实现，有时真的就在一刹那。

那时的张军，从小是跟外婆在农村长大的，后来因为父亲当上了乡镇企业的厂长，家里的条件开始好转起来，从乡下搬到青浦城里了。招考的那一年，张军才到城里满两年，而外公外婆依然生活在乡下。如今的张军回忆起当时的情景，真的很感慨，他的昆曲之路是多么地富有戏剧性，如果当时换了另一位老师，说这个孩子农村来的，木知木觉的，不要了，那就没有今天的张军了。也正因为如此，张军对张洵澎一直怀有感激之心。他认为，感恩是一辈子的，也因为这个原因，张军一直和张洵澎保持着亲密的师生关系，哪怕今天的张军，头上顶着那么多的光环。

进入了戏校，张军被安排在小生组学戏，并且有幸被安排在昆曲名家蔡正仁的名下。三年基础课结束以后，改上戏课了，应当由蔡正仁老师来授课。然而，那年蔡正仁出任上海昆剧团的团长，加上又是著名演员，团内行政事务多，外面社交活动多，台上演出任务多……太忙了，以至于很少有时间给他们授课、讲戏。用张军的话就是，"一出《写状》就教了三年，一出《断桥》学了将近四年，因为很多时候说好上课，临时来通知说没有时间，不能来了。"好在跟小生对戏的同学都是闺门旦组的，正是张洵澎带的，所以张军把这一段时间学戏称作"寄养"在张洵澎的闺门旦组。只要蔡正仁没有空，张洵澎就把小生组的教学任务，也一肩挑起来。她给张军和小生组的学生们讲戏，《亭会》《断桥》《游园惊梦》《写状》……讲了不少戏。她总是花很多时间给小生组的学生讲一些基本的技巧，比如跺脚,她要求学生两只脚不能像照相机的三脚架那样僵硬,应该怎么"跺",才显得既美又准。就这么一点一滴,潜移默化。张军深有感触地说:"那个时候我们也不觉得这有什么,断断续续四五年下来,一直在张老师的带领下,长大了才发觉,哎,我们的基本功还是张老师教我们的。张老师非常漂亮,对我的影响非常大。老师不仅把我招进去,而且还带了我那么长时间。"

说起来,出身闺门旦的张洵澎,怎么能够胜任小生的教学呢?这又要回到1981年,文化部组织部分"传"字辈老师远赴湖南郴州,给湘昆剧团的演员上课。因为朱传茗老师已经作古,所以张洵澎作为闺门旦的优秀传人"代师授艺"。当时有四出戏,是闺门旦和小生合演的剧目;小生组的教师是沈传芷。惜乎当时沈老师中风以后,半边不遂,在教学《游园惊梦》《玉簪记·琴挑》《问病》《偷诗》等四出戏的时候,只能由沈老师口授,张洵澎以身示范、记录。所以,在教学的同时,张洵澎也学到了很多沈老师的小生行的技艺和劲头,这对张洵澎后来"改行"教学起了重要的作用。

让张军不能忘怀的还有,一个偶然的机会,让他得到了与张洵澎老师同台献艺的机会,这对他的艺术提升起到了极大的作用。

张洵澎与张军演《惊梦》

1994年6月3日、4日,张洵澎在上海举办"著名昆剧表演艺术家、戏曲教育家张洵澎舞台艺术40周年专场演出暨研讨会",这个时间是早就定了的,所有的准备工作也在紧张有序地进行着。

5月18日,因为沈传芷老师的葬礼,蔡正仁、岳美缇等团里一些演员赶去苏州参加追悼会。在从苏州回来的路上,不幸发生车祸,幸好都没有生命危险。蔡正仁经过紧急治疗,虽然从医院出来,但

是头上缝针的伤口打着纱布，腿上因骨折缠着石膏，就在团部的会议室里支一张床养伤。为了照顾老师疗伤，张军在墙边支一张小床，帮着老师料理。但是一个严峻的问题凸显了出来，那就是20天以后的张洵澎老师的专场演出怎么办？票子已经卖出去了，宣传也做出去了，其中就有蔡正仁和张洵澎合作演出的剧目。怎么办？张洵澎果断决定，"好在孩子是我们招的，长期来又在一起学习，我带过张军很长时间，感情也很深。就让张军顶蔡正仁来吧！"

"澎派艺术研习中心"挂牌仪式上，张军与恩师张洵澎合影

那时候张军离毕业还差一个月，还没进团，因此他担心自己能否胜任，特别是给张洵澎配全本《牡丹亭》大戏和折子戏《亭会》《秋江》，能行吗？张洵澎没有因为他刚出道而有任何不信任。她反过来给张军打气，让他放下包袱，抓紧时间把几个戏排出来。《游园惊梦》《亭会》《幽会》，这几出原本由蔡正仁和张洵澎合作的戏，首先由蔡正仁给张军说，蔡正仁躺在病床上手脚不能动，嘴里给他说，让他自己先知道是怎么回事。过了几天，张洵澎过来，就在会议室里，跟张军对戏，发现不对的地方，就由两位老师给他指正。那几天的张军真是很辛苦的，白天要排戏，晚上要照顾蔡老师，等到演出那天紧张得不得了，张洵澎既是他的老师辈，又那么有风采。张洵澎老师领他进入了昆曲殿堂的大门，又在不同的阶段给了他另外的压力。

至今，张军依然感慨万千：

虽然我很稚嫩，但我很努力，这样的经历很难得。那次演出规格也很高，好多领导、专家题词，北京也有领导、专家专门赶来看戏，我

265

是第一次"钻锅",短短两个礼拜要赶排好几出戏,这使我的演艺水平得到了很大的提高。

"不拘一格降人才",这次演出成功,显示了张洵澎在教学、演出上的"艺高人胆大",敢于起用新人、善于调动新人的气度。同时,这次演出成功,意义不仅在这一次专场,而是给"昆三班"正了名、争了气。张军说:

> 记得1994年毕业的时候,校长批评我们"昆三班"坐没坐相,立没立相,在这样的情况下,老师给了我锻炼的机会,在我艺术经历中留下非常深的印象。我现在翻看当时的录像,还很感慨,感谢张老师给了我艺术生命中色彩辉煌的一笔。
>
> 在生活中,张老师是比较开明的,他的儿子蔡一磊是那么好的芭蕾舞演员。她常说:"我跟蔡一磊学习,跟你们也学习;张军你生活中有那么多的乐趣,我也要学习。我到北京教戏时,也和学生一起去

张洵澎传承"俞言版"《牡丹亭》排练现场

266

泡吧。"我们有时会聊得多，除了昆曲什么都聊。她是开明的，人生也经历过很多坎坷，包括蔡（国强）伯伯的去世，等到我现在自己做"张军昆曲艺术中心"的时候，我深深感到开放对我们来说是多么的重要。在很长的一段时间里，张老师身上的闪光点，对艺术的观点、对人生的态度，一直影响着我。我之所以一直观察她，就是因为没有她，就没有我在这条道上的起点。这种感情是非常深厚的。

　　和很多其他的学生一样，张军不仅对张洵澎老师的知遇之恩深记在心，他在自己出版的书中曾经这样形容张洵澎的"识才"："一元钱，一生缘！"

这个老师太美了
——张洵澎与董圆圆

一个人没有"梦",是可悲的;一个人有了"梦",却无法实现,更是可悲。而一个人,有了"梦",又能圆了"梦",则是幸运的。

董圆圆就是这样一个幸运的人。

她从小就有"梦",要唱戏。后来唱了戏了,又有了新的"梦",要成"角"。20世纪的1993年,在京剧界打造"京剧之星"的喧嚣声中,董圆圆和于魁智、王立军、史依弘(时名史敏)、邓敏、孟广禄六人,荣膺桂冠。

出了名了,1995年如愿拜在了梅兰芳先生流派的门下,成为梅葆玖先生的弟子以后,董圆圆又孕育了更新的"梦",要成为继承梅派艺术的大家。

幸运的是,在梅葆玖先生和众多大家的帮助、指点下,她再次"圆梦"!

2001年她分别荣获"全国京剧青年演员评比展演"一等奖,"第18届中国戏剧梅花奖"。

同样在2001年底,文化部举办的第三届"中国京剧节"上,董圆圆主演的《洛神赋》,不仅捧走了"中国京剧节"金奖,而且令广大观众为梅派艺术的繁荣发展欣喜不已。

就是因为《洛神赋》,董圆圆有幸找到了一位久盼的"奶妈"——张洵澎。

1995年5月1日,董圆圆正式拜梅葆玖先生为师,成为"正名"的梅门弟子。俗话说"师父领进门,修行在个人"。拜了师,不等于学成了艺。梅派艺术博大精深,易学难工。难就难在,梅派艺术是"易中见难,平中见奇,淡中有浓,熟中出新,处处与众不同,又处处难窥特点",真有点像武侠小说里的无招胜有招！梅大师的唱腔，字清、音美、腔圆、味醇，总让人感觉恬适悦耳。

梅兰芳大师生前留下的《宇宙锋》《断桥》《贵妃醉酒》和《霸王别姬》等戏曲影片，成了董圆圆反复观摩的教材。梅兰芳是"美"的化身，这四部电影是梅兰芳先生中年时代留下的艺术精品，塑造了四个"美"的形象。赵艳容（《宇宙锋》）"疯"得美、白娘子（《断桥》）"怨"得美、杨玉环（《贵妃醉酒》）"醉"得美、虞姬（《霸王别姬》）"悲"得美。"疯""怨""醉""悲"与"美"似乎风马牛不相干，可是在大师的演绎下，却能够那么和谐地统一起来，留给人们"美"的印象、美的回味。董圆圆深为大师的艺术功力所折服。《霸王别姬》《天女散花》《凤还巢》……董圆圆逐步迈进了梅派艺术大门的门槛，日益悟到了梅派的奥妙。

董圆圆的"野心"大得很。她知道，梅兰芳先生生前对于昆剧艺术的吸收也是孜孜不倦。她就给自己定下了"京为母、昆为乳"的方向，用昆剧充实自己的营养，丰富自己的表演。

2001年，董圆圆主演《洛神赋》，这是受梅兰芳先生《洛神》启发而新创作的"梅派"戏，得到了梅葆玖先生的首肯。《洛神赋》中的甄宓，是千百年来"美"的象征。但是如何在舞台上展现这些"美"，又给董圆圆出了难题。

正在这时，北京京剧院的院长王玉珍、导演石玉昆等，纷纷给董圆圆"支招"：要想在舞台上"美"出来，只有请张洵澎"出山"。

董圆圆至今回想起来，还是略显激动：

> 这就是缘分，没想到张洵澎老师会对我的艺术帮助那么大。我跟老师也有缘分，我叫她"奶妈"的，因为昆曲有"百戏之祖"的称号，我要"吃奶"的，所以叫她"奶妈"。我们创排这出戏也是想着"京为母，昆为乳"，因为甄宓这个人物本身也需要古代美女仕女的这种感觉，让张老师帮我们创作这个人物，她跟我们讲了很多，通过她给予的很多的帮助，咱们整出《洛神赋》就拎出来了。当时这出戏，整整排练了一个半月，老师等于帮助我来整个地创作这出戏的这个

角色。洛神本身是个美女，我又是学演梅派的，张老师给我创排这个戏、这个人物的时候，我就感觉到，哎呀，老师太美了！昆曲本身就特别雅而且特别美，我在张老师的身上就看到，旦角就应该是这样的，这就是我想要的、我想追求的，结果老师就教给了我这些。再说她曾经跟着言慧珠老师那么多年，本身也就是体现梅派这个风格的。通过这出戏，我自己感觉到有很大的改变，知道了旦角应该怎么样去美，怎么样去体现美。

《洛神》是京剧表演艺术大师梅兰芳先生在20世纪20年代，用大量精力和心血打造的一部优秀传统神话剧目。然而，由于诸多原因，排演全本《洛神赋》的目标始终未能如愿以偿。《洛神赋》是曹子建众多辞赋中最为著名的篇章，他借助于对容貌的描述，刻画了神话传说中宓妃的形象和这个绝世美女纯洁多情的柔美性格，并流露出对洛神的倾心爱慕之情和人神相隔不能如愿的一腔惆怅，充满着一种朦胧与空灵互相交织的时空美感。

《洛神赋》戏中女主角甄宓的戏很重，由董圆圆担纲主演。

接受了董圆圆和北京京剧院的邀请，张洵澎担负起了给董圆圆辅导的任务。排戏时，董圆圆扮演的甄宓的第一次出场，当时设计的是甄宓从"铜

张洵澎教董圆圆
排演《洛神赋》

雀台"走上来，人物是在一个纱幕里，用灯光打出去，人物用升降台升上来出场，他们想要有的就是古代仕女图的感觉。刚开始时，董圆圆不习惯，张洵澎就告诉她：梅派旦角要端庄，要大方，她们的出场一般都是很正的。但是，这出戏里我们要的是美女、仕女图的感觉，你如果不正了，出不来那种特别美的造型感。张洵澎启发她，甄宓要'嗲'，'嗲'在哪里？就是你的头、你的下巴颏。董圆圆一开始不习惯，因为从来没有做过，张洵澎要她像睡觉一样，下巴颏往里梗一点，一下子就"嗲"起来了。加上甄宓是从纱幕里出来，远景用灯光打出来，所以第一个人物出来的造型让董圆圆很喜欢。由于张洵澎的启发，董圆圆一下子找到了"很好的感觉"。

再说甄宓和曹子建两个人的爱情是很高尚的，曹子建对甄宓的爱，是那种根植在心灵上的爱，而甄宓毕竟是曹子建的嫂子，她自己也明白曹子建喜欢她，她也喜欢曹子建，因为她觉得他为人阳光、正直，不像曹丕那样地阴谋算计，争权夺势。甄宓觉得曹子建文武全才，是她很喜欢的那种类型的人。

甄宓的美，要有气质，要超凡脱俗。站在观众面前的甄宓，固然要仙姿绰约、风情万种，但又要端庄典丽、艳而不冶。因此，在第二场"荷花池情话"中，他们两人（指甄宓和曹子建）在荷花池见面的时候，曹子建感谢甄宓对他的评价，并且给她送了一个玉枕。然后第一次见面就夸她，大家都知道形容一个女子最美的典章当属《洛神赋》，曹子建与甄宓一见面就夸赞甄宓："秾纤得衷、修短合度、肩若削成、腰如约素、延颈秀项、皓齿呈露、芳泽无加、铅华弗御……"就是采用了《洛神赋》里的一些词句。

"张老师就帮我设计、运用一些造型，把女人最美的地方体现出来"，董圆圆记忆犹新，"'修短合度'，那我们就大大方方地站在那里让他欣赏。"肩若削成"，就拿着一把团扇，旦角是很讲究扇子的，右手指着自己的肩，我记得张老师说，你把左手背到后面。"腰若约素"，形容腰了，张老师说你要把它探出去就让他欣赏……张老师所编出来的，就跟台词非常贴切，那种美感，每次演到这，很多业内人士都说好美，很多外行也是特别喜欢看我们这场戏。还有甄宓抱着玉枕的时候，拿着团扇吟唱的那种造型，脉脉含情地对着玉枕，那些造型确实是我想要的，而且恰恰就是张老师把我启发出来，告诉我应该怎么着的。所以说，没有这些手法，怎么会有美呢？通过我们的唱念做舞表现出来，我就觉得这些让我印象特别深刻。通过张老师帮我排这出戏，我就知道了要怎么体现美，自己也有了自信，原来想做，做不到不行，可是做过了头，也不好看，要恰到好处。

《洛神赋》演出完了之后反响特别好，京剧名家、梅派传人杜近芳看完演出就跟董圆圆说："啊呀圆圆，你把我美死了。"

当年，张洵澎跟着言慧珠，耳濡目染之际，领悟到了梅派表演的很多精髓。再加上朱传茗长期在梅兰芳身边，给梅兰芳吹笛拍曲，朱传茗就把梅大师的艺术融化在他教学的过程当中，让张洵澎受惠颇多。更何况，张洵澎在昆曲界本就享有"美"的化身的美誉，谁都知道张洵澎一生追求"美"。

于是，董圆圆称张洵澎为"奶妈"，跟着张洵澎充分吮吸着昆剧表演的乳汁。

董圆圆与张洵澎合影

董圆圆后来为言慧珠的《太真外传》配像时，因为先前没见过言慧珠，但是通过跟张洵澎两个人探讨、琢磨，圆满地完成了配像任务。剧目播出以后，都说是配得太好了。有的人见过言慧珠老师的，也感觉配像忠实于原作，很耐看。

张洵澎老师给了我第一口"奶"
——张洵澎与谷好好

　　谷好好,青年武旦艺术家、国家一级演员,现今上海昆剧团的掌门人。

　　谷好好至今获奖无数:在2002年由联合国和文化部举办的"全国昆剧优秀中青年演员评比展演"中荣获大奖"促进昆剧艺术奖",后又在首届"中国戏曲演唱大赛"中荣获"红梅大奖",并荣获"首届上海文化新人"、"第八届上海市十大杰出青年"、上海市"三八红旗手"、上海市"新长征突击手"等多项桂冠。

　　2007年更是获奖颇丰,先后获得"全国昆剧优秀青年展演·十佳演员奖",第23届"中国戏剧梅花奖";由她主演的昆曲《白蛇传》荣获"法国塞纳大奖",同时又荣获"上海文艺家荣誉奖"。

　　2009年6月出演昆剧《虹霓关》,荣获第四届"中国昆剧艺术节"优秀表演奖;同年入选"上海市领军人才"。

　　谷好好工武旦、刀马旦,师承昆剧表演艺术家王芝泉,曾主演《挡马》《扈家庄》《借扇》《昭君出塞》《金山寺》《劈山救母》《请神降妖》《盗仙草》《刺梁》等传统折子戏;并主演了昆剧《一片桃花红》《白蛇后传》《宝莲灯》、锡剧音乐剧

谷好好在"澎派艺术研习中心"成立仪式上讲话

273

《青蛇》、京剧《生死界》《白蛇传》等多部大戏。

作为"昆三班"中出类拔萃的演员,谷好好不仅是自己这一代昆剧演员中的领军人物,也被越来越多的人看作是当今中国昆剧界的第一武旦。

可是,谷好好始终没有忘记,"昆剧的第一口'奶'是张洵澎老师给的"。

在戏曲界,张洵澎的艺术广为人知,她是一位具有扎实昆曲基本功、又有创新活力的"闺门旦"艺术家,无论是杜丽娘、乔小青,还是陈妙常、谢素秋,乃至贵为贵妃的杨玉环、俗为出家人的小尼姑,都被她演绎得活灵活现、入木三分。

在戏曲界,谷好好的本领也是知者甚众,她是一位具有扎实基本功的"武旦"后起艺术家,无论是王昭君、扈三娘,还是小沉香、小青青,只见她以走卧鱼、串翻身、乌龙绞柱背花、靠旗挑锤等高难度的技巧,换来了台上的光鲜、台下的喝彩。

一个专注于"风花雪月",一个痴情于"刀光剑影",两个不搭界的行当,两个不演一路戏的艺术家,原来有着一场难忘的师徒情。

谷好好说:"我考入上海戏校,分在张洵澎老师的'闺门旦'组里,从手眼身法步启蒙,就是张老师教我的。我跟张洵澎老师有过一段不寻常的情感,以致有人会说,张洵澎老师不喜欢谷好好。"直到今天,谷好好对当年"叛逆"的决定依旧感慨万千。

说起来,谷好好和张洵澎还真走过一段不寻常的情感之路。

1986年,上海戏校昆剧班招生,这就是具有划时代意义的"昆三班"。谷好好从温州赶到上海应考,当时担任主考的张洵澎对"好好"这个具有艺术意味的名字留下了深刻的印象,张洵澎至今记得,好好来考试的那天,"穿了件深蓝色稍稍有点透明的裙子,那时上海还没有像现在这样开放,好好的穿着透露出一股青春活泼的气息,我一眼就相中了她"。加上好好有一双善于传情达意的明眸,再加上兼备的舞蹈表演天赋,所以一进戏校就被张洵澎留在了自己的"闺门旦"组。

对于从小生长在温州的孩子(和他们的家长)来说,只要考上了上海、北京的学校,就是"一人高中,全家光荣"。谷好好当时考进上海戏校,来到大上海,就是觉得好啊,她觉得自己努力了,也算是给家里长了脸了。可是，那时的谷好好，根本不知道昆曲是什么，只知道上海有冰激凌、有外滩，还有就是穿不坏的皮鞋。

但是来了以后，又觉得不怎么好过，因为要学戏。精灵的谷好好就从观察老师、模仿老师开始，那时候她对张洵澎老师的印象就是，这个老师太漂亮了，就是从电影、电视剧里看到的，上海滩贵族小姐、太太的模样。头发、服饰、鞋子……所有的打扮都有"范"，是上海的腔调。让谷好好印象深刻的是，张老师不光自己讲究，还对她们说，如果你们的衣服没有穿好，衣服的颜色没有搭配好，是学不好"闺门旦"的。

谁都知道，昆剧行当中，女孩子多愿入行"闺门旦"，男孩子自然爱学小生行。

张老师每次上课前，总会带她们先唱曲子、吊嗓子，今天是"寻梦"，明天换"思凡"，后天又来一段"琴挑"，甚至《玉簪记》中小生的唱段，只要张老师觉得好听、有用，也会拿来让"闺门旦"的学生学唱。

谷好好感慨地说：

> 现在有人说，让古老的昆曲艺术焕发时代的气息。我觉得我们小时候就接受了张老师带给我们的新时尚。她的教学方法很时尚、很有国际范儿。除了练昆曲应该走的身段、步法，她还让我们练芭蕾、走猫步，以帮助我们找到高贵的气息。戏曲么，因为讲究"圆"字，有时容易"锉"，有损形体形象。今天，如果有人感觉我谷好好还有点时尚的话，那就是得益于那时张老师的教诲。所以那时候，其他组别的同学都羡慕我们上的课和他们不一样，我们很开心。

谷好好直到今天还清楚地记得，张老师教的"指法"。人家伸出去时，手腕是往内抠的；张老师恰恰相反，要求她们手腕往外面亮出去，这样就显得特女人。为了"兰花指"的正确，张老师会很严格地帮你扳正。扳痛了，还不敢叫。遗憾的是，谷好好一直认为自己缺的就是那股"嗲"劲、"美"劲。

刚进学校的谷好好，自然还不会用嗓子，加上刚刚开始学，不会唱，往往就拉直本嗓像叫一样地唱了起来。"张老师没有批评我瞎唱,也不说我嗓子不好,而是用比喻十分形象地告诉我,你的嗓子像菜场上'卖咸鱼的'"。谷好好每每说到这事,总是抑制不住笑了起来。张老师形象的比喻,深深地刺激着这个要强的孩子,逼着她天天认真地喊嗓子,就想着哪一天改变这"卖咸鱼"的嗓音。"假如没有当时张老师的刺激,也许我就会产生惰性。"谷好好还是感激着张洵澎当年的严格要求。

"谁都说,能做张洵澎老师的学生是她的福气,谁都舍不得离开她。"(谷好好语)分在了闺门旦组的谷好好,开始跟随张洵澎学《惊梦》《断桥》与《赠剑》。

不过,话又要说回来,谷好好从小生性好动,虽然是女孩,却不喜欢女红妆台,对舞刀弄枪情有独钟。因此在"闺门旦"组的学习,让她颇感难受。于是,她常常跑到"武旦组"的课堂,看她们耍刀踢枪,看她们走边、圆场,以致乐不思蜀。课堂上,好好学的是《游园惊梦》和《断桥》,脑子里转的却是大刀、靠旗和棍棒。

她对张老师是"又爱又怕",张老师教她们唱《游园惊梦》,她自己私底下感觉练得好好的,可是一见到张老师,就会想到她的"卖咸鱼"的嗓子,结果把练好的"戏"全吓回去了。可是她对王芝泉老师在《挡马》的表演中,创造性地用脚掬翎子的绝活,羡慕不已,并且一直暗下决心要把这绝活学到手。

"其实我是很爱张老师的,"谷好好至今回忆起来依旧充满感情,"只是我觉得我捕捉不到张老师要求的闺门旦的感觉,我真恨自己不争气。我更喜欢提刀拿枪,这也是我的性格使然,所以我成了'叛徒'。"

于是,谷好好自作主张地做出了一个让人惊异的决定:"逃离"张洵澎老师的"闺门旦"组,转投王芝泉老师的"武旦"组。这一叛逆的决定,让张洵澎既不舍、又生气:"因为我对我看中的学生,一直是充满信心的,哪怕你一年、两年出不来,我会下功夫帮你弄好。再说,学戏的学生,经过二三年以后,重新归行也是正常的。对于好好的'走',我真的有点无奈。可回过头去再想想,王芝泉也是文戏出身,有文戏基础,好好到了王芝泉那儿,很多基本功都能用,女性的用腰、手上的亮腕、脸上的喜庆……像《昭君出塞》中，昭君娘娘是去和番，不是去打仗的，只不过表现的是路途坎坷、行路艰难，完全用了闺门旦的身段、技巧。我一直说，武旦要技术（基本功）与艺术（人物）统一，才是好演员。当然，好好是个聪明人，她懂的。"

是的，好好懂了，今天，作为一个优秀的昆剧艺术家，好好成熟了，她显然懂得博采众长的道理，显然明白艺多不压身的老话，"现在我演戏总是拿着刀枪打打杀杀，没机会。如果哪天有机会，我一定会把张老师教我的兰花指，亮出去！"（谷好好）

事实上，谷好好在武旦艺术上的表现，正如张洵澎所讲，是个聪明的孩子，她懂得怎样把"闺门旦"的表演技巧融化在"武旦"的表演中。谷好好说："直到今天，有人说我的戏有自己的特点，武戏文唱，那得感谢当年张老师给我打下的基础；那五年的基本功学习，给我如今舞台气质的炼成不无关系。"

好好说的一点没错，昆曲的武旦，也要以美见长。一出30分钟的戏，如果有10分钟的时间尽情地展现她的武打技巧，就足够了；另外20分钟就要展现女主人公的本来形象。就说《扈家庄》里的扈三娘，她上场披挂、整装时的身段、动作，不就像"闺门旦"么。昆曲的武旦也要载歌载舞，不能光靠技巧，那只是技术；而要在利用技巧的基础上，塑造人物，那才是艺术。

"虽然我现在在舞台上呈现的都是王芝泉老师传承给我的武旦戏，但是哪出戏里没有张老师的影子呢？哪出戏里没有带着张老师给的第一口奶的营养呢？"谷好好感慨地说："包括张老师要求我们不但要会笑，而且要笑得好看、能看。这些都潜移默化，长时间地影响着我。所以，王芝泉老师也经常对我讲，要感谢张老师。"

再说《昭君出塞》，女主人公王昭君，身份是一个"娘娘"，可以是"武旦"也可以是"闺门旦"来演，就看演员自己的基本功如何。谷好好从出场"引子"开始"回望长安……"，就记住王芝泉老师对她讲的，要把当年学的"闺门旦"的功夫拿出来，才能显示出与其他女人的不一样。因为同一出戏，各人各演，区别在于你自己的修炼、理解，和老师给你的基础。

所以看好好一出场，"回望长安已千里，从此家乡……"淡淡几句词，她的几个身段、动作，包括她的念词，不就是张洵澎老师《寻梦》里的身段、动作吗？谷好好说：

> 《寻梦》里杜丽娘的忧虑、看到梅树时的激动，张老师手上的劲头，与我回望长安、家乡却不要我、我是多么忧虑的心境是相通的。思乡、忧伤、无奈与娘娘的高贵，不就是杜丽娘与百花公主吗？我就是要把我学过的闺门旦的基本功，融化到我的角色当中去。我曾经跟张老师学过《断桥》《游园惊梦》；我的第一张舞台上的剧照就是杜丽娘。这一点无法改变，哪怕我现在是上海昆剧团的团长、也算是有点名气的武旦演员，第一口奶是张老师给我的，无法改变，她是我的启蒙老师。

虽然说，谷好好"叛逃"了，张洵澎有点不舍和不满，可是她们师生之间依然保持着联系，谷好好总是讲自己是"张老师最特殊、最喜欢的一个学生，即使我去了武旦组后，张老师依然关心我；我和张老师保持联系、交流最多。而且我们之间可以用眼神来交流，心有灵犀。虽说当年是我'逃离'了张老师的'闺门旦'组，其实是藕断丝连。"

张洵澎也是一样，只不过她已经不能像过去一样，可以把好好拴在自己的身边。她很注意，自从好好去了"武旦"组以后，她就尽量不再主动去看她了。因为她明白，好好已经跟王芝泉学戏了，她怕撞了人家的门。但张洵澎一直是关注着她的。

现在，谷好好不管演什么角色，很多艺术手段依然离不开张洵澎老师那五年给她打下的"闺门旦"的基础。其次，她会经常看张洵澎老师的演出，去寻找新的灵感。因为好好始终感到，张洵澎老师是个大名家了，她依然不断地学习、追求，甚至改变，不断地在进步，这种精神让她深受感动。

好好还记得，张洵澎老师在拍摄四集昆曲电视剧《牡丹亭》时，每天一早就赶到摄影棚，化妆、勒头，真是漂亮，既像杜丽娘，又像美天仙。就说化妆，她总是花时间最长的一个。化一个妆要几个小时，有人会用慢来形容,可好好却认为张老师是讲究。为了不破坏已经化好的妆,张老师忍着不吃饭,一天要坚持十来个小时,每天由丈夫蔡国强开着个摩托车送鸡汤,保证拍摄不受影响。

好好深有感触地说:"我原以为像张老师这样的上海滩的千金小姐吃不起苦,没想到,为了艺术,她可以牺牲很多。所以,那部四集的《牡丹亭》,现在看来,影像还是那么美,人家称她'小言慧珠'一点不为过。"

老师对艺术的精益求精,和不怕吃苦的精神感染着好好他们这一代。

那年,谷好好跟着张洵澎、蔡正仁老师参加中央台"音配像"的拍摄,录的是梅兰芳、俞振飞、言慧珠三位大家的《断桥》。张洵澎、蔡正仁两位老师分饰白娘娘、许仙,谷好好给他们配演小青。这让好好得益匪浅,能给他们这样的艺术家配戏,是很福气的(这让人想起了当年梅兰芳、俞振飞拍摄《游园惊梦》时,张洵澎、王芝泉这批"昆大班"的学员给大师"堆花",所受到的教益也是让她们没齿难忘);现在,那张"音配像"的光碟、那些剧照,已经成了谷好好艺术人生中最宝贵的一部分,因为这让她看到了张洵澎、蔡正仁这些艺术家对艺术的严谨的态度和不懈的追求。

如今,面对已经当上了团长的谷好好、已经人到中年的谷好好,张洵澎不免有了心疼的感觉,她感觉好好太累了、太辛苦了。张洵澎打趣地说,好好就像一个当家的,上有老(指"昆大班""昆二班"这样已经退休的)、下有小(指昆四、昆五班的学生),都要照顾好,很累心的。

因此,张洵澎一直想要给谷好好弄几出文戏,这样就能既不荒废她在台上演出,也不让她太过劳累。谷好好也有这个愿望,但实在因为太忙,师生俩总也走不到一块儿去。张洵澎认为,好好现在不仅有嗓子,体会人物的感受也更深了,在台上各方面更成熟了,她想再给好好传授一些文戏,让好好文武兼修,拓宽她的戏路,让好好在舞台上以全新的形象出现,艺术生命更加长久。武戏不能演一辈子,文戏可以演到老,对好好来说,半文半武的戏,既发挥她的特长,又让她拓展戏路,脱下戎装,来展现女性美的一面。张洵澎的几个代表剧目,像《瑶台》《百花赠剑》等,始终没有一个学生让她很满意。像《瑶台》这出戏场面大,女兵出场双龙泄水很壮观,舞台气氛也好,很好看的一出戏。但是,包括《百花赠剑》在内,目前团内没有一个学生能把俞（振飞）言（慧珠）老师传给张洵澎的版本学习好，这让张洵澎也很着急。她好几次想到了谷好好，如果她能来学、来传承，可能会有意想不到的效果。再说，演文戏，也需要演员具备力度和速度，无论《寻梦》，还是《瑶台》，没有力度、速度，是演不好的。说到底，这就是基本功。

异曲同工，王芝泉老师也对谷好好说，你有今天，也得亏前五年你跟着张（洵澎）老师打下的底子，千万不要觉得那五年是浪费、没用；幸亏你学过文戏，这才有了你今天的谷好好，才有你今天的"王昭君"，今天的"扈三娘"。

所以，谷好好给自己承诺，也应诺张洵澎老师，要演一出文戏，这在她的演艺生涯中是有意义的，也是值得纪念的。这不仅是一种回忆，也是新的理想，"初恋情人不可忘"，谷好好对"闺门旦"的特殊感情还是有的。

"我真的希望有机会跟张老师学几出'闺门旦'的戏，特别是一些文武兼备的戏，找几出适合我的，像《瑶台》《百花赠剑》，再到张老师那儿去'回炉'，去'美容'。如果希望自己更女人一些的话，要去张老师那儿学。"谷好好爽直地表示。

把昆曲"澎派"艺术融化到瓯剧艺术中去
——张洵澎与蔡晓秋

有人说，温州人想的是赚钱。此话不错，祖国的东南西北乃至地球的各个角落，哪里没有温州人辛勤的足迹。

有人说，温州人真的会赚钱。此话不假，为了收获，温州人可以睡地板、吃泡饭，最后当老板。

但是，倘若你认为温州人只是想赚钱、只是会赚钱，那就错了。

早在八百多年前，中国最早成熟的戏曲剧种——南戏，就诞生在温州。它是现在被称为"百戏之祖"的昆曲的祖先。

八百年后的今天，一个立志于弘扬温州戏曲（瓯剧）的女演员，毅然抛弃现在社会的很多诱惑，"孤独"地坚守着。

她叫蔡晓秋，一个台上风情万种、台下温婉亮丽的温州人，一个温州女人。

为了延续瓯剧的火种，1991年9月，温州市政府委托浙江艺校为瓯剧班招生，15岁的蔡晓秋以第一名的"资质"入班学艺。六年坐科完成学业，又被当作重点培养的对象，成为瓯剧团新一代"台柱"的不二人选（另一位是优秀的小生方汝将）。

虽然"南戏"是"昆曲"的前辈，但蔡晓秋学戏，喝的第一口"奶"却是昆曲的。在艺校学戏时，她遇到了昆剧名家王传淞的女儿，王老师给蔡晓秋开蒙的第一出戏是昆曲《痴梦》。尽管那时的蔡晓秋无法理解崔氏（《痴梦》女主角）复杂的心情、扭曲的心态，只是依样画葫芦，按老师的要求学了下来。随着时间的流逝、技艺的长进，蔡晓秋越发感到这个启蒙戏对自己是多么的重要。

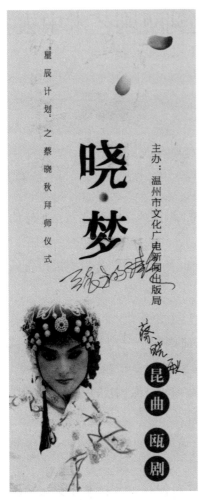

蔡晓秋拜师拜帖

后来，她把京剧《痴梦》移植到瓯剧，因为瓯剧面对的观众是普通的老百姓、山村的农民兄弟，所以台词、唱词外加表演一定要生活化、口语化。瓯剧的表演讲究张扬、夸张，不能像昆剧那么含蓄、规整。观众的口味就是：惊要惊得惊恐万分魂灵出窍，喜要喜得忘乎所以眉开眼笑。蔡晓秋演的崔氏，人物塑造演绎准确，这个在丈夫落魄时因嫌弃丈夫而改嫁、在丈夫飞黄腾达后懊悔得简直要吐血的女性，通过"四笑一哭"，黄粱一梦……让人唏嘘感叹。当蔡晓秋演的"崔氏"在叙述自己噼里啪啦打朱买臣耳光时，观众都开心得畅怀大笑了起来，崔氏的泼辣世俗就显得又可怜又可爱。

蔡晓秋不仅凭借着这个角色荣获了温州市青年演员大赛的金奖；更是为瓯剧的宝库中增添了一出优秀的剧目。

蔡晓秋演出的另一出瓯剧大戏《洗心记》，被戏称为瓯剧版的《我的野蛮女友》，蔡晓秋扮演的尹氏，从悍妇变成好妻子，经历了一个曲折的过程，充分展现了蔡晓秋张力十足的表现能力。

随着艺术阅历的扩展、艺术眼界的开拓，似乎已经获得成功的蔡晓秋，却深深感到了不足——

我在舞台上摸爬滚打16年以后，觉得在艺校里6年学习的基础已不能满足自己在舞台上表演的需要。瓯剧成长于乡间田头，表演粗犷，很生活化；而昆曲细腻、柔软、唯美的表演风格，恰恰是瓯剧必须要学习的。再说我的启蒙老师就是教昆曲的，我一直向往昆曲的表演。

于是，她就向剧团领导以及当时的文化局领导徐顺聪提出想去上海进一步深造。领导们很支持，特别是徐顺聪局长主动提出，他熟悉上海戏曲学院的徐幸捷院长，而且很快就帮蔡晓秋联系了。徐院长当即介绍说，我校的张洵澎老师教授闺门旦特别棒！温州瓯剧团马上和张洵澎老师联系，约定了蔡晓秋去上海学习的时间。

俗话说，"计划赶不上变化"，还没有到他们约定去上海学戏的时间，张洵澎老师自己先来到了温州。原来，当时永嘉昆剧团要排《荆钗记》，特地分别从北京和上海请来了文化部艺术司的李立中处长（时任）、张洵澎老师来指导排练。

这样，蔡晓秋和张洵澎老师先在温州见面了。

蔡晓秋拜师拜帖

我第一次见到张洵澎老师，真有一种"惊艳"的感觉：因为我见过很多戏曲演员，他们都是上台前精心化妆、打扮得非常漂亮，显得非常美丽；但是张老师在生活中也是如此的美丽，我第一眼就喜欢上张老师了！加上张老师的性格特别开朗，第一次见面我就没有压力、没有陌生感。于是，我就跟随张老师去往上海，学习了平生第一出昆剧——《寻梦》。

张洵澎教蔡晓秋《百花赠剑》

蔡晓秋是这样来讲述她第一次见到老师时的感觉的。

喜欢归喜欢，但张洵澎教戏的认真程度和难度，还是让已经是一个"老"演员的蔡晓秋感到很不习惯：昆曲的一招一式都有严格的要求，连手放哪儿、脚放哪儿都有要求。比方张老师要求，旦角的手抬起来时不能高过眉间、手势动作做起来要小一点。偏偏她们瓯剧土生土长，更多的时间是在乡间草台演出，表演风格比较"野"，不像昆曲闺门旦那么矜持、那么典雅，习惯了大手大脚的蔡晓秋，一下子收不拢，很难适应，非常别扭。就一个简单的踏步，她走起来跨得非常大，老师指出，走的时候后脚跟前脚要挨得近，这样身上才能挺起来；步子分得开，人就显得矮下来了，这样一上一下就要相差二公分。另外，脚步小了以后，两只脚就不会突出到裙外去了，人又显得亭亭玉立。踏步大了以后，倒像个"母夜叉"了。张老师严格的教学，却以这样风趣的比喻，让蔡晓秋没有了拘束感。

张老师的台步功，也让这位瓯剧的当家旦角赞叹不已，因为老师的脚步特别的溜。刚开始跟老师学戏，蔡晓秋真的不习惯、不适应，老觉得自己迈不开步，是老师逼着她从头开始，才一点一点地找到了老师圆场时的台步的感觉。

蔡晓秋：圆场的台步不是我们以前片面地认为的"蚂蚁也踩不死"的那种青衣的脚步；老师的身段、舞蹈动作，打破了以前我们片面地认为的昆剧的台步要含蓄、要圆的观念。事实上那样的规矩也不太适合我，因为我的个头较矮，在舞台上整个人物形象感觉偏小，加上现在剧场的舞台都很大，如果一味地追求"要含蓄、要圆"，我在台上岂不就"没有了"？老师要我亮出手腕，腋下打开，水袖翻飞，这样一来我整个人就"拎"起来了，形象也显得被拔高了，人物也显得大气了，演起来就特别自信。

为了《寻梦》的最后合成，瓯剧院把张老师请到温州，与乐队响排，正式让《寻梦》落地。张洵澎老师的《寻梦》，真是热情奔放，追求爱情、向往自由的少女杜丽娘，不是"杜大娘"，要有激情、有青春活力。蔡晓秋也觉得这样的杜丽娘是我们现在的观众喜欢看的，观众们喜欢的不是一个病快快的杜丽娘。

合成的时候，蔡晓秋请了她的启蒙老师（昆曲名家王传淞的女儿）、温州文化局的徐局长，以及她的搭档方汝将（优秀的小生演员），一起来看响排。方汝将看完以后的表情就是"目瞪口呆，下巴都要掉下来了"（蔡晓秋语），他激动地对蔡晓秋说，"我一直以为，昆曲是会把人唱得'睏'着的曲，节奏慢、没有变化，我是不要看的；没想到你的昆曲节奏这么明晰、

蔡晓秋拜师张洵澎，行大礼

舞蹈这么优美、情感这么强烈，这么好看。"更没想到的是，蔡晓秋的这一出戏，让方汝将也萌生了要拜昆曲老师去学习的念头，一年以后，他果然拜了浙江昆剧团的名家汪世瑜为师。

蔡晓秋的启蒙王老师也非常支持她向张老师学习，王老师表示，昆曲有太多的宝藏值得地方戏剧种去学习。

可是蔡晓秋想说的是，《寻梦》虽然是一出只有短短25分钟的折子戏，却差点没把她唱得"背过气去"。因为这出戏又唱又舞，整个演出全场唱下来没有过门可以让她喘气，却把观众紧紧抓住，使他们坐在台下全神贯注。她真正感到了昆曲艺术的魅力，感到了老师的"澎派"表演特色的魅力。

后来，蔡晓秋又跟张老师学了《百花赠剑》，并把它移植到瓯剧中来。因为昆曲唱词的文学性很强，而瓯剧却是面向基层观众，他们需要唱词、台词直白一点，用白话来表达。考虑到这一点，蔡晓秋就请了瓯剧院的著名编剧张烈（《张协状元》《公孙子都》的编剧），将《百花赠剑》改编成具有瓯剧风格的剧目演出。她和小生演员方汝将合演，气氛非常轻松、热烈，深受瓯剧观众的喜爱，如今已经成为瓯剧常演的保留节目了。

初排的时候，张老师要求是"文戏武唱"，因为百花公主是一位统兵的将领。老师的翎子功，文戏武唱的那种气场，是令蔡晓秋深深叹服而她自己没有的。她来到上海，先由张老师帮她把架子搭下来；然后张老师来到温州，配上方汝将（小生），最后与乐队一起合练。排完以后，老师很高兴，这个戏也很生活化，加上用瓯剧的形式来表演，很接地气。学了这个戏以后，蔡晓秋的身段、人物的气质更有骨感了。

蔡晓秋《百花赠剑》剧照

286

让蔡晓秋体会很深的是,《百花赠剑》里,为表现百花公主因害羞而避开海俊,张老师一个翻身、圆场过来,然后一个"骤停",表现了一个闺门旦的"羞"。蔡晓秋听张老师说,这是从"篮球国手"的丈夫蔡国强在运球时的"骤停"技巧中吸收融化过来的。

蔡晓秋给张洵澎献花

蔡晓秋深有体会地说:"这种节奏感在别的戏曲老师身上是看不到的,这就是'澎派'的魅力!"

对于蔡晓秋自己来说,演出也特别过瘾。更主要的是,这样一出半小时的折子戏,演下来不是"温吞水",而是有节奏、有层次,该快的快上去,该慢的慢下来,演员和观众都非常过瘾。所以,蔡晓秋觉得,演老师的戏,痛快;观众看这样的戏,爽气。

蔡晓秋很有艺术眼光,也能够审时度势,她把《百花赠剑》改编成瓯剧,是因为它适合瓯剧的特点,又有方汝将的配合,能够突出地呈现出瓯剧的演出特点。很多观众看完演出之后对她说,"你的笑容、你的腰肢小范儿,都很像张老师。"不仅观众这么说,当她们排练时,温州戏剧界的一些同行、老师,听闻是张洵澎老师来排戏,都过来看。他们对张老师的身段、演唱、舞蹈的特色也很熟悉,他们看完演出后,同样表达了和观众一样的评价,"演出有张洵澎老师的影子",一语中的。

蔡晓秋听了也很开心,"这就是老师的'澎派'风格呀!"

蔡晓秋是一个好演员,因为她懂得,学昆曲、学"澎派"表演方法、学张老师的代表剧目,《赠剑》也好、《寻梦》也好,就要把老师教她的身段、舞蹈、唱腔,特别是老师"化"的思想,用到她瓯剧表演的创作当中去。比方一个眼神,旦角会用眼珠左右转动来表达思考;由于她们的表演一直很夸张,往往不容易在分寸上拿捏到位,转得过分了,就只剩眼白不见眼黑,"画虎不成反类犬",反而不美了。蔡晓秋在跟张老师学习《亭会》的时候，谢素秋的一个表情，一个眼神，老师就特地关照，眼睛转动时，左转45度，右转45度，这样的尺度正好，既让观众看到了人物在思考，又把剧中人物的美，留给了观众。刚开始时，要改变多年留下来的习惯，很难做到。但是在老师的督促下，现在她已经习惯了。

更让蔡晓秋喜不自禁的是，跟张老师学戏以后，拍照也比以前美了。以前无论是化妆以后人物的定妆照，还是演出过程中拍摄的舞台照，总觉得很少有好看的、很少有让自己满意的。因为自己的脸部太紧、太用力、没有放松，自以为是很投入地在演出，却因为用力太过，拍出来的照片五官都是变形的、扭曲的。知道这样不好看，却不知道怎么办。跟张老师学戏以后，最近两年的演出照、特别是定妆照，几乎每张都好看，大家也惊叹蔡晓秋怎么越来越好看了，实际就是老师讲的要放松、要舒展，在台上一定不能那么夸张地去做表情。这点变化非常大、效果非常明显。

2016年元旦期间，上昆团长、武旦艺术家谷好好带领上海昆剧团到温州，与瓯剧院合作举办"昆瓯艺术周"。一台折子戏，谷好好演出《昭君出塞》，蔡晓秋与方汝将演出《跪池》，有个戏迷拍摄了演出的实况照片，并制作成带有古典山水色彩的艺术照，所有人都惊叹蔡晓秋的每一张照片的面部表情不仅到位而且漂亮。蔡晓秋高兴地说，"这就是我跟张老师学戏以后的改变和收获。"

2014年夏天，蔡晓秋去上海看望她的姐姐，她们姐妹俩约张老师在国金商厦的咖啡厅用下午茶。张老师来了，只见她一条花长裙、一双夹脚趾的凉鞋，涂着靓丽的指甲油、戴着时髦的大墨镜，头戴一顶大草帽……让人顿觉好莱坞的大明星也不过如此，简直就是奥黛丽·赫本。谁能看出老师已经年过七旬了？她的姐姐当时也看傻了，连说，在老师面前我们实在惭愧，我们反成了老太太了！

"她在生活中也给我们带来了美。"蔡晓秋感慨地说。

不仅张老师的穿衣打扮影响了蔡晓秋，张老师带教学生的理念、方法、要求也深深影响着蔡晓秋。她跟张老师学戏时，边上有汪思雅、姚徐依这些小师妹在，张老师怎样教她们，蔡晓秋现在也这么教她们瓯剧班的孩子。瓯剧班共有28个学生，16个男生、12个女生，蔡晓秋带着他们，她对他们的要求就来自张老师对她有过的要求。比如对女生,她要求她们平时打扮也要有规范的审美,不能搞得像个小保姆似的,闺门旦要清纯可人、妩媚动人,同时又要落落大方,不要扭扭捏捏、小家子气。现在凡是温州市有些什么重大的活动,主办方都会想到请瓯剧院的这些孩子参加,反映都很好,说这些孩子正气、有规矩,讨人喜欢。

如今,蔡晓秋坚守在瓯剧的舞台上,寻寻觅觅,实践她一直以来的梦想。为了提升自己的表演技巧、提升瓯剧的社会地位,她坚持学习昆曲,学习"澎派"表演艺术。几年来,《牡丹亭·寻梦》《红梨记·亭会》《玉簪记·琴挑》《百花赠剑》,随着一出出昆曲的学习,蔡晓秋越发感到规整、讲究的昆曲对瓯剧这样的地方戏的作用。

蔡晓秋的愿望就是——

希望跟老师学习后,能把昆曲的营养灌注到我们瓯剧里去,让我们的瓯剧更加美好;还要把这些美好的东西交给我的学生、瓯剧的接班人,让昆曲艺术、"澎派"艺术,在瓯剧里得到更多的发扬、展示。

这是我最希望以后能够做到的。

毫无疑问,蔡晓秋已经成为当今瓯剧舞台女性行当的领军人物。不仅因为她是温州市瓯剧艺术研究院院长,也因为她是国家非物质文化遗产项目瓯剧的传承人。

作为瓯剧事业及戏曲艺术的执著追求者,在张泗澎老师的细致入微的教习下,她的身段规范舒展,表演精致不乏底蕴,人物优雅富于张力;她的唱腔以昆曲之美浸润瓯剧之魅。她秉承"在坚守中创新,于传承处发展"的宗旨,这也正是张泗澎老师"澎派"艺术的特征。她融会贯通,承古继今,为瓯剧的传承、弘扬和发展不遗余力地努力着,践行着领军人物的职责;她精心培育新一代的接班人,为瓯剧这一古老剧种的薪火相传无私地奉献着。

老师身上散发的是高贵的美
——张洵澎与赵津羽

　　如果她投身艺海，对于昆曲来说，一定会多一位文武不挡的优秀演员；结果她栖身圈外，对于昆曲来说，却是多了一位执著的昆曲精灵。如今，她已然是昆曲圈里一位不可多得的、文武兼备的、优秀的"布道者"。

　　她叫赵津羽，一位年轻的女白领。外婆是一位出自延安鲁艺的老革命，妈妈是一位热爱戏曲的教育工作者，她从小就浸润在传统文化的氛围中。上中学的时候，她就跟着昆剧团的胡宝棣老师拍曲吟唱、舞棍弄

赵津羽与张军演出《牡丹亭·惊梦》

抢，什么刀枪剑戟、什么踢腿下腰……后来陪着胡宝棣老师汇报演出《游园》，虽然演的是小春香，也受到了俞振飞大师的鼓励。

　　中学毕业后，她在一位热心昆曲的俞老先生的带领下，走进了昆剧团的曲社，继续着自己心爱的事业。

　　2005年，一台名为《梦圆昆曲》的赵津羽个人演出专场，在上海兰心大戏院闪亮登场。这是昆曲界第一位票友的个人专场，意义非同一般。她一个人演出了《赠剑》《挡马》《惊梦》。这三出经典折子，是张洵澎、王芝泉两位

老师的代表作，一时间在上海昆曲界引起不小轰动。

"演丽娘美，唱百花妙"，这是昆曲艺术家、教育家张洵澎的评价。赵津羽没有辜负两位恩师的培养，交出了一份出色的答卷。这样三出戏，不要说是一个业余票友，就是对于一般的专业演员，也未必能够演得下来。可是，她做到了。

按说，个人专场的演出成功，已足以让她扬名立万，此时见好就收，不啻明智之举。然而她不，她的目标远不是演一个个人专场，她要为昆曲扬名立万，要让更多的圈外人进入昆曲的芬芳园中。

赵津羽能够有今天的这些成绩，她一直归功于自己找到了一个好老师——

因为酷爱昆曲，赵津羽一直在为提高自己的昆曲艺术水平努力着。自从她看到张洵澎的表演以后（因为张洵澎长期在戏校执教，公开的舞台演出不太多），就觉得张洵澎的表演跟别人就是不一样，就是她心中想象的那样。于是她就找了一个曲友，表达了很想跟张老师学戏的想法。那个曲友也很热心，说没关系，我带你到张老师那边去一次。去了之后，介绍一下，没想到张洵澎二话不说，直接答应：好呀。记得那是2000年，那个时候的赵津羽还很年轻，梳着两个小辫子，第一次和张洵澎老师见面。张洵澎没有任何架子，让赵津羽试唱以后，就把她记在门下，先从教唱开始。过了一段时间，张洵澎给她教戏，第一个戏就是《亭会》，从此一发不可收拾。

作为一名业余曲友，赵津羽有她自己的感受："我觉得张老师的美，能传播给大家的，不仅仅是昆曲舞台上这样的；只要把张老师舞台上下对'美'的理解和追求学到了，对你的生活还是很有好处的，就像练瑜伽或其他什么一样的，完全能够让你变得美丽。"

是的，昆曲是美的艺术，闺门旦展现的形象更是美的。赵津羽领会了张洵澎昆剧艺术的精髓：首先，老师对闺门旦的理解就是16岁花季的年龄，一定要年轻，绝不是演员自己的年龄。年轻从哪里来，从心而来，而眼睛是心灵的窗户，用眼睛来表现心灵的年轻。就像张老师看到春天的那种感觉，她就是从生活出发的，就像老师说，她经常会看马路上的小姑娘,她是怎么样走路的,还有她们眼睛里的灵动性。

的确是这样,张淘澎一再说,"心"年轻了,整个感觉就年轻了;"心"不能往下沉,一往下沉年龄感就上去了。张淘澎经常对学生说,有些人虽然五官长得漂亮,但表情不好,所以变得不好看了;表情一旦阳光了,就会比原来漂亮很多,眉毛跟眼睛的距离打开了,整个人就变得很喜庆;还有"背"要挺,不能含着胸,驼着背。闺门旦要表现的是很有朝气的16岁少女,她是阳光青春的,拥有健康美。

张淘澎说:"心理要健康,生理要健美,所以青春可人、美丽动人。学习昆曲闺门旦,是教你一种方法,让你美丽。风骨迷人是一种修养、一种气质,这是最不容易的。"

赵津羽清楚地记得,张淘澎给她说《亭会》这出戏,虽然是"闺门旦"应工,可是有点偏于"花衫"行当的。谢素秋这个人物跟杜丽娘不一样,她那种风骨迷人的感觉,还带有一点职业的特点,所以特别要巧妙地运用下巴,展示风情。杜丽娘是不能随便乱动下巴的,而谢素秋不一样,她跟花前柳下那种吃檀香橄榄的小姐是不一样的,她会琴棋书画、是有文化的;但是她又有她一点点的职业特点,她是交际花,接触的人都是有身份的。她有美丽女人的一面,又有智慧的一面,又有小的勾人的、迷人的一面。

而《百花赠剑》的公主,她是一个巾帼英雄,是一个感人、至情至性的人,她的个性豪爽硬朗,但是她也有在自己喜欢的人面前表现出来的、"嗲"的那一面。同时还必须有一点少数民族的那种霸气,感情上热情奔放。从上场门上来,她就有一股英姿飒爽的气势,待得吩咐随扈,也是颐指气使。两个旋转动作表现她兴奋得很,又很霸气。她不是闺房小姐,她是女中英豪。只有等到爱上海俊的时候,才流露出女儿的羞涩。

还有《长生殿》中的杨贵妃又是一种类型,她的美绝不是矫揉造作,她是天生丽质的那种感觉,以至于会让皇帝对她情有独钟。杨贵妃即使要死了,都不能哭泣求饶,都要美。张淘澎说,言(慧珠)校长说的,悲剧也要讲究美。

再就是《断桥》,白娘子兵败到断桥,一阵阵腹痛,不少人表演时仅仅表现了她的痛苦表情,脸上很难看,一副愁眉难开的样子。可张淘澎说,对白娘子而言,生孩子是一件好事,特别对历经磨难的她来说,更是对腹中的孩子寄予无限的希望,所以眉宇跟嘴型要很讲究,这点言(慧珠)校长很注意。所以说,表演上用哪个部位都很讲究的,一个将死之人眼睛中也会发光的。

赵津羽说,跟张老师谈话,她强调的就是一个字——"美"。而生活中的赵津羽,也把老师对于"美"的理解,对于"美"的追求,贯穿在自己普及昆曲的事业当中。

为此,就连赵津羽的师姐史依弘,也不由感叹:"这个津羽跟张老师像得不得了,可谓是'小张洵澎',她掌握的技艺比专业的昆剧演员都好,那是她自己对昆曲有'美'的认识。"

戏曲界一直有一个传统,那就是"拜师";在梨园行,尊重师门流派是很强调的。也就是说,你进了哪位师父的门派,就要循规蹈矩发扬光大师父的门派。京剧名家梅葆玖先生说过:"我觉得你演什么派,你就得拿我们行话来说叫'归派'。你要是唱梅派像张派,唱张派像程派,唱程派像荀派,那你就麻烦了。就好比您是吃炸酱面,给来点儿奶油,或者来点辣椒酱,这就完了,没法吃了这个!"

那么,赵津羽是否想过"拜师"的事情呢?当然想过,只是她还有顾虑。正式"拜师",她觉得自己没有资格,"拜师归宗",都是专业演员才能做的事情,她能拜张洵澎为师,张洵澎能收她为徒吗?可是,有一天张老师说了,一个人学习昆曲,一个人教授昆曲,这跟专业或者业余是没有关系的。这不等于张洵澎同意收她为徒了吗?赵津羽一下子兴奋了,立马开始筹办。因为赵津羽看准了张洵澎的艺术,张老师的艺术太好了,能带给自己太多的养料了。而且很多人说她自从跟张洵澎学戏以后,人也比以前好看了!赵津羽丝毫不讳言:"这就是跟张老师学昆曲的原因,以前学昆曲也没有觉得能够让自己变得好看,只不过就演演戏,很开心的,就小朋友的这种心理。到了后来发觉张老师的艺术是能改变我生活状态的,这是多么好的事情!于是我马上跟张老师磕头拜师,拜完师就名正言顺地跟张老师学戏。学了很多以后,我发现昆曲是可以推广给更多人的,于是干脆把工作辞掉,专门来传播昆曲;不是为了传播昆曲而传播昆曲,

赵津羽教授海外孔子学院学生

而是为了'传播美丽',让更多的女孩子一起来,通过学习昆曲而让自己变得美丽。"

从此,赵津羽走上了一条为弘扬昆曲事业、传播美丽人生的"不归路"。

为了实践普及昆曲的事业,她毅然辞去了令人羡慕的"铁饭碗",捧起了艰难的、弘扬昆曲的"泥饭碗",令人感佩。

2007年5月,温家宝总理来到上海市长宁区虹储小区视察,看了她飘逸的身段、优雅的气质、神采飞扬的演出,跷起大拇指,称赞她"演得很专业",并且语重心长地嘱咐她说,昆曲是中华民族的文化遗产,要很好地继承。自那以后,她更是专注于昆曲艺术的传播;昆曲虽然不是她的专业、职业,她却把传播昆曲当成了自己的专业、职业。

迄今为止,她已经举办了四五十场讲座,上千人听过她的课,其中一半是外国人。她得意地说:"来中国进修汉语的外国教师,还有将要派去国外孔子学院的老师,都会来这里听一堂昆曲课。"

张洵澎对她的"传播昆曲、传播美丽"的事业也是非常支持。2007年6月13日,是赵津羽的"梦乐文化"的成立日,前一天她跟张老师说,请张老师直接到文化中心,因为她开业图喜庆,要请张老师来讲讲话。那天晚上张洵澎在学校上课,教了一天的戏很辛苦;没想到,她教完戏以后,准备去赵津羽处时偏偏又下雨了,她伞也没有带,再加上因为下雨,出租车都很难叫。好不容易叫到了出租车,赵津羽的"梦乐文化"所在的楼,是在小区的弄堂里面的,当时虹桥路又在修地铁,所以很难找。可是张洵澎没有食言,张洵澎赶到的时候,整个人风尘仆仆的样子,让赵津羽心里又感动、又难受:"张老师那么大年纪了,为了我,那天也没人陪,一个人就赶过来了。但是老师却跟我说，不要紧，她很开心地坐在那里，一直到结束。我就觉得很感动，对我来说，老师那么重视我，我只是她那么多学生当中的一个而已，我做了一点点事情，老师那么支持我，这样来帮助我，我感觉非常开心，所以我一直觉得自己是一个幸运者，幸福的人。"

"昆曲要讲究，千万不要将就。"这是张洵澎喜欢说的话，如今也成了赵津羽的口头禅。"精致与唯美是昆曲的精髓，用这种精神做事，什么事都做得成。"

职业演员为观众呈现更美的昆曲；而赵津羽要做的，是让人们有兴趣接受昆曲的"美"、懂得昆曲的"美"、展现昆曲的"美"。

让我们一起来聆听赵津羽的感受吧——

有一种美叫高贵

女人的美有很多种，娇弱之美、智慧之美、青涩之美、明艳之美……而著名昆剧表演艺术家、戏曲教育家张洵澎老师所散发的，则是高贵之美。

清纯可人、美丽动人、风骨迷人是张老师赋予昆曲闺门旦行当的美。这样美不仅没有随着岁月的流逝而消失，反而因老师与生俱来的高贵气质将其发挥到极致。高而不骄，贵而不傲。谦和，纯净，真性情。

老师一直说，昆曲闺门旦都是大家闺秀，要有贵气和娇气。笑的时候灿烂如花，悲的时候楚楚动人。张老师的高贵不仅属于舞台，也属于生活。她在传承昆曲的同时，也传承了高贵的气质与人品。高而不骄，贵而不傲，严师，慈母。这样的老师是我们做学生的幸运与福气。她的微笑甜似蜜、嫩如娃。16岁的玲珑少女心让我们都忽略了她已年逾古稀。

她用高贵之美培养了一位王子——英国皇家芭蕾剧院舞蹈家蔡一磊。她用高贵之美坚守传统，同时也走向国际，无论肤色与国籍为何，见者无不为她痴迷。

高贵的美让人尊重，高贵的美让人敬仰。

昆曲从娃娃抓起

尾声

"昆剧终于有'派'了"

在本书全部完稿的时候,传来了好消息——

2016年3月14日,注定是一个令人激动的时刻:上海"昆曲澎派艺术研习中心"正式挂牌!

研习中心的掌门人是张洵澎先生的亲授弟子赵津羽。赵津羽是一个受人尊敬的著名的"职业昆曲推广人",她原本有一份很好的职业,上海一所高校——思博职业技术学院的学生处长,可是为了心中的那份昆曲情节,为了她痴迷的"澎派"艺术,她毅然舍弃了"大学处长"的铁饭碗,走上了"一个人的职业":推广昆曲。十几年来殚精竭虑、锲而不舍,她手下已经拥有了20几个"澎派"再传弟子。如今,在她的精心筹划下,"昆曲澎派艺术研习中心"正式挂牌!

昆曲,百戏之祖,已经600多岁了。因为基础深厚,遗产丰富,所以规矩繁琐,程式凝固。传唱以来,虽多有代表人物,却无流派呈现。

在"昆曲澎派艺术研习中心"挂牌仪式上,当代昆剧大家蔡正仁先生登台振臂一呼:"昆剧终于有'派'了!"

蔡正仁先生的激动溢于言表:"昆曲一直号称无'派',今天终于有'派'了,而且名字很响亮,'澎派'。这是我的师姐张洵澎创立的,标志着昆剧事业的发展达到了新的高度。"

苑有百花竞放,才是万紫千红;戏曲的魅力也就在于不同流派的竞相斗艳。昆曲号称"兰花",幽得很、雅得很。岂知兰花虽位列中国十大名花之首,也有春兰、蕙兰、建兰、寒兰、墨兰、春剑、莲瓣兰七大类、并有上千种园艺品种。

笔者在本书第二篇章"洵美且异——张洵澎的舞台艺术"中,就提出了张洵澎先生的艺术实践、艺术成就、艺术传承已经形成了自己鲜明的特色,可以称为昆曲中的流派了。

著名文艺评论家丁锡满先生在为拙作《洵美且异——张洵澎评传》一书撰写的"序言"中,是这么说的——

秦来来说："京剧有派，昆剧无派。但是张洵澎有那么多的创造，那么多的美异，为昆剧舞台留下那么多经典性的剧目，为昆剧队伍带出那么多有出息的学生，确实是'洵美且异'，既是美神，又有个人独特的风格，可说自成一派。因此，张洵澎的表演艺术，可以称为'澎派'。我赞成秦来来的意见。"

那么，什么是张洵澎的艺术流派呢？

笔者将之归纳为"四个字、四句话"，四个字就是"洵美且异"。曾经有人评价说，你可以不欣赏张洵澎那一路的美，但你不能否定她的美。张洵澎的表演独树一帜，她的舞台形象塑造、表演理念也有不少与众不同之处。这就成就了她是几百年昆曲程式表演中脱颖而出的一朵奇葩。

四句话是：扎实的传统功底，开阔的艺术视野，过人的创新能力，众多的戏迷传人。

张洵澎的出新不是无根之木，她至今珍藏着俞振飞大师早在1958年带着他们一批昆大班的学生去北京演出时，给她写的一段勉励的话语（这张纸条在"文革"中被造反派打了大叉，幸好并未被毁没）：

张洵澎：

　　一切艺术表现和技巧运用的方法，都不可能用公式或千篇一律的法则来说明，需要从实践中去创造、从不断地劳动与锻炼中去体会、探索，才能获得成就。

俞振飞
一九五八年二月时日客首都

由此可见，作为一代大师的俞振飞先生，在一个有潜质的学生刚走上红氍毹、迈开艺术生涯道路之初，他就殷殷寄语，给了张洵澎日后敢于创新、善于创新的信心。

当然，创新不是想到就能做到的，恰恰根植于她从小练就的扎实的基本功底。昆曲圈内人都叹服张洵澎圆场"溜得很"，宛如"水上漂"。原来,当年在戏校学戏之时,其师朱传茗,不仅是一代名家,而且开明,他对张洵澎说,我是一个男旦,人又长得高;你要想圆场跑得好,去跟沈枫老师学。就一个圆场,张洵澎就在芙蓉草、沈枫等名师指点下,打下了扎实的传统功底。至今六十余年,功力犹在。2015年上海公演大师版《牡丹亭》,张洵澎与蔡正仁出演《幽会》一折,出场时的碎步又溜又稳,谁能看出她已是70多岁高龄。

张洵澎演的是昆曲,眼中看的却是中外艺术园地里的名花异草。凡是能够"拿来"我用,当然是能够融化为昆曲表演手段的,她绝不轻易放弃。张洵澎的儿子蔡一磊,是名动国际芭蕾界的"王子";张洵澎也会从儿子那里吸收芭蕾里的"提""拔"的特点。看到著名舞蹈家刀美兰的孔雀舞,张洵澎就把民族舞里边用脚掌转身的方法,融化进闺门旦的身段里去。

昆曲的特点是载歌载舞,张洵澎就是要让人物舞起来,不是芭蕾、不是民族舞蹈,而是戏曲的舞蹈、昆曲的舞蹈。

甚至,曾经是篮球国手的丈夫蔡国强,他在篮球场上的运球、急停这些篮球运动员的动作,也被张洵澎吸收到昆曲闺门旦的表演中来,她说好的演员表演是有节奏的。

张洵澎呈献给观众的,是昆曲的节奏、昆曲的身段、昆曲的舞蹈。

张洵澎的"拿来"我用,显示了她的过人的创新能力。1982年演出的《寻梦》,应该是张洵澎个性化的艺术风格的雏形,她演的杜丽娘在舞蹈、身段上融合了芭蕾的技巧、"国标"的神韵。关键一点,体现出来的还是昆剧原有的特色(也就是梅兰芳先生所倡导的"移步不换形"),清新的表演风格受到各界瞩目。

张洵澎的推陈出新,使一出将要湮灭的冷戏,不仅重见天日,而且脱胎换骨,受到专家和观众的欢迎,足见张洵澎在传统基础上创新的功力。

著名京剧演员史依弘跟我讲过这么一件事,当年她在排演《宝莲灯》时,把张洵澎请去担任艺术指导,"张老师不仅仅是美,她的传统很扎实,一看就是受过好的老师传授,自己又有好的理解。第二就是张老师的创造能力真是不是一般的,这种创造力也源于扎实的传承,再加上想象力很丰富,创造能力就很强。我们那场戏是很需要想象力的,三圣母从天上到人间,她的仙气赋予她想象的空间很大。有一场戏很好玩的，就是二郎神来看三圣母，并且劝她赶紧回天上去，因为三圣母偷偷下凡已经违反天规了。到底是兄长，二郎神来了以后就跟三圣母说了。那个时候三圣母不是在湖里面吗？然后把她的镣铐扔掉。就这一下，张老师就表演了很多舞蹈，她是仙人，她的那个状态出来，呀，我惊呆了，怎么这么美！她（指张洵澎）怎么可以有那么无限的想象力，她怎么会看到一个仙人是怎么做的……我想戏曲怎么可以这么美，这样洒脱去演绎一个人物，我当时是很惊呆的。"

张洵澎的传承、创新，不是纸上谈兵，而是融化在她的血液里。

有人说，戏曲流派的形成的标志，除了有扎实的传统基础、除了有创新能力，还必须有自己的代表剧目和舞台艺术形象。这些，笔者在本书中，已经都有介绍，不再赘述。

还有一条很要紧，就是要有人承认，圈内、圈外的承认。这更不是问题了，在"昆曲澎派艺术研习中心"挂牌仪式上，上海昆剧团三任团长：历任的蔡正仁、郭宇，现任的谷好好，包括现任的剧团党支部书记史建悉数到场祝贺。

谷好好在会上激动地说：

我很幸运，我的第一个角色应该是张洵澎老师的学生。1986年我从温州到上海戏校，跟的第一个老师就是张洵澎老师。今天，我们上昆三任、四个团长（其中史建为现任支部书记）全部出席"昆曲澎湃研习中心"的成立大会，可见张老师为人之好、为人之善。

我代表上海昆剧团热烈祝贺"上海昆曲澎派艺术研习中心"揭牌。张老师是我们上海昆剧团著名的国宝级的表演艺术家、国家级非遗文化项目代表性的传承人。她是一位艺术家、也是一位戏曲教育家。作为艺术家，她演过太多的让我们印象深刻的昆曲作品，赋予每一个人物的澎派特色的标签，正是那种张扬的、飞舞的、鲜亮的标签，不遮不掩、明快的、跳跃的、满溢着青春活力的标签。张老师在舞台上的张力风情唯美，已注定会留在每一位喜爱昆曲的人的心中。多年来，张老师一直潜心于艺术的教育教学，培养了昆、京、越、瓯等各剧种的拔尖人才,曾经获得过"上海市优秀园丁奖"的荣誉。

今天,"昆曲澎派艺术研习中心"开张,澎派弟子济济一堂,桃李满天下。让我们共同感谢张老师的学生赵津羽女士为"研习中心"付出的心血和努力。

祝愿"昆曲澎派艺术研习中心"能够更好地推动昆曲的艺术传承、发展,祝愿"澎派"艺术能够成为上海乃至中国文化交流的名片,在世界的舞台上绽放光彩!

张洵澎的大弟子、湖南省昆剧团团长罗艳,特地从遥远的湖南郴州赶来祝贺,她在发言中数度哽咽,充满感情地介绍了从35年前拜在张洵澎门下习技艺、学做人的历程。她说:

张老师不仅培养了我,近年来又精心培育出了我们剧团的第一位"梅花奖"得主雷玲;不仅如此,现在湖南省昆剧团中的"澎派"弟子,是除了上昆以外最多的!

被称为"天下唯一团"的温州瓯剧院院长蔡晓秋,也是特地赶来祝贺老师的"澎派艺术研习中心"正式开张。她激动地讲述道:

张洵澎老师已经成了我们温州的名人,不仅我们剧院的同仁,就是我们瓯剧的观众,都知道张老师,因为张老师舞台上下的美征服了我们的观众。现在我也成了瓯剧的传承人,我就要把张老师的"澎派"艺术传给我们瓯剧的下一代,用以培养更多的瓯剧接班人!

北方昆曲剧院杨凤一院长携全体同仁对"上海昆曲澎派艺术研习中心"的成立表示热烈祝贺和诚挚敬意!贺信中说:

相信中国昆曲艺术在张洵澎老师的精心呵护与辛勤的培育下,一定会结出一个又一个的丰硕成果。仅奉一联致喜:

洵美且异传昆艺　澎派亦风领超奇

浙江昆剧团的贺信是这样的:

获悉上海成立"昆曲澎派艺术研习中心",我团由衷地感到高兴,并致以诚挚祝愿!

我们笃信:昆曲之流派传承,必能惠泽来人,享余荫之无穷。澎湃昆曲艺术,以仁教人,必足以长人。

浙江永嘉昆剧团团长张生建的贺信指出:

张洵澎老师是全国著名的昆曲表演艺术家。她在昆曲闺门旦表演的研究与造诣上尤为精深,自成一家。

从艺几十年来,她不仅在舞台上塑造了众多优美经典的艺术形象,在全国各地更是培养了很多优秀的昆曲旦角演员,为昆曲的传承与发展做出了重要的贡献。

上海张军昆曲艺术中心掌门人张军:

一生爱好是天然　不可方物醉澎派
贺恩师花开满园,艺术永流传!

上海演艺工作者联合会:

昆曲表演艺术家张洵澎,在舞台上风情万种,眼神里的热情、眉梢眼角的风情,夺人眼球,形成了独树一帜的表演风格。"上海昆曲澎派艺术研习中心"的成立,为宣传、普及、发扬昆曲艺术、特别是张洵澎的表演艺术,提供了阵地和旗帜,必当为昆曲艺术在当代的传承,发挥不可忽视的作用。

北京京剧院李恩杰院长携全体同仁发来贺信:

欣闻上海昆曲澎派艺术研习中心成立,此乃昆曲之幸事、大事和喜事,是民族传统艺术繁荣发展之象征,体现了上海市领导对昆曲澎派艺术的关心和重视,及各界对昆曲澎派艺术的青睐与赏识。北京京剧院全体演职员表示诚挚的祝贺!

作为江南昆苑奇葩暨澎派艺术之代表的张洵澎老师,一生奉献昆曲事业,其自然天成的智慧与锲而不舍的坚守创造出了一个艺术家和教育家的精彩人生,令人惊艳、敬仰与瞩目!张老师不仅艺术造诣深厚、人品格调高雅,享誉菊坛内外,而且几十年如一日诲人不倦,辛勤耕耘亦如春风润雨,赢得桃李芬芳、清香四溢,您为昆曲艺术的与时俱进和后继有人做出了突出贡献。特别是多年来您对北京京剧院厚爱有加,多次往返于南北之间,为青年演员尽情地播撒昆曲之精华,传承艺术之真谛,在北京京剧院留下一串串令人难忘的佳话,让青年后者领略了您的风采,并在您的精心抚育和栽培下有志青年已前程似锦,充满希望!北京京剧院全体同仁衷心地感谢您!!!

祝澎派艺术发扬光大,源远流长,愿昆曲事业繁荣兴旺,明天更加美好!

著名京剧表演艺术家叶少兰先生,发来贺联:

祝贺上海昆曲澎派艺术研习中心成立

婀娜仕女韵　　柔情昆艺魂

中国戏曲学院京剧研究所张关正(并代表赵景勃所长):

欣闻以洵澎老师命名的"上海昆曲澎派艺术研习中心"将于3月14日在上海隆重成立,这是昆曲界的幸事,也是京昆界乃至整个戏曲界的大喜事。

洵澎老师是当代杰出的昆曲表演艺术家,更是一位深受广大青年戏曲演员爱戴、崇敬,在艺术上富有创造性、在教育上充满爱心、责任心,德艺双馨的戏曲教育家。她是中国京剧优秀青年演员研究生班的优秀导师,她不仅为昆曲、京剧的优秀青年演员授课传艺,她的学生还包括川剧、豫剧、赣剧、晋剧、河北梆子、越剧、汉剧、黄梅戏等十几个剧种的新一代领军人物,为昆曲艺术、为中国戏曲艺术的传承与发展做出了杰出的贡献!

洵澎老师是我们的好朋友,我是她的"粉丝",她更是我崇敬的学习榜样。今天以洵澎老师的表演艺术为代表的"昆曲澎派艺术研习中心"的成立,必将为昆曲艺术的推广、学习、研究,为戏曲表演艺术的弘扬、传承、发展创建一个新的平台与基地,增添了新的"正能量"!

中央美术学院教授陈平,中国戏曲学院教授于少非:

"澎派"表演艺术是昆曲表演艺术中的一朵奇葩,以其婉约唯美、精致规范的艺术特色自成一家,享誉海内外。

上海评弹团团长秦建国,以一位"京昆崇拜者"为名发来贺信:

春天的邀约,预示着勃勃生机,开门见喜!

又见"昆曲澎派艺术研习中心"成立,岂不喜事连连,贺词满盈!华夏优秀的传统文化、江南隽永的戏曲艺术,恰逢春天,沐浴阳光,破土发芽,开花结果。实是可喜!可贺!

愿"澎派艺术",得以传承、尽显风采;昆曲芝兰永芬芳!

而更多的"澎派"艺术爱好者、追随者,纷纷发来贺信:

亲爱的张老师,你有一张照片让我看得入神,因为我很多时候看一些很珍贵的书籍,并非是值钱,而是一些年代久远研究戏曲的书籍,内里有些古老照片,这些艺术家身上的身段,就带着这种"劲"的力度,把历史的动作凝聚在古老照片中。如梅兰芳、程砚秋,或者"传"字辈老师们的照片。而张老师的身上就凝聚着这"劲"的分量,一刹那就活动起来……使我把照片中人在我脑海中活现起来!这是种神奇的反应!

阿澎老师对昆曲名剧《牡丹亭》的理解和诠释不仅是相当准确和恰如其分的,更多了一层别人没有的高级。她的"传承不走样"是十分值得我们敬重的。作为我们这一代来说,阿澎老师就是我见过的真佛,看多了真佛的精细活儿,我们的眼光自然也就被养"刁"了,再看时下很多"传承"变"传销",就会各种难受。技不精,尚可磨,艺有偏,无法忍。所以,我,一定要拜真佛。

——长沙资深媒体人周敬安

老师,来来老师的文章实在是妙!文字简练、描写到位,把您"澎派"的艺术特征归纳得非常准确!虽然学戏过程中已经受到您的强调指教,看了来来老师的文章,我感到又重温了一下老师艺术的要领。您的身段、表演、美态,我永远也学不够!

亲爱的张老师,"澎派"的美在于有很多自然流动的美态,规范中却又热情。昆曲表演内的要点,经老师示范和解说后,学生就知道谨记和消化这些要点,出来的表演就能让观众目光离不开您!

(来来老师)这篇文章写得好呀,这"澎派"两个字也起得好,有寓意且深远,我看了上面两位老人跳的舞,真的太棒了,脚底的流动、上身的沉稳,真的很棒,突然看到了您的影子,您就是下身流动灵活,上身很稳。记得研究生班上课时,您在东艺演了《琴挑》的片段,我的眼睛根本离不开您,太有魅力了!记得您说下巴不要过锁骨,至今受益匪浅。

祝贺上海"昆曲澎派艺术研习中心"成立,敬祝洵澎吾师澎派艺术芳香千里:通会之际,桃李自成蹊;返虚入浑,昆韵得正传!

学生:浙江昆剧团李公律、洪倩贺

……

"'澎派'艺术的诞生,是昆曲界一件大事情,会在昆曲史上留下不朽的一笔。"蔡正仁是这么说的。

昆曲终于有流派了!

她的名字很响亮——澎派!

附录 昆曲"澎派"艺术学生名单
（不完全，排名无先后）

昆三班：谷好好（上昆团长、梅花奖获得者） 沈眣丽 余 彬 倪 泓
　　　　贾 艳 金莉萍

昆四班：袁 佳

昆五班：姚徐依 蒋 珂 汪思雅 蒋诗佳 张 莉

张军工作室：张 冉 邹美玲

湖南昆剧团：罗 艳（团长） 雷 玲（梅花奖获得者） 刘 婕

北方昆剧院：周好璐（昆剧名家、"传"字辈艺人周传瑛之孙女）
　　　　　　张媛媛 王丽媛

江苏昆剧院：孔爱萍 徐 超

浙江昆剧团：胡 娉 洪 倩

永嘉昆剧团：黄苗苗

国家京剧院：李海燕（梅花奖获得者） 董圆圆（梅花奖获得者） 郭 霄

北京京剧院：郭 玮 窦晓璇

上海京剧院：史依弘（梅花奖获得者）

天津京剧院：张蕊麟（京剧名家张世麟之孙女、京剧名家张幼麟之女）

浙江京剧院：罗戎征

河北省河北梆子剧院：许荷英（梅花奖获得者）

山西省晋剧院：苗 洁（梅花奖获得者）

浙江省瓯剧院：蔡晓秋（院长）

上海越剧院：方亚芬（二团团长、梅花奖获得者） 陈 颖 陈 湜

绍兴小百花越剧团：董鉴鸿

河北省邯郸市豫剧团：韩鹏飞（男旦）

特殊学生：童芷苓

昆曲传播人：赵津羽（昆曲"澎派艺术研习中心"负责人，已有业余传人
　　　　20余人）

图书在版编目（CIP）数据

洵美且异：张洵澎评传 / 秦来来，杜竹敏著 . —
上海：上海人民出版社，2016
（菊坛名家丛书 . 京昆系列）
ISBN 978 - 7 - 208 - 14204 - 6

Ⅰ.①洵…　Ⅱ.①秦…　②杜…　Ⅲ.①张洵澎—评传
Ⅳ.①K825.78

中国版本图书馆CIP数据核字（2016）第282749号

责任编辑　　顾　雷
封面设计　　傅惟本

·菊坛名家丛书·京昆系列·
洵美且异：张洵澎评传
秦来来　杜竹敏 著
世纪出版集团
上海人民出版社出版

（200001　上海福建中路193号　www.ewen.co）

世纪出版集团发行中心发行　常熟市新骅印刷有限公司印刷
开本 720×1000　1/16　印张 21　插页 12　字数293,000
2017年3月第1版　2017年3月第1次印刷
ISBN 978 - 7 - 208 - 14204 - 6 / K·2572
定价　58.00元